修炼校长力

汤勇 ◎ 著

长江出版传媒 | 长江文艺出版社

图书在版编目（ＣＩＰ）数据

修炼校长力 / 汤勇著. -- 武汉：长江文艺出版社，
2020.12
　　（大教育书系）
　　ISBN 978-7-5702-1950-6

　　Ⅰ. ①修… Ⅱ. ①汤… Ⅲ. ①校长－学校管理－研究
Ⅳ. ①G471.2

中国版本图书馆 CIP 数据核字(2020)第 241552 号

责任编辑：秦文苑　　　　　　　　　责任校对：毛　娟
封面设计：天行健设计　　　　　　　责任印制：邱　莉　　王光兴

出版：长江出版传媒｜长江文艺出版社
地址：武汉市雄楚大街 268 号　　　邮编：430070
发行：长江文艺出版社
http://www.cjlap.com
印刷：武汉中科兴业印务有限公司

开本：720 毫米×970 毫米　　　1/16　　印张：21　　　插页：1 页
版次：2020 年 12 月第 1 版　　　　2020 年 12 月第 1 次印刷
字数：289 千字

定价：45.00 元

序

校长的力量从哪里来

朱永新

我曾经说过，一个好校长就是一所好学校。其实，一个好局长，就是一方的好教育，因为，他会用自己的智慧与激情，去带动一方教育的繁荣与发展。

在吴法源兄的介绍下，有幸认识了这样一个好局长——汤勇。

虽没有见过汤勇，但是我信任法源兄的眼力和推荐。所以，当汤勇先生把他的书稿《修炼校长力》发给我并且希望我写一个序言的时候，我毫不犹豫地答应了。

写这篇序言的时候，我尽可能想象着汤勇的模样，想象着这位刚过不惑之年，却已经先后在学校、乡镇、党委部门、政府机构等许多部门从事过管理工作，有着丰富阅历的局长，究竟是一个大刀阔斧、雷厉风行的骁将，还是稳健淡定、有条不紊的儒家？想象着这位统驭着四川阆中教育的当家人，究竟是一个怎样的人？

我想象不出。但是，凭着四川文艺出版社陆续出版的《心灵盛宴》《每天给心灵放个假》《管理心智》三部著作，我知道他是一位善于学习、善于思考、善于总结的人。《心灵盛宴》《每天给心灵放个假》是写给青少年的读物，出版以后颇受欢迎，被中共四川省委宣传部、四川省新闻出版局评为优秀川版青少年图书。而《管理心智》一书，则是他作为一个教育管理者在实践中的感悟。他提出，作为一名高效的优秀的管理者，既需要感性，又需要理性；既需要才气，又需要人气；既需要德性，又需要人性；既需要技巧，又需要方法；既需要权力因素，又需要非权力因素。有意思的是，这本书的书名与我曾经出版的《管理心智——中国古代管理心理思想及其现代价值》竟然不谋而合，不知是机巧，还是缘分？

我想象不出。但是，凭着汤勇即将推出的《修炼校长力》，我感觉得到他是一位有理想、有智慧、有激情的人。据我了解，对"校长力"的系统思考与研究，汤勇应该是第一人，《修炼校长力》应该是目前国内第一部全面研究校长力的著作。该书围绕校长力修炼的九项核心要素：学习力、创新力、决策力、组织力、沟通力、激励力、执行力、威慑力、影响力，进行了系统的思考和研究，通过鲜活的管理案例和有趣的管理故事，结合国内外管理思想家的理论，以及作者本人的管理实践，对决定校长的关键能力的价值、含义、修炼方法等进行了深入浅出、生动有趣的论述，其中许多观点鲜活而有力量，如"学习力，一切能力之母"，"学习程度，决定学校发展的高度"等，这些都是至理名言。

浏览完书稿，我被这本书具有的很强的可读性、针对性、实用性和操作性所吸引，也被汤勇对教育事业的挚爱，对教育理想的追求，对教育研究的睿智所感动。

我在《我的教育理想》一书中，描述了"我心中理想的校长"，那就是：具有奉献精神和人文关怀，珍惜学校的名誉，追求人生理想和办学理念，具有独特的办学风格，具有宽广胸怀、感召力和凝聚力，善于协调上下左右关系，能调动一切力量促发展，重视教育科学研究，能够给教师创造一个辉煌的舞台，使学校有优美的环境和浓厚的文化氛围。这些思想也全都渗透在《修炼校长力》中。

校长的能力不是天生的，而是在日常的学校管理生活中逐渐修炼出来的。只要广大校长自觉地围绕这九个方面的能力，去进行漫长的修炼，相信大家一定能够成为一个理想的校长。

未来的中国教育家不会在书斋里诞生，不会在象牙塔里诞生，只能在教育第一线诞生，只能从无数优秀的教育实践中诞生，只能从无数优秀的校长中诞生，只能从无数优秀的有校长力的校长中诞生，相信汤勇的这部著作会为未来更多的中国教育家的诞生有些帮助。

2009 年 7 月 1 日

自序

校长力是这样修炼成的

正如"没有教不好的学生"一样，这个世界上，同样没有办不好的学校。上海北郊中学校长郑杰出了一本书，书名就叫《没有办不好的学校》。

学生能不能教好，取决于教师，而学校能不能办好，则关键在于校长。

从事教育行政工作，管理着众多学校，面对着诸多校长，在这一点上，应该是很有感触的。

既然校长对于办好一所学校，尤其重要。那么，什么样的校长才是好校长？怎样才能当好一个好校长？校长必须具备什么样的品行和能力？

作为一名教育工作者，有责任和义务在这些方面做出相应的思考和研究。

说到参与者双方或者多方在角逐中相比较而体现出的一种指标，人们把它概括为"竞争力"；说到文化对人类自身、社会发展的巨大作用，人们把它归结为"文化力"；说到领导方法、领导技能或者领导艺术，人们把它称之为"领导力"。由此联想到校长对于学校发展的驾驭、调控、引领能力，我把它叫作"校长力"。

校长力是校长的一种综合能力，它不仅包含了各种具体的管理技能和方法，也囊括了校长的基本素质、人格品质等诸多要素，其高低、强弱，决定着一个校长的优秀程度，也决定着学校的发展高度。

校长力并不是一种与生俱来的能力，它是靠校长后天的不断感悟与实践，逐渐修炼到的一种能力。

基于这些，在一次校长培训班上，我以《修炼校长力》为题做了一场报告，大家听得很投入、很认真，都觉得从中受到了一些教益和启发。有一个新任校长当场对我说:"做了一段时间的校长,总觉得自己缺少一些方法和底气,听了你的报告,便有茅塞顿开之感。"还有几个学校的中层干部,包括培训班的老师、工作人员,半开玩笑地对我说:"我没有当过校长,听了你的报告,叫我做校长,肯定也能胜任。"

就是这样一次报告,不但给了我信心和力量,也给了我灵感和启示,我要用我的笔表达我对校长力的理解,对校长力修炼的见解,以唤起更多同行们的关注和思考。

我知道我的理论素养不高,我无法更多地给大家讲一些高深莫测的理论,但我经历了一些不同的管理岗位,在每一个岗位上,我都用心学习着管理,用心实践着管理。在做好管理的同时,我还努力思考着如何做人,努力追求着做人、做事与做管理有机统一的境界。

如今又干起了本行,直接从事着教育管理,在这方面,更显得执着,更有些研究。因此,这本小册子融汇了我从事管理的一些经验和教训,融汇了学校管理的一些思想和成果,融汇了众多校长的一些心血和智慧,也融汇了战斗在第一线的广大教职工对心目中的理想校长的呼唤与期盼!

在管理实践中,我善于援用一些富有哲理的小故事,去言明一些深奥的道理,大家很接受并认同这种表达方式,都觉得,这些小故事,既有助于沟通,又容易活跃现场气氛,还能使大家受到教益和启迪。鉴于此,这本小册子为了使文字显得生动有趣,易于理解,消解一些教育理论书的乏味与枯燥感,书中点缀了一些小故事,介绍了一些鲜活的案例,读者能够在轻松的阅读中,获得一些认识和知识。

在这本书即将付梓之时,我要感谢与我一道共事的校长及所有同志们,是他们对管理的躬身实践,对事业的不懈追求,对我工作的鼎力支持,才使我有了灵动的思维,下笔的勇气,研究的素材。从某种意义上说,如果没有他们,就没有这本小册子。

令人感动的是,现任全国人大常务委员、民进中央副主席、中国教育学会副会长的苏州大学教授、博士生导师朱永新先生在政务、学术缠身的情况下,为该书写了激情洋溢的序。

华东师范大学出版社副社长吴法源先生,作为教育出版家,以他对教育的执着，对中国教育的关注，对教育工作者的关怀，对教育出版工作的谙熟，给了我很多指点和帮助！

四川文艺出版社的老朋友：社长黄立新先生，副社长胡焰、编辑室主任郭健女士，他们在连续推出了我的三本小册子后，仍不断地约稿、不断地给任务，所以才有了《心灵盛宴》《每天给心灵放个假》《管理心智》之后的《修炼校长力》！

对他们这种倾情与帮助，关心与关爱，我在这里向他们一并表示真诚的谢意！

人，可以什么都没有，但不能没有一颗感恩的心。此刻，我最想说的，那就是在今后的岁月中，我将怀着一颗感恩的心，努力地工作，不懈地写作，用生命与工作的体验和收获，来感谢关心、支持、宽容我的所有人！

汤勇

2009 年 7 月于四川阆中

再版序

让更多的有"校长力"的校长呼之欲出

时间过得真快，弹指一挥间，我的《修炼校长力》在四川文艺出版社出版已十一年有余了。

记得该书刚一出版，便受到广泛关注，也深受读者喜欢，一些地方将此书用作校长培训读物，后来入选馆配书目，并在短时间内多次重印。

再后来，随着斗转星移，岁月变迁，在网店以及市面上便不多见了，几成绝版。

不少校长和读者欲购买，终未果。去年八月，在吉林省长春市参加中陶会议，晚上与长春市双阳区教育局副局长王晓娟，长春市一五七中学校长徐春光，长春市双阳区长岭中心小学校长冯武，长春市双阳区城中小学校长程英伟，河北省蔚县第三中学校长周清斌等一起聊教育。

晓娟局长说她在几年前做校长时，便读过《修炼校长力》，受益匪浅，前两年做了教育局副局长，分管业务，便将《修炼校长力》推荐给全区的校长。

冯武校长，这之前作为吉林农村校园长培训班学员，在陕西师范大学参加培训，我为培训班做讲座，由此便相识。他告诉我，他后来是几经周折才在淘宝网上一小店，高价买到了店主通过原书电子文件扫描制作成影印版的《修炼校长力》。

当时，我在微信朋友圈分享了这一消息，长江文艺出版社社长尹志勇先生看到后，微信于我："汤老师好。《修炼校长力》我社想再版，如何？"

作为翘楚于业界的长江文艺出版社，已陆续出版了我的《致教育》《教育可更美好》，且《教育的第三只眼》正在出版合同中，几年的接触，深为社长尹志勇、责任编辑秦文苑及一班人的敬业精神、专业素养、教育情怀和对作者的深厚情谊所感动。我即回复："很好，谢谢！"

于是一并签下了《教育的第三只眼》的出版合同和《修炼校长力》的再版合同。

这么些年，看过一些学校，接触过许多校长，打交道过无数师生，从学校的改变，教师的发展，孩子的成长中，深感校长作为一校之长，一校之魂的重要！

"从某种意义上说，一个好校长就是一所好学校。"这的确一点也不为过。

所以我一直主张，必须鲜明用人导向，必须营造优良环境，必须提供适合土壤，必须加大培养力度，让更多的好校长呼之欲出，如雨后春笋般，蓬勃涌现。

好校长有可能千姿百态，个性各异，情趣纷呈，但他们都会有一个共同点，那就是好校长都具有很强的"校长力"。

重读十多年前自己写的《修炼校长力》，尽管那时候事务缠身，也尽管自己没有校长岗位的历练，但是我从学校到了教育行政部门，从事多岗管理，管理是相通的，而且我喜欢阅读管理书籍，也喜欢琢磨和思考，相由心生，情由心出，事由心成，道由心悟，一切皆由心使然，竟不由自主地为自己那个时候能够有对校长如此的关切和关注，能够有对"校长力"如此的梳理和提炼，能够有对"校长力"的修炼形成如此的文字和成果，而触动，而感动，甚至生发出一种自豪感！

现在回头看，十几年前的时光，十几年前的年轻状态，十几年前的工作劲头，尽管一去不复返了，但幸好有这些文字，透过这些文字，好像穿越了时空隧道，那个时候的一切，又历历在目。文字是最好的记录，也是最好的见证，更是最美好的回味。就是在这样的心情里，我读完了《修炼校长力》。

时代在发展，社会在前进。对于校长，不同时期有不同的要求。当下，我国已进入一个科技日新月异，社会高度发展的新阶段，要办好学校，培养好人才，相对于十多年前，如今对校长的角色定位更清晰，对校长所具备的素质要求也越来越高，对"校长力"也有了更多的内涵赋予和基因注入。

再加之，我在写作《修炼校长力》时，从事区域教育管理仅三年多时间，那时候对教育的理解，对校长素养及管理的解读与诠释，还较为肤浅，或者还不尽完善。

这十多年来，作为一个虔诚于教育的思者、行者、躬耕者，在对教育的管理与实践中，在与校长的交流与碰撞中，在老师们对他们心目中"好校长"的呼唤与期盼中，对校长有了更多的了解和认识，对"校长力"有了更深刻的感受与领悟。

鉴于此，这次再版时，在保持原框架的基础上，适当增添和充实了一些内容，而且对一些文字和语句进行了修订，其初衷是让文字更凝练点，语言更流畅点，内容能够更为翔实些。

校长很重要，也很关键，在自己为"校长力"的修炼提出一些看法和见解时，也增加了相应的责任感。

当然，这种责任感不是一个人的事情，也不是一个人能够解决的，但愿这本再版后的小册子，能够起到抛砖引玉的作用，让更多的校长能够静下心来不断修炼自己的"校长力"，让更多的人从不同层面，积聚力量，支持和关注校长对"校长力"的修炼。

《修炼校长力》的初版，已经帮助过一些学校管理者，我相信再版的此书，也能够给更多的校长，包括更多的教育管理者，带去一些启迪。

是为再版序！

汤勇

2020 年 11 月 9 日于古城阆中

目　录 | CONTENTS

第七章　挖掘潜能的校长激励力 / 183

第一章

成就出色校长的校长力

从一个人的单打独斗到带领一支由各方面人力组成的团队，是对一个领导者能力的巨大挑战。

　　从一个人站立讲台、教书育人到带领全体教职工为实现学校的共同愿景而奋斗，是对一个校长领导能力的全面检验。

　　这种能力，不是单一的，而是综合的。它既包含了校长的领导方法，又包含了校长的领导策略；它既包含了校长的领导水平，又包含了校长的领导艺术；它既包含了校长的领导风格，又包含了校长的领导人格。

　　这种能力，也不是与生俱来的，而是可以通过后天的不断修炼而达成的。通过对学习力、创新力、决策力、组织力、沟通力、激励力、执行力、威慑力、影响力等方面的持续修炼，就可以不断提升校长的校长力。

是领导者，还是管理者？

汉高祖刘邦曾与韩信谈论带兵之事，刘邦问韩信："像我这样的人能带多少兵？"韩信回答："陛下顶多带十万。"刘邦接着问："那么你能带多少？"韩信答道："臣多多益善。"刘邦又笑着问："既然是多多益善，为何被我所擒？"韩信说："陛下不能将兵，而善将将，此信所以为陛下所擒也。"

刘邦与韩信所谈论的问题，实际上涉及领导者与管理者两个角色。刘邦"善将将"，是领导者；而韩信"善将兵"，是管理者。

在一个组织中，领导者与管理者扮演着不同的角色。

作为学校校长，所扮演的是领导者角色还是管理者角色呢？

要回答这个问题，我们先来看看领导与管理的区别。

1. 领导侧重于宏观，着眼于全局与未来，它是在对诸多宏观因素的洞察与研判的基础上，对全局的审视与把握，对未来的预期与勾画，对发展战略的制定与规划；管理则侧重于微观，着眼于局部与现实，它是在对各种资源分析与研究的基础上，将愿景转移为目标，将预期转化为现实，将战略转变为成果。

2. 领导侧重于"做正确的事情"，即制定正确的战略、做出正确的决策、选择正确的方向、创造正确的环境与条件等；管理则侧重于"正确地做事情"，即在明确应该干的"正确的事"后，穷尽一切办法和努力，以最低的成本、最少的消耗、最高的效率，保证取得最好的工作效果。

3. 领导侧重于"人"，领导的对象是人，通过识人、选人、用人、育人、励人、留人，充分调动人的积极性，发挥人的主观能动性，让人尽其才，人展其能；管理则侧重于"事"，管理虽然离不开人，但其对象除了人之外，更多的是事情和事务，围绕"事"，通过标准化、制度化、程序化、规范化的设计，建立正常而又稳定的工作秩序。

4. 领导侧重于革新，领导者会经常用前瞻性、创造性、开拓性的思维去思考和处理问题，这相当于"二加二等于五"的方式，是"为明天带来变化"的方式；管理则侧重于保守和按部就班，通常倾向于用日常的、常规的、已证明是行之有效的方法去解决问题。

5. 领导侧重于引领与感召、鼓舞与推动、激励和教练，它主要通过非权力因素去影响团队中的每一个成员为共同的目标而奋斗；管理则侧重于执行，主要通过调度、指挥、控制和监督，以其权力因素去支配下属的行为。

6. 领导侧重于精神和原则，主要运用愿景、文化、价值观来为人们营造一种氛围，创造一种共识，它更多地贴近艺术；管理则是一个系统化的行为过程，它更多的是秉承一种科学的、谨慎的、严肃的态度时刻以工作制度来展开工作，它更多体现的是一种科学。

领导与管理的这些差异，并不决定着领导比管理重要。对一个组织来说，领导固然重要，但如果没有优秀的管理，再好的目标与愿景也是空中楼阁，再好的领导更是无源之水、无本之木。

更何况，领导与管理无法截然分开，从事领导，必定蕴含着管理；在进行管理的同时，也要体现领导的成分与要素。

再者，如果你从事领导，对于你的下属来说你是领导者，而在你的上司面前你又是管理者。任何一个领导者，都会从不同角度扮演双重角色。

显而易见，对于学校来讲，作为老师们的精神领袖，作为一校之长的校长，首先应该是领导者。肖川在《办好学校的策略》一书中，概括了校长作为领导者所扮演的五种领导角色：技术/结构领导、人际领导、政治领导、文化领导、教育领导。

当然，校长不仅是领导者，还是管理者。校长作为一个好的领导者必须是一个好的管理者。

校长弄清了自己的角色定位之后，就会在领导和管理中，根据不同的角色以确定自己恰当而得体的行为，这对于校长的成长与发展，乃至于角色的定位与扮演，是有很大帮助的。

　　我以为，一个优秀的校长，他会在管理中领导，在领导中管理。管理与领导的有机融合、完美结合，就犹如科学与艺术的联合，制度和人文的携手，脚踏实地与仰望星空的联袂，会使他在面对教育的责任与使命、学校发展的重担与压力、工作的纷繁与千头万绪中纵横捭阖、左右逢源、游刃有余。

　　事实已经证明，不少优秀的校长，他会把良好的管理与有效的领导相统一，使人们在工作岗位与人际关系中联系密切，做事更有责任感，更有效率，保证在组织中的教职员工能够尽最大的努力完成任务，从而让学校发展得更好！

好提琴手，不一定是好指挥

在美国，有个叫劳伦斯·彼得的博士，他通过对众多现象进行研究，得出了这样一个结论：在各级组织中，每一个员工由于在原有职位上工作出色，就会提升到更高的职位，直至达到他所不能胜任的职位，最终造成所有职位都将被一个不能胜任工作的员工所占据。这就是著名的彼得原理。

彼得原理同样在学校存在，一些骨干教师在教学岗位上干得很出色，是教学能手，于是便被提拔到校长岗位上，他们虽然是业务精英，是教书育人的高手，是可以获得"五一劳动奖章"、获得全国优秀教师称号的人，但有的做校长却不一定适合。

因为，校长是领导。什么叫领导？尼克松在《领导人》一书中表达得较为清晰："在单一领域内干得好就可以人才出众，不需要领导别人。作家、画家、音乐家不领导别人，同样能搞艺术。发明家、化学家、数学家可以独自发挥他们的才华。但政界领导人必须鼓舞拥护者。"

换言之，科学家、艺术家、发明家包括教师等，他们是非领导人，他们的目标是靠自己的行为来实现，而包括校长在内的所有领导人是通过他人来达成愿景。这就要求，校长不仅要具有专才，而且要具有通才；不仅要自己能做事，而且要有效地带领团队做事；不仅要课上得好，而且要管理得好；不仅要具有教育教学能力，而且要具有独特的领导能力。

如果一个教师不具备领导的气质、条件和才干，仅因为是业务骨干、教学尖子、教书育人好手，就硬被提拔到校长岗位，岂不是让学校少了一个优秀的教师，而多了一个自己当得难受、别人看得着急、仅占着位置却不能发挥作用的蹩脚校长？

　　如果把学校和一个乐队相比，这样的教师就像乐队里的一个提琴手，他拉提琴姿势优美，动作娴熟，音色动听，演奏得非常出色。如果据此让他担任乐队的指挥，他就要放下提琴，拿起指挥棒，对整个乐队进行充分调度和控制。如果缺乏指挥能力，以前拉琴的技能显然调度和控制不了乐队，乐队的乱套就会在所难免。

　　著名教育家苏霍姆林斯基有一段非常精辟的阐释："你作为校长，不仅是教师的教师，不仅是学校的主要教育者，而且形象地说，也是一个特殊乐队的指挥。这个乐队是用一些极精细的'乐器'——人的心灵来演奏的。你的任务就是要听到每个演奏者（教师、教导员、班主任）发出的音响，你要看到并从心底里感觉出每个教育者在学生心灵里留下了什么。"

　　一个乐队的指挥，提琴可以演奏得不出色，二胡也可以拉得不怎么样，笛子哪怕也不会吹，但你只要有一颗敏感的心，只要用心感悟，只要有灵敏的感悟能力，只要有高超的指挥艺术，就能够用自己的一招一式、一眼一神，把乐队每一位成员凝聚在一起，演奏出一支支美妙悦耳的曲子。

　　因此，一个好提琴手，不一定是好指挥。一个优秀教师，不一定是一个优秀校长。只有具备领导力的优秀教师，才是一个真正优秀的校长。

有一个好校长，就有一所好学校

在教育界，使用频率最高的一句话，那就是"有一个好校长，就有一所好学校"。

这句话大家耳熟能详，虽然过于简单地将"好校长"与"好学校"画等号，有点过于夸大校长作用之嫌，但一方面确实能调动校长的主观能动性，另一方面也确实说明了校长在学校发展中的重要地位和作用。

伟大的人民教育家陶行知先生曾说过："校长是一个学校的灵魂，要想评论一个学校，先要评论它的校长。"

的确，一个团队如果没有灵魂，就没有凝聚人心的力量，而一所学校没有了校长，就失去了主心骨。

因为校长是学校教育的核心和关键，是学校牵一发而动全身的"命脉"，是学校精神力量之所在，是带给学校蓬勃生命力的重要因素。

校长虽然职务不高、权力不大，但校长的职位是神圣的，使命是崇高的，责任是沉甸甸的。

校长处于学校管理系统的核心，处于主导、决策地位，是"教师中的教师"，是"平等中的首席"，是学校的"神经中枢"，是全校师生幸福生活的"奠基人"。

校长对外代表着学校，对内领导着学校的教育教学及其他所有工作，既要对国家、对人民负责，又要对学生、对家长负责。

校长的神圣职责，就是运用手中的权力和自己的魅力，尽最大努力团结带领教职工，切切实实地把学校办好，把教育发展好，把每一个学生培养成人。

　　办好一所学校，关键是校长。有什么样的校长，就有什么样的学校。有一位好教师，就有一群好学生；有一位好校长，就有一所好学校；有一所好学校，就有一方好教育。

　　好的校长引领学校不断发展，平庸的校长带来学校发展滞后，而拙劣的校长则把学校带入歧途。

　　一个好校长，在学生的心里，应该是一位慈祥的长者，是一位仁爱的使者，是一个智慧的化身，是一个可以为他们撑起一片蓝天的无所不能的勇士。

　　一个好校长，在教师的眼里，应该是有着博大宽广的胸怀，见微知著的眼光，公道正派的品质，善良诚实的人格，刚毅稳健的性格，永不服输的精神，超群出众的能力，应该是一位能够引领他们成长的导师，一位研究和推动学校发展的思想者，一位能够给他们带来福音的志同道合的伙伴，一位能够给教职工以尊重关心、充分信赖的兄弟姐妹，一位敢于应对校内外环境变化、永不懈怠、永不停息的拓荒者和追求者。

　　有了这样的校长，理所当然地就会诞生一所好学校。

　　什么样的学校是好学校呢？

　　全国政协副秘书长、民进中央副主席、新教育发起者朱永新老师认为："优质的学校是孩子们的天堂，他们在这里常欢乐，常惊奇，主动地探索，健康地成长。"美国哈佛大学高级讲师罗兰·巴特说："我理想中的学校，是我愿意教书或担任校长的地方，是我希望后人能够记得我曾经作过贡献的地方，是我作为家长希望自己的孩子们接受教育的地方。"

　　在特别关注民生的今天，教育作为最大的民生，办人民满意的教育是我们工作的最终落脚点。只有办好学校，才能真正达成人民群众对教育的满意。

　　而要实现这一点，则必须造就一支素质高、业务精、能力强、有人格魅力的好校长队伍。

　　一流的教育，一流的学校，不仅要有一流的教师，还要有一流的教育管理者，更要有一流的校长。

校长力决定成败

我常常思考这样的一些问题：

为什么有的校长说话有人听，干事有人帮，而有的校长却说话无人应，做事情没有人跟？

为什么有的校长不令而行，不怒而自威，而有的校长却有令不行、有禁不止、有怒而没有震慑作用？

为什么有的校长工作有板有眼，大事小事都能件件落实，而有的校长工作却顾此失彼，飘浮不定，落不了地？

为什么有的校长在教职工中很有影响，而有的校长却被教职工看得一文不值？

为什么有的校长人脉好，能得到方方面面、上上下下的认可与支持，而有的校长却四面楚歌、如临大敌？

为什么有的校长当得洒脱轻松，一切尽在掌控之中，而有的校长事无巨细，又苦又累，费力却不讨好？

为什么有的校长把学校办得红红火火，把学校管理得井然有序，而有的校长却把学校办得没有起色，甚至眼巴巴地办垮？

这实际上涉及一个校长有没有校长力的问题。

一所好的学校，必定有一个好校长，而一个好校长，必定是具有校长力的。校长力既决定着一个人能否胜任校长，能否成为优秀校长，也决定着学校发展的好坏，更决定着这所学校里的师生教育生活是否快乐和幸福。

说到校长力，我们必须先弄清楚什么是领导力。概括地说，领导力就是引领组织达到目标的能力。

那么，校长力是什么呢，根据我的理解，校长力就是校长让教职工心甘情愿地做事、让教职工尽心尽力地做事、让教职工高效愉快地做事的一种能力。

一个有校长力的校长会与众不同，他能够有效地带领教职工去履职尽责，实现目标，追求卓越，做出贡献，创造奇迹。

校长力是一种天赋，还是一种可以学习的能力呢？我们同样来关注一下领导力。

一群旅游者游览一个风景如画、十分迷人的乡村。他们走过坐在篱笆边的一位老者时，其中一名游客向老者提出了一个问题："这个村庄里出生过伟人吗？"老者回答道："没有，只有婴儿。"

通常人们有一种直觉，认为伟人是天生的，领导力也具有天赋，是与生俱来的。事实上，伟人不是生下来就是伟人，他是从婴儿时期一步步成长起来的。领导力也不是上天恩赐的，领导力是可以塑造、可以培养、可以修炼的。

尽管有些人生来就具有某些特征，使他们在某些方面表现出了一种潜质，比如有的人生来就具有音乐天赋，有的人生来就有踢足球的优势，有的人生来就有做领导的条件，但后天的学习与修炼仍十分重要。

美国四星级将军 H. S. 范登堡曾经是美国空军总司令，在他身上表现出了卓越的领导才能。然而他并非天生就具备这种能力，他在军校的第一年考试中是一名劣等生，差一点被军校除名，而被当作劣等生的原因是他缺乏领导能力。

在西点军校作为一名劣等生直到毕业这段时间里，范登堡将军不断地充电，不断地修炼，后来成了一名伟大的领导者。

领导力贵在修炼，同样，校长力不是天生就有的，它也在于不断地修炼。

决定校长力有九种至关重要的能力，它们分别是：学习力、创新力、决策力、组织力、沟通力、激励力、执行力、威慑力、影响力。

修炼校长力，只要从这九个方面入手，潜心研究，用心感悟，努力揣摩，相信各位校长一定能具有强大校长力。

修炼校长力应遵循的法则

对于广大校长或者有志于成为校长的人士，在修炼校长力时应遵循这样几个法则。

法则一：木桶法则

由多块木板构成的木桶，它盛水量的多少，不是取决于最长的木板，而是取决于最短的木板。只有解决好短木板的问题，才能提高整个组织的水平。

德国史诗小说《尼伯龙根的宝藏》中，有一个屠龙的英雄齐格飞，他英勇无比，力量过人，经过激烈搏斗，杀死了尼伯龙根岛的巨龙，用龙血沐浴全身后，成了刀枪不入的金刚身，可是背后由于粘了一片菩提叶，没有沐浴到龙血，这便成了致命之处。

后来，敌人想尽一切办法，终于得知了这一秘密，在交战中用长矛刺入齐格飞的致命之处，英雄便这样轻易地失去了性命。

体现校长力的九种力，大家或多或少地具备，但程度参差不齐，有的方面具备得充分些，是长板，有的方面具备得少些，是短板。和木桶原理同理，短板制约着整个木桶的装水量，一个人在某种"力"上的短板，将会制约和影响校长力的整体发挥。

校长找到了短板，找到了自己的薄弱环节，就应该尽可能增加短板的长度，千万不要让短板的"短"成为自己的致命之处。我们追求校长的各种"力"，也不是整齐划一，更不是平均发展，而是和谐发展、协调发展。只有让所有的"力"项都维持大体一致的高度，才能使自己的校长力达到最佳状态。

法则二：二八法则

意大利经济学家帕雷托在从事经济学研究时发现了这样一种现象：20%的人拥有80%的财富，80%的收入来自20%的产品，80%的效率由20%的时间决定，20%的员工发挥着80%的力量。这就叫二八法则，又叫帕雷托法则。

这一法则告诉人们，重要的方面往往只是占了很小的一部分，大家要集中精力把握并处理好比较重要的20%，这样就可以解决80%的问题。

在校长力的修炼上，尽管涉及九种不同的力，大家同样要学会抓住重点，分清轻重缓急。这九种力，有的是前提，有的是条件，有的是基础，有的是关键，有的是核心，你认为哪种力对校长力影响最大，对你的管理影响最大，对学校的发展影响最大，你就要牢牢地抓住，并全力地修炼与补救。

法则三：互补法则

体现校长力的九种力，任何一个人都是不可能面面俱到的。对于明显的"短板"，通过适度加长，可以比原来的情况好一些，但也有可能做不到绝对一致。这就要求大家要充分利用互补法则，对于明显不足的"力"，如果再怎样努力，都有可能存在缺口，这就要注意通过自己的其他"力"来弥补。比如自己的威慑力不够，可以通过强化影响力等其他"力"来补充。

在互补上，还有一种方法，就是注意班子上的合理配搭。如果你在某方面有劣势，就找这方面的强者来跟你搭档，实现取长补短，优势互补。比如，你的创新能力不足，就可以挑选具有开拓创新能力的人做副校长，如果你在沟通力方面存在明显的薄弱环节，就可以找一个在沟通方面具有明显优势的人与你合作。

人的有些缺陷是终身难改的，比如我的个性急躁，过去我几乎天天都提醒自己别急躁，但是做事时很难做到不急躁。后来我发现这是基因决定的，基因这个东西是改变不了的呀！

当我明白了自己的这一缺陷后，我就通过团队建设，通过跟大家合作、通过成员班子的合理搭配，来弥补这一缺陷。

第二章

不断提升的校长学习力

"问渠哪得清如许，为有源头活水来"，获得取之不竭的"活水"，唯有学习。

学习贯穿于整个人类的进化史，使我们从荒蛮走向文明，从愚钝走向开化，从平凡走向卓越。

对于现代人，学习已成为人们生存和发展的必然选择和最佳方式。

对于校长，不管是校长的成长与发展，还是校长的快乐与幸福，乃至校长生命价值的体验与人生意义的诠释，都能从学习中寻求和得到。

苏格拉底因为自认"无知"，所以"像一只猎犬一样追寻真理的足迹"。校长为了增长自己的智慧，丰润自己的心灵，提升自己的境界，不管自己多么博学，也不管自己起点有多高，都应该涵养自己的求知之欲和好学之心。

学习是终身的事，学习永无止境，学习永远不可能画句号。校长只有承认自己需要学习，才可能进行有效的学习。只有比教师更擅学，才可能更有资格要求教师学，更才能知道怎样教学生学。

成功，其实并没有想象中那么难，只要校长养成严谨认真的学习习惯，只要使自己具有很强的学习力，成功的大门一定会向所有的校长敞开。

学习力，一切能力之母

谋事、干事、成事，取决于一个人的能力。能力的表现有很多种，诸如学习能力、思考能力、创新能力、研究能力、表达能力、组织协调能力等。在校长众多的能力中，最核心、最本质、最重要的能力，那就是校长的学习力。

校长的学习力，是指校长通过各种渠道，采取多种手段，不断获取知识，努力提升自身素质的能力。这种能力，不仅表现在校长获取知识的能力上，还表现在通过学习提升能力的能力上；不仅表现在从书本中学习知识的能力上，还表现在从实践中学习知识的能力上；不仅表现在对知识掌握的程度和深度上，还表现在对知识创造性运用的力度和广度上。

学习力是校长素质的综合反映，是校长各方面能力的集中体现。从某种层面上说，学习力是"元能力"，是一切能力之母，是反映校长工作方式、生活方式和思维方式的动力系统。

在全球化、国际化竞争中，知识的创新和科技的发展已成为全球竞争的核心力量，这在很大程度上取决于持续不断的学习力。当今世界，最大的力量来自于学习，最大的竞争也取决于学习力。学习力胜于一切，决定一切，也成就一切。

强大的学习力是校长超越竞争对手的重要手段

没有学习力，就不可能具备竞争力。你在对手面前，只好俯首称臣，甘拜下风。你要超越竞争对手，你就必须比他学得多。彼得·圣吉在《第五项修炼》中指出："未来唯一持久的优势，是你有能力比你的竞争对手学习得更快。"

强大的学习力是校长终身受用的财富

农耕社会，土地是最重要的财富；工业社会，能源是最重要的资源；知识经济社会，头脑是最重要的资源。而开发利用这一资源的根本方法，那就是学习、学习、再学习。

很多人只知道往银行里面存钱，让那个数字不断地增加。但是都忽略了我们每个人还有一个精神银行，只有通过不断地学习，不断地给自己的精神银行存钱，我们才会变成精神的富翁。这笔巨大的财富，将会让我们终身受益。

我经常给校长们讲，一个人当什么，那是暂时的。做校长，也是暂时的。总有一天，我们会退职、退休，但是学习永远不会退职、退休呀！我们有了好的学习习惯，有了强大的学习力，它会陪伴我们一生，成为人生的一笔宝贵财富，让每一寸时光，每一个日子都变得温馨、富有意义。

强大的学习力是校长不断完善，不断进步，不断走向成功的法宝

一个人要改变外在的世界，要改变我们内在的世界，要改变我们对这个世界的看法，从哪儿开始？首要的就是改变我们的思维方式，改变我们的行为范式，改变我们的感受模式，改变我们的生命样式。怎样才能做到？那就是要不断地学习！

一个人要有所作为，要能够实现自身价值，要不枉活一世，从哪儿入手？关键的就是要不断地丰富自己，不断地完善自己，不断地提升自己。怎样才能实现？那仍然是不断努力的学习！

这正如歌德所说："人不光是靠他生来就拥有一切，而是靠他从学习中所得到的一切来造就自己。"

校长要使自己立于不败之地，要使自己成为出类拔萃的校长，就要使自己具有一种强大的学习力。

如果校长没有强大的学习力，那是一件非常辛苦、非常痛苦、令人遗憾的事情。即使我们的校长付出很多，即使我们有很强的责任感，也不可能成长为一个有影响力的校长。

学习程度，决定着学校的发展高度

学校是文明的场所，是学习的地方。校长是组织、指挥学习的人，他既是管理者，又是教师的教师。校长的学习，不仅是校长一个人的事，更关系着自身魅力的提升，良好学风的形成，学习型学校的建设，学校发展的水准。

校长的学习可以提升和强化自身的领导魅力

一个现代社会的新型校长，应该具备诸多方面的素质，除了具备良好的文化素养外，还应有高尚的品德，超凡的气质，敬业的精神，平和的心态，目标专一的性格，坚韧不拔的意志，而这一切，只有通过学习才能达到，也只有通过学习才能使自己具有独特的领导魅力。

教育思想的转变、教育观念的更新、现代课程的重建、教学方法的改进，都可以在学习中找到答案。师德的修养、职业精神的培育、职业倦怠的消除，都能够从学习中得以破解。

校长的学习影响着一所学校的学风

村看村，户看户，群众看干部。校长是广大教职工和众多学生心目中的"干部"。

校长的学习，不仅能够让自己的生命丰盈起来，使之既有厚度、宽度，还有高度，而且更重要的是能够让自己的生命丰盈起来的同时，也使师生的生命里不断增添很多美好的东西。

校长的学习，不仅能让每一个教育日子光鲜起来，亮丽起来，有意义起来，而且更重要的是在让每一个教育日子光鲜起来，亮丽起来，有意义起来的同时，能够让我们在对教育的分析与研判、洞察与理解、辨识与去伪中，认识教育的本质与要义，明白教育的道理与常识，知晓教育究竟从哪儿出发，要到哪个地方去，从而找到教育行进的方向，把控教育的准则和规律。

校长应该成为学习的楷模，勤于学习的典范，并以此影响教师和学生，用自己良好的学风来带动教师和学生良好学风的形成。

一个好学的人不一定能当校长，但一名校长必须是一个好学的人。很难想象一个从不学习，成天忙于应酬的校长，能理直气壮地要求教师静下心来学习，能够面不改色心不跳地要求学生认认真真学习。

这样的校长如果还豪言壮语地谈论学习，那岂不是绝妙的讽刺，天大的笑话？

校长的学习决定着学习型学校的建设

建设全民学习、终身学习的学习型社会已成为全社会的共识和努力的方向。作为学校，努力建设学习型学校便是摆在我们校长面前的一项十分重要而又紧迫的任务。

学习型学校是一个能够适应环境变化而持续变革、不断学习、勇于创新的学校，是一个能够实施人文关怀、人本管理、提高效能、富有特色的学校，是一个能够自我完善、追求卓越、持续发展、不断提升的学校。

当今学校，面临着很多瓶颈和困惑，比如教师队伍如何建设、校园文化如何创建、素质教育如何实施、课程改革如何有效推进、教学质量如何得以提高、学校的发展如何上档升位……要解决这些问题，构建学习型学校无疑是一条有效途径。

在学习型学校的建立中，校长则担任了制度的设计者，愿景的开发者，学习的组织者，氛围的营造者，关系的协调者，危机的预警者，核心能力的创造者等多种角色。

校长要扮演好这些角色，担当好相应的使命，就必须不断学习，善于学习，系统学习。

校长的学习，不仅要自己学，更重要的是要营造一种浓厚的学习氛围，要带动大家一起学，要让教师保持一种每时每刻随时随地学习的状态。

我有一个观点：一个校长，最大的作为就是把每个教师、每个学生都培养成爱学习的人，最大的成功就是把学校孵化成一个学习型学校。

最好的教育莫过于示范。这当然完全取决于校长的学习，一个不学习，不重视学习，不倡导学习的校长，不可能有这样的作为，也不可能有这样的成功。

校长的学习关系着学校的未来和前途

思想对于一个人太重要了！法国著名科学家、思想家帕斯卡尔说"人是一根脆弱却有思想的芦苇"。

教育是人的事业，也更是需要思想支撑的事业，思想对于一个校长就更为重要。

作为一个校长，首先要有自己的办学思想，校长对学校的领导，本质上是教育思想的领导。

办学思想是校长教育理念、信仰在学校工作中的体现，是校长的智慧和创造才能的展示。校长只有形成先进独特的办学思想，才能办出自己有特色有个性有品位的学校。

校长办学思想反映的是校长的思想境界，它不是照抄照搬来的，而是校长在不断学习与实践中感悟到的。这种思想要转变成教师认同的观念，可感的目标，一致的行动，也不是靠简单的行政命令，而是要站在教师专业成长的角度，以一个合作者和指导者的身份，在理解、沟通、商讨的情景中，将自己的思想渗透其中，以达到"随风潜入夜，润物细无声"的效果。

而这一切，离开了校长的学习，显然是不行的。

假如自己缺乏学习，知之甚少，一知半解，就很难与教师对话、沟通，就很难将自己的办学思想转化为大家的一致行动。

只有校长学会学习，在学习中做人，在学习中管理，在学习中成长，在学习中创新，才能成为与时俱进的校长，才能带领团队奔跑，才能将学校引领到一条光明的坦途，学校也才能有一个发展高地和一个美好的发展前景。

从某种意义上讲，校长学习的程度，决定着学校办学思想的深度，决定着办学水平及学校发展的高度。

做个终身学习型校长

古人云：吾生也有涯，而知也无涯。

学习是永无止境的，只有起点，没有终点。

特别是随着人工智能时代的到来，知识更新日新月异，昨天还是有用的最新的知识，有可能明天就跟不上时代的步伐。

有研究表明，在农业经济时代，人们只要在 7—14 岁接受教育便可应对一生所需；在工业经济时代，接受教育时限延长至 22 岁；在知识经济时代，原有的知识正以每年百分之五的速度不断淘汰，如果不及时更新和补充，十年后就会有百分之五十的知识因变得陈旧和老化而用不上。

而对于人工智能时代，知识和信息更新速度不断加快，知识量无限快速增长，知识价值受到强烈冲击，智能的离岸化和制造化意味着人需要更高的智能。在已有知识的基础上不断学习、生产与创新，便成了时代的根本需要与重大主题。

按照知识图谱分析学家的判断，现在知识更新周期是 3—4 年。如果这个判断成立，那就意味着大学生一年级所学的东西到了大学四年级的时候便已经被更新了。

未来已来，未来就像空气一样弥漫在我们的身边。过去那种靠一次"充电"，终身受用的时代已经成为历史。

美国福特汽车公司有一个著名的观点："在你的职业生涯中，知识就像牛奶一样是有保鲜期的。如果你不能不断地更新知识，那你的职业生涯便会快速衰落。"

奥文·托佛勒曾说："在这个伟大的时代，文盲不是不能读和写的人，而是不能学、无法抛弃陋习和不愿重新再学的人。"

终身学习,讲的就是人一生都需要学习,从幼年、少年、青年、中年直到老年,学习将伴随着人的整个生命历程并影响人的一生发展。

终身学习,作为时代的要求,作为一个人对学习的不懈追求,它不仅是一种观念,一种态度,而且是一种境界,一种必需。

我们的校长,无论你文凭有多高,无论你在哪个年龄阶段,无论你身处哪种环境,无论你成就多大,你都应该不断学习,终身学习。

可是,现实中有很多校长,对探究和学习几乎丧失了兴趣,也不愿意将有限的时间和精力用于学习,每日所思所做仅局限于学校的日常琐事,仅停留于各种交际应酬,久而久之,便丧失了学习的能力,成了典型的学习智障。

学习智障对于"师者之师"的校长来说,无疑是致命的障碍。它会使自己逐渐失去创新精神,使自己的眼界和思维变得越来越狭窄,使自己的反思能力日益减退。它会发展成为一股阻碍创造性学习的力量,在校园内、在师生中横行。不仅如此,校长缺乏学习的动机和精神,还会失去一种"好奇心"。"好奇心"是校长创造性工作的活水源头,也是校长保持旺盛的精力和良好精神状态的动力源泉。同教师的职业倦怠一样,校长如果失去一种"好奇心",同样会产生职业倦怠。

而校长能够坚持终身学习,就会让"好奇心"始终与生命同在,与自己的工作相伴。可以说,终身学习就是"终身好奇",就是"终身憧憬",就是"终身新鲜感"。

因此校长要把自己从繁冗琐碎的事务中,从迎来送往的应酬中解脱出来,要挤时间学习。一提到学习,很多同志便以自己忙为借口。校长果真这样忙吗?"忙"者,心亡也,心亡为"忙",它是一个"心"加一个"亡"啊!

其实,校长只要静下心来,善于挤时间,时间就像海绵里的水一样,肯定会挤得出来。

学习要成为校长生活中的一个习惯,就像衣食住行一样重要;要成为校长生命中的一部分,就像人的生存需要阳光、空气和水一样。正如叶澜教授所说,校长应把所有的生活变成有学习意义的生活,使人生成为学习的人生,发展的人生和创造的人生。

只要坚持终身学习，坚持有计划地学习，水滴石穿，日积月累，你就会成为一个知识丰富，受人们爱戴的学习型校长。更会成为一个永葆学习冲动、探究冲动和创造冲动的创新型校长。

做校长，功底要越厚越好

学校是知识分子的集合体，是用知识说话，是用知识服人的地方。

校长，虽是组织任命的，拥有一定的权力，但如果缺乏能力，没有多少过硬的本事，仅用权力去发号施令，便会显得苍白无力。在你下达命令，提出要求时，有的教师嘴上不说，心里会犯嘀咕：你能力还不如我呢，凭什么使唤我？有的勉强接受了，在工作中也会消极懈怠，出工不出力；有的即使能把工作干好，对你却永远产生不出任何尊敬感，你在他心中好像可有可无；还有的教师有可能直接跟你叫板，产生强烈的抵触情绪。

校长果真当到了这种地步，你的感召力从何而来？你如何实现有效领导？学校将如何办得有生机有特色？你还能在这个位置上待多久？即或你赖着，又有什么意义和价值？

东周列国的时候，楚国强大起来后，开始对周王朝不满。有一天，楚庄王亲率大军，兵临周王朝的皇城脚下，弄得周王惶惶不可终日，于是派大夫王孙满到楚营前去慰问。楚庄王在会见王孙满时，突然问到一件东西，王孙满听到后两脚竟站立不稳。原来所问到的东西便是周王朝的镇国之宝——大鼎。

这个故事告诉我们，如果老师的水平、能力、学识超过了校长，他就可能产生"问鼎之心"。

如今社会对学校的期望值越来越高，教师对校长的素质要求越来越高，新的变化带来了新的压力，新的压力带来新的责任。校长要由经验型走向学者型，由常规型走向创新型，由实干型走向智慧型，由智慧型走向教育家型，真正实现教育家办学，这就必须学习，优先学习，不断学习，成为学习型校长。

给学生一碗水，教师就应该有一桶水；给教师一桶水，校长就应该有一缸水。做校长，就应该拥有丰富的知识，知识越丰富越好，功底越深厚越有影响力。

丰富的知识，扎实的功底，不仅是解决问题、克服困难的本钱，而且是征服人心、凝聚人心的力量。

你在能力上能够超过老师，能够独树一帜；你在本领上能够胜人一筹，变得不可替代；你在专业上能够享有权威，给教师做出表率，教师就会巴心巴肝地跟随你，就会死心塌地地服从你，就会对你由衷的产生敬佩感，你也就有了自己独特的魅力。

如果你只有一块木板，你只能漂着过河；如果你有几十块、上百块木板，你可以搭桥过河；如果你有千块万块木板，你就可以造一艘轮船乘风破浪。

可见一个人的知识占有量与工作效果、人生成败有着很大的关系。校长知识越丰富，功底越深厚，就越能达到左右逢源、得心应手、出神入化的境界。

校长要达到这种境界，不进行广泛深入的学习是不行的。古时候，寺庙里的住持在对徒弟施经布道之后，会隐居后院一段时间，日常工作由大徒弟来负责。这段时间，住持便集中心思去修炼，等有了新的收获，新的参悟之后，再给徒弟们传授。

一个明智的校长会时时注意提高自己的专业知识水平，不断丰富自己的学识，穷尽一切努力夯实自己的功底，在他们看来，积累知识远远超过积累金钱。

与时俱进，是对大众的要求，作为校长，就不能仅满足于与时代同步，还必须走在时代的前面，走在教师们的前面。

最是书香能致远

什么样的学校具有时代特点？什么样的学校具有旺盛的活力？什么样的学校具有无限发展的可能？什么样的学校是孩子们喜欢的学校？那就是书香飘逸的学校。

一个人可以没有文凭，但不可以没有知识；一个人可以没有老师，但不可以不学习；一个人可以不进课堂，但不可以不读书。

书籍是人类社会进步的阶梯，书籍是人间万象、世间百态最全面的折射。书中自有黄金屋，书中自有颜如玉。

读书是人生的最大乐趣，是认识自己的最好窗口，是一个人精神成长的"摇篮"，是一个人素质提高的"母乳"。读书也是积淀校园文化的根本途径，是给教师带来终身发展、终身幸福的关键所在。

朱永新老师说，一个人的精神发展史从某种意义上讲就是一个人的读书史，一个民族的精神境界在很大程度上取决于全民族的读书水平。

一所学校有没有浓浓的读书氛围，教师有没有强烈的读书意识，学生有没有良好的读书习惯，这完全取决于校长。

一个书香浓郁的学校必定有一个爱读书的校长，一个爱读书的校长必定影响和造就一个书香校园。

当然，我们并不是说离开了校长，就不能建设书香校园，也并不是说没有校长的读书，就没有校园读书的芬芳，我们更不能把校园读书的责任全部压在校长肩上。但至少可以说，校长这个角色对于校园有无"书香"，是多么关键和重要。

怎样建设书香校园，怎样让校园弥漫书香呢？校长真的大有可为。

让校园弥漫书香，校长要带头读书

以身作则和率先垂范是无言的号令，是巨大的感召，是强劲的引领。

校长要带头读书，要做书的崇拜者，要成为师生读书的榜样，要用自己的读书理念和行动，去影响和带动教师和学生的读书。

校长乃"书迷""书虫"，是校园最美的身影；一级读给一级看，是校园最美的风景；一个喜欢读书的校长带领一群喜欢读书的老师陪着孩子们一起读书，是教育最美的样子。

前几年，某教育刊物刊登了一封教师来信，信中反映了这位教师遭遇的苦恼——爱看书的他不受校长的欢迎，也得不到同事的支持，在学校几乎成了另类。这位校长不但不带头读书，相反还不待见喜欢读书的老师，把他当作"另类"，这真是太奇葩了。真不知道他是怎样当上校长的，也恐惧于不知道他会把一所学校带向何方！

让校园弥漫书香，校长要营建读书氛围

读书是需要氛围的。当你进入宗教庙宇或殿堂时，是不是自然就会感到特别神圣？当你进入图书馆，看到大家都在用心地读着书，你是不是一下就有读书的冲动？当你面对清风明月，亭台楼榭，溪水潺潺，是不是顿时就会触发你读书的灵感呢？

校长在校园为师生营造出一种浓厚的读书氛围，应该成为校长的努力方向。

在营造读书氛围方面，除了充分利用好图书室、阅览室、图书角，为师生创造良好的读书环境外，一方面还要利用学校的文化墙、宣传栏、黑板报、校园广播站与电视台，渲染出浓浓的读书气氛。

另一方面可以设定校园读书日或者阅读节。中国传统节庆，虽然还是那样一个普通的日子，却因为赋予了一些特别的东西，它就有了仪式感，就有了氛围，就有了意义，就有了一种期待，就有了与其他日子不同的感觉。

校园里的阅读节、读书日也同样如此，它会让师生自然而然地进入一种读书的状态，融入一种读书的氛围。

让校园弥漫书香，校长要让书籍主动"撞入"师生的生活

当图书成为学校分布最广的资源，当一所学校完全变成了书的海洋，想不被书籍影响几乎是不可能的，想不读书那也是不行的。

书存放在图书室、图书馆里，往往在那里睡大觉，师生阅读很不方便，只有极少数特别喜欢读书的师生会走进图书馆、图书室里。

校长最智慧的行动就是将图书馆、图书室里的书"请"出来，通过建书架、书橱、书壁、书柜、流动书车，让书漂流在学校的每一个空间，让其存放在校园的各个角落，让师生做到随手可拿、随地可取、随时可读。

让校园弥漫书香，校长要策划与开展丰富多彩的读书活动

没有活动就没有教育，同样，没有读书活动，就没有书香校园的有效构建，也就没有师生读书的积极推动。

通过图书漂流、好书交换、书目推荐、书香班级评比、读书人物表彰、读书演讲比赛、读书论坛、读书沙龙、经典诵读、亲子共读等活动，让师生在积极主动的参与中，认识到读书的意义，感受到读书的价值，体验到读书的乐趣，从而培养他们的读书兴趣，帮助他们养成良好的读书习惯，让师生把读书作为一种自觉的行为，一种生活的方式，一种生存的需要，一种生命的状态。

让校园弥漫书香，校长要着力研发完整的阅读课程体系

课程是教育的有效载体和抓手。以活动来推进书香校园建设，尽管有着积极的作用，但活动一般是分散的、间断的、不系统的，只有让学校拥有完整的阅读课程体系，才能确保书香校园建设的持续性，这也是让校园弥漫书香，让书香校园建设走向成熟之路的重要途径。

研发阅读课程体系，首先要结合学校自身特点、教师队伍特点以及学生的身心发展特点。其次要增强教师研发阅读课程的意识，提高教师研发阅读课程的能力。再者，阅读课程研发应注重循序渐进和内容的连贯性，要坚持阅读课程的主体性与合作性、开放性与优化性、实践性与探究性、活动性与

教育性。

在阅读课程内容的构建上，一方面要针对阅读技能及方法，帮助师生学会如何选书，如何买书，如何检书，如何做读书笔记，如何略读、粗读、精读、泛读、啃读，如何处理好读有用书与读无用书、读有字书与读无字书的关系等。另一方面要通过对经典文本在文化层面、思想层面、艺术层面的多维度阅读及解读，丰富师生的阅读体验，涵养师生的人文情怀。

让校园弥漫书香，校长要用心架构评价机制

学生成绩的提高，老师教学质量的提升，也包括教师的专业成长，这一切本应体现在阅读上。

然而唯分数的评价，把成绩、质量、专业成长和阅读截然分割开来。于是导致最该读书的老师和学生不读书。就算读书，学生读的仅是课本、练习册、考试秘籍，教师读的仅是教材、教参和教案。

评价很重要，我们需要什么，就去评价什么，有什么样的评价，就会有什么样的教育。

对整个评价系统校长有可能还无能为力，但是作为一校之长，完全可以在自己的"地盘"上，对评价机制做出一些变革与探索——坚持和谐的、健康的成绩与质量观，实施对学生综合素质评价，对教师进行阅读素养评价，建立师生阅读档案，健全完善师生阅读段位晋级、阅读激励评价机制。

通过评价导向，唤醒师生心中的自我，让师生都爱阅读、会阅读、善阅读，从要我读到我要读，最终实现书香校园建设的终极目标。

校长的责任千千万万，校长的事务也特别繁多，但校长的根本任务是把学校建设成为全体师生幸福成长的家园，快乐生活的乐园。如果没有了书香，学校就很难成为"家园"与"乐园"。

一个校长哪怕什么都不做，但只要让校园书香四溢，让每一个老师和每一个学生都成为爱读书的人，便功莫大焉！

会学比什么都重要

一个优秀的校长不仅要喜爱学习，而且要注意学习方法，力求善于学习。

在当今这个知识奔流，信息密集，各种新知识、新科技、新事物层出不穷的时代，如果不善于学习，不讲究学习方法，有可能会走进"死胡同"，成为"书呆子"，还有可能劳而无功，学而无获。

能不能成为一个善于学习的校长，一个会学习的校长，将决定你是不是一个成功的校长，是不是一个与时俱进的校长，是不是一个能带领教师不断成长的校长。

学习不能脱离实际。要从实际出发，讲求实效，如果学习脱离了实际，学得再多也是白搭。

古时候有一个年轻人，一门心思想学会一种别人都没有的技术，于是倾尽家产，花了半年时间，不分白天黑夜地学会了"屠龙"的技术。当他得意扬扬回到家里，决定去屠龙时，这才意识到天下哪有龙可以屠呀！结果他花费那么多心血所学的本领等于白学了，根本没有地方使用。

学习绝不是简单模仿，更不是一成不变，照抄照搬。学习要学会超越，学会创造，要充分结合自身情况，要考虑到本人的知识、专业、经验、社会阅历以及周围环境、各种条件等因素，切莫犯教条主义、本本主义错误。

一只乌鸦看见一只老鹰从天空中俯冲下来捉住了山羊，便羡慕不已，也模仿老鹰的样子，从天空俯冲下来，结果爪子被深深地插入岩石中不能自拔，最后被牧羊人捉回家中。

乌鸦的学习精神固然令人佩服，但它只是机械地学习，没有考虑到自身因素，所以落得可悲的结局。如果它在学习中从磨砺爪子、练习眼力、锻炼力量入手，肯定会是另一种境况。

有一个校长上任的时间不长，为了增长管理知识，他专门从书店里买了一本管理书，书中讲了一个观点：人是追求自由的，在管理中应强化自我管理，而应取消或淡化制度管理。这个校长对此很感兴趣，于是在学校全面推行自我管理，把前任校长所建立的各种制度全部废掉。其结果呢？老师想迟到就迟到，想早退就早退，想什么时候上班就什么时候上班，想备教案就备教案，作业想批改就批改，学校乱成一团，教师作风懒散，学生纪律松懈，教学质量一塌糊涂。

殊不知，西方作者强调的自我管理，是在人的素质高度优化，人的行为高度自觉的前提下。如果在我们的教师的自觉性及素质还没有达到一定水准的情况下，便盲目照搬套用这种管理模式，肯定会出问题的。

学习要学以致用，注重实践。要把学习得来的知识，所积淀的理念或观念、经验或方法，应用到教育教学实践中，运用到学校的具体管理工作中，用以解决实际问题。

没有实践的学习注定不是有效的学习。没有学用结合和学用转化的学习，更不是生动而真实的学习。

只有在不断地学习，不断地实践，不断地运用过程中，才能将学习转变为智慧，将知识转化为财富。

打个比方，学习知识使你拥有一百吨炸药，应用知识就像及时引爆炸药，才能释放出巨大能量。如果你有一百吨炸药，而不去引爆，不但不能产生能量，炸药还有可能因受潮而报废。

第斯泰维克说："学问不在知识的多少，而在于充分理解和熟练地运用你所知道的一切。"

学习还要懂得选择。知识海洋，浩瀚无边，人不能穷尽所有知识，必须有选择性，有针对性地学习。人生贵在选择，读书贵在选择，学习也贵在选择。

没有选择，就没有个性化的教育。没有选择，也就没有有效的学习。

比尔·盖茨还在中学读书时，就对计算机软件这一刚刚起步的知识领域产生了兴趣，而且判断个人计算机时代已经到来，并下决心将此作为自己终身的事业。他哈佛大学学业还未完，就全身心投入电脑开发，不仅成为世界首富，而且成为带领世界进入信息社会的重要人物。这就是在学习上善于选择的智慧。

学习同时要善于思考。"学而不思则罔，思而不学则殆。"学习仅仅是为了学习而学习，而不去"思"，不在思考上做文章，不通过思考去理解、感悟，也就是"不求诸心"，只能是昏昏然，迷迷糊糊，一无所得。

"思"是学习的核心，无"思"不"学"，无"思"学也无效。以"思"促学，让思考为学习助力，并养成边学边思考的习惯，这是会学习的重要品质。

大家在学习中，只要注意了这几个方面，并真正用心去学习，就能做一个真正善学习、会学习的校长。

把学习作为一种享受

希腊哲学家苏格拉底说："人类最大的乐趣莫过于学习。"

然而，从古至今，人们首先把学习与"苦""累"联系在一起，似乎学习的过程就是痛苦不堪的过程，根本没有快乐可言，更谈不上享受了。

"学海无涯苦作舟""吃得苦中苦，方为人上人"已扎根脑海；"青灯黄卷""孤馆寒窗""寂寞苦行"便是佐证；更有国学大师王国维在《人间词话》中所描述的治学三境界，"昨夜西风凋碧树，独上高楼，望尽天涯路"，"衣带渐宽终不悔，为伊消得人憔悴"，"众里寻他千百度，蓦然回首，那人却在，灯火阑珊处"，更加深了人们的这种认识。

学习真的是百般痛苦的事吗？

回答显然是否定的，学习可以带给我们很多乐趣。在学习中，我们可以指点江山，激扬文字；可以纵横驰骋，遨游于上下五千年；可以足不出户，便知天下事；可以放松心情、宽慰心灵、消除疲惫；可以循着历史的轨迹，伴着智者的思想，进入豁达高尚、美妙无穷的境界；可以领略人生的智慧，感悟智者的心灵，欣赏沿途的风景……

其实，学习是"苦"还是"乐"，是一种"折腾"还是一种"享受"，这完全取决于校长对学习的态度。

思想改变世界，情绪左右人生。如果我们校长有个好的心态，有一个愉悦的心情，有一个稳定积极的情绪，有一种主动学习的愿望和取向，那么学习就是一种快乐。

如果我们把学习当作生活的方式和正常的生命状态，把学习看作是生存的需要和精神的追求，把学习视为提升自己的手段和学校发展的前提，那么学习就是一种幸福。

陀螺不快乐，因为它是在外力的抽动下才运动；驴子不快乐，因为它是在鞭子的驱使下才奔走。我们不是陀螺，也不同于驴子，我们可以选择主动工作，选择主动学习。

学习永远是自己的事情，校长是为自己而学，那么学习就是一种享受。

很多人疏于学习、怕学习，甚至不学习，是因为自己在内心深处就把学习定义成一份苦活，一件苦差事。

学习是快乐的，是幸福的，是一种享受，校长要学会"乐在其中"。

只要乐在其中，把学习作为一种生活的方式，就多了一份学习的热情，就多了一份创造的激情，就多了一份充满诗情画意的心情。

只要乐在其中，把学习作为一种娱乐和消遣，就像打麻将、看电影，在任何环境、任何情况下都可以学习。

只要乐在其中，把学习作为生命中重要的事情，哪会没有时间学习。我以为再忙都会有时间，再忙都会挤出空闲时间。古人的"三上"，即：枕上、厕上和马上。"三余"，即：冬者岁之余，夜者日之余，阴者晴之余。我们每个人的清晨早餐前，傍晚天黑前，上床临睡前，这些都是可以利用的学习时间。

第三章

追求卓越的校长创新力

创新力是所有能力中最重要、层次最高的一种能力。

因为创新力体现的是一种对思路、对理念、对机制等核心元素的不拘一格、不断革新的能力。

因为创新力体现的是一种对方法的大胆探索，对传统的勇于挑战，对现实的不断突破与超越的能力。

创新力就是生产力，创新力决定竞争力，创新力关乎事业兴衰与成败。

这个世界随时都在发生变化，唯一不变的，就是变化的本身。

教育每天都是新的，不可能拿着一张旧船票去重复昨天的故事。在面对社会形态的变化和社会对教育必须变革的诉求时，在面对传统教育样态所暴露出来的种种弊端时，教育必须有所变化，只有在变化中才能走向未来。

这就要求校长绝不能因循守旧，固步自封，而应该学会适应，学会变革，学会创新。

对于校长而言，谁学会了创新，谁就学会了工作之道；谁把握了创新，谁就把握了成功之本；谁拥有了创新能力，谁就拥有了发展之机。

一流校长，引领变化；二流校长，主动变化；三流校长，适应变化；四流校长，被动变化；五流校长，顽固不化。

时代呼唤创新型校长

《谁动了我的奶酪》一书十分畅销，书中很多观点让人耳目一新：

变化总是在发生——他们总是不断地拿走你的奶酪；

预见变化——你的奶酪可能随时被人拿走，而你甚至不知道他们是谁；

追踪变化——经常闻一闻你的奶酪，你便知道它们什么时候开始变质；

尽快适应变化——越早放弃陈旧的奶酪，你就会更早享用到新的奶酪；

改变自己——随着奶酪的变化而变化；

享受变化——走新的道路，尝试冒险，享受新奶酪的美味；

做好迅速变化的准备——准备迅速奔跑的鞋子；

记住——他们仍会不断拿走你的奶酪。

这些观点告诉我们，当今的世界，是变化莫测的，也是瞬息万变的，如果循规蹈矩、走老路、抱本本、凭经验、步后辙，是行不通的，这样的时代早已一去不复返。

一名学生拿到一张试卷对爱因斯坦说："上面的问题和去年的完全一样呀！"

爱因斯坦回答说："是的，但今年的答案不同了。"

要跟上时代的步伐，要适应不断变化的形势，要应对不断变化带来的挑战，只有创新、创新、再创新。

何谓创新？创新仅就字面理解是更新或改变的意思。不同的学者还有不同的解释：有的解释为无中生有；有的解释为有目的、有组织地寻求改变。将其综合，创新就是建立一种新的生产函数，在经济与社会生活中引入新的思想、方法，实现生产要素新组合。创新并非都是首创前所未有的"事物"，主要是将已有的"事物"引入新的领域，重新组合，寻求新发展。

创新是一个国家、一个民族不断进步，走向辉煌的灵魂；是一个团队、一个组织繁荣昌盛、兴旺发达的动力。

作为领导者，只有成为创新型领导，在创新方面走在时代的前列，才能领导社会的变革，也才能在竞争中立于不败之地，否则就会被时代所淘汰。

人类进入互联网时代，特别是进入人工智能时代以来，社会生活发生了深刻变化。随着信息与知识的运用日益综合化，一些传统行业将面临重大冲击。一份美国企业家委员会提供的报告预计，未来几年将有 12 种工种消失，包括出租车、邮政、造纸、固定电话、手机、信用卡、钱包、电影院、有线电视、快餐店员工、保险等。

传统行业受到冲击的同时，传统教育模式也面临着巨大的挑战。随着人工智能在现代教育中的广泛应用，教育方式和办学模式也发生了深刻变革。

2020 年，一场突如其来的疫情，给我们每一个人都带来了诸多思考，让上亿学生涌入在线课堂，开展网络学习，让原本的教育场及其内部诸元素的固有关系被打破。这既是一场"史无前例、世无前例"的教育改革与实践，又是一场现象级、放量级的大考验、大挑战，它昭示着我国学校教育经历和承受着一次巨变。

面对人工智能时代和后疫情时代，根本的应对之策就是在变中寻变，以变应变，在变化中不断适应变化、主导变化、引领变化。

校长是学校办学方向的把握者，是教育方针政策的贯彻者，是师生员工的引导者，是人际关系的协调者，是学校运转的发动者，也是教育教学的组织者。校长更应成为学校管理的创新者。

可以这样说，校长创新意识的有无，事关教育改革的成败。校长创新意识的高低，决定着学校发展的程度。

　　校长只有在创新中才能适应未来教育的发展特点，才能应对人工智能时代给我们带来的挑战，才能走好"后疫情时代"教育发展之路，才能把这场教育试验内化成教育的新常态、学校的新样态。

　　我常常思考厨师和厨子究竟有什么不同，后来我得出结论，厨师是在不断使用各种食材创造出新菜式、新菜谱，而厨子是照着现成的菜谱做菜。也就是说，厨师的工作是创造，而厨子则只是按菜谱做，仅停留于模仿层面。

　　做一个厨子相对容易得多，而当厨师，就要难很多，不仅需要时间和精力，还需要智慧和用心，更需要创新的精神，创造的能力，以及面对失败的勇气！

　　厨师与厨子，创新型校长与平庸性校长，这之间是不是有某些关联呢？

　　正如美好的生活期待涌现更多的厨师一样，美好的时代更呼唤能够涌现更多的创新型校长！

创新力是创新型校长的核心素养

创新力是指创造新事物的能力。顾明远、孟繁华在《教育新理念》一书中指出，创新力是一种复杂的、高层次的智慧活动，它需要发散思维与复合思维的共同参与，需要分析思维与顿悟思维的协同配合，需要抽象思维与形象思维的相互协调。

校长要实现学校管理的创新，就必须具备创新力。校长的创新力包括两个方面：一是创新能力；二是创新精神。

作为一个创新型校长，创新能力至关重要。没有创新能力，一切创新都无从谈起。创新能力，包括灵动的思维、广博的知识、准确的判断、对局势敏锐的洞察等。

仅有创新能力，对于一个创新型校长来说，仍然是不够的。因为创新是对原有的突破，是对传统东西的否定，是对一切不合时宜的抛弃和割舍，这就需要一种莫大的勇气，一种坚强的毅力，一种大无畏的气概。

老鹰是世界上寿命最长的鸟类，一般可活70岁，要活那么长的寿命，它在40多岁时必须做出痛苦而又重要的决定。

因为老鹰活到40多岁时，它的爪子开始老化，无法有效地抓捕猎物，嘴长得又长又弯，几乎碰到胸膛，它的羽毛又密又厚，飞翔时十分吃力，这时它面临两种选择，要么等死，要么经过一个痛苦的更新过程。

所有的老鹰都会选择后者，飞到悬崖筑巢，用喙击打岩石，直到它完全脱落，用长出的新喙把指甲一根一根地拔去，再用新长的指甲将羽毛一根一根地拔掉。等新的羽毛长出来之后，老鹰便开始了新的飞翔，这个过程要承受150天的煎熬，然后重新再过30年的岁月！

老鹰置之死地而后生，这确实体现了一种浴火涅槃、破茧成蝶的勇气。这种勇气体现的是一种精神，如果没有这种精神，老鹰不可能脱胎换骨，不可能开始新的生活。

校长也需要这种精神，没有这种精神，校长不可能具有真正意义上的创新力，也就不可能成为真正的创新型校长。

校长创新力是校长创新能力与创新精神的体现，它不仅是校长追求个人成功的必然，而且是教育和时代发展之必须。

校长创新力是实施学校管理创新的坚强支撑

学校管理有常态管理和创新管理之分。常态管理更多体现的是按部就班，亦步亦趋，老调重弹。

创新管理是一种不断进行新设计、新构架、新组合的管理，一种主动的改造性管理。这种管理，它不会满足于现成的经验，固定的模式，已有的体系，也不会一味因循守旧，墨守成规。

学校创新管理离不开具有创新力的校长。具有创新力的校长善于另辟蹊径，标新立异，勇于打破旧框框，突破老皇历，敢于发表独特的观点，坚持自己独到的见解，甚至为了学校的发展，不惧怕别人的闲言碎语、冷嘲热讽。这正契合了新时期学校创新管理的要求和需要。

如果校长没有创新力，也就没有真正的学校管理创新。一个具有创新力的校长将会为学校管理创新带来全新的面貌和格局。

校长创新力是培养创新人才的重要基础

学校是培养创新人才的基地，学校教育是培育创新人才的摇篮。

未来不是我们要去的地方，而是我们要去创造的地方。

我们能不能培养出一个个能够创造未来的人，取决于我们的教师能不能创造性地学习，创造性地思考，创造性地开展教育教学活动，创造性地教书育人。

而教师的这一切"创造性"，则取决于校长有无创造性，也来源于校长的创新力。

人大附中原校长刘彭芝曾说："如果校长本人都没有创新精神和能力的话，又怎么可能带出一支有创新精神的教职员工队伍，培养出有创新能力的学生呢？"

作为一校之长，校长必须具有创新力。校长有了创新力，就会敢为人先，与时俱进，与潮流同行，不断探索教育工作和学校管理的新思路、新方法；就会善作善为，为师生创造一个最能自由发挥创造性的良好氛围与宽松环境；就能够给师生创新赋能，激发师生的创造热情，唤醒师生的创造潜质，尊重师生的创造精神，重视师生的创造性工作和学习，从而为创新人才的培养提供坚实的基础。

一个没有创新力的校长，能够带出具有创新精神的教师队伍，能够培养出具有创新能力的学生，那简直就是天大的笑话！

校长创新力是学校发展的不竭动力

有创新力的校长除了思想活跃、思想解放、敢想敢做、富有冒险和探索精神外，还往往表现为有平和积极的心态，有包容和忍耐的美德，有高屋建瓴和极具远见的见识，有勤奋好学和孜孜以求的品质，有对师生人文备至和大爱无边的情怀，有对办好学校的担当和对教育发展的责任与使命感。

有了这些，学校发展就有了美好的蓝图，就有了精准的定位，就有了敢为人先、人无我有、独具匠心，就有了齐心协力、风雨同舟、众志成城，就有了永不满足、奋发有为、不断进取。

而这一切，正是学校大变化、大发展取之不竭的源泉和动力。

思路创新天地宽

思路是一种思维方式，是人们在实践中通过分析、综合、判断、推理等形式认识事物、解决问题的思维轨迹。

有句话叫"发展源于思路，思路决定出路"。

对学校而言，正确的思路犹如指路明灯，它能指引学校走出阴影，冲出阴霾，不断走向希望和光明，走向发展和辉煌。

校长管理，不仅需要有发展的眼光、科学的规划、高瞻远瞩的魄力，而且在办学、管理等方面更要有明确的思路。

校长的思路至关重要，它决定着学校的发展方向和出路，影响着教职工的工作状态与投入程度。因此，校长的思路创新是校长创新力的一个重要体现，也是决定校长工作成败的一个重要方面。

有的校长虽然有勤奋务实的工作作风，却缺乏一种系统的工作思路，致使学校工作缺少头绪，缺乏秩序，心中无数，没有定盘星，就像玩跷跷板一样，忽左忽右，摇晃不定；还犹如水中摁皮球，忽上忽下，难以捉摸。

比如，学校教育，德育是灵魂，是方向；智育是中心，是关键；体育是基础，是载体；美育是调节，是前提；劳育是保障，是不可缺少的。

学校教育本应立足德智体美劳，五育并举，全面发展，然而在具体的教育教学中，有的学校却出现了这样的情况：时而强调智育，就大抓升学率，唯分数至上，忽视对学生的德育、体育、美育、劳育；时而强调安全工作，便把这一工作提到至高无上的位置，对学生实行"封闭教育"，不组织学生春游，不准瞻仰烈士墓，甚至课间休息都不让学生离开座位，学生整天被关在"三味书屋"，远离教育的"百草园"；时而强调德育，又放弃教学，停下课来让学生背《三字经》《弟子规》，哪怕小学低年级学生不理解其义，也要来个"囫囵吞枣"；时而强调劳动教育，便兴师动众，让学生停下课参加劳动。

我到某一个地方，学校抓师德建设，为了凸显师德的重要，校长竟然大张旗鼓地把经常性的师德教育工作运动化、突击化和形式化。

综观一些学校校长匆忙，教师瞎忙，学生迷茫，归根到底，还是缺乏一种贯穿于始终的工作思路。

思路贵在正确。一个正确的思路可以获得成功和发展，而一个错误的思路则可能导致学校停滞不前甚至后退。校长在制定工作思路时一定要反复研究，认真思考，谨慎为之，不然，费力不讨好，好心成不了事，这是最遗憾的事。

思路贵在清晰。思路清，方向明；思路乱，盲目干。清晰的思路，是学校发展的前提，是工作有无成效的关键。如果思路含混，一团乱麻，工作就会无主次，不分重点，没有条理，就可能东一榔头西一棍，哪黑哪歇店。

思路贵在创新。如果确定思路时，死守条条框框，思维呆板，头脑僵化，学校的发展就会山重水复，前景黯淡，没有出路，甚至等待着死亡。相反，如果校长思维开阔，视野独特，具有前瞻性，学校就会柳暗花明，希望无限，路子宽广。

因此校长在厘清思路时，必须向前看，必须把目光放在三年后、十年后，而且敢于对传统的东西说"不"，敢于摒弃旧的思想，拥抱新的思想、新的做法。

过去从事区域教育管理，一到岗位，我便在深入调查研究和对教育发展的认真研判中，根据区域教育发展实际，确立了"一二三四五六"的阆中教育发展总体思路：

弘扬一种精神：忠诚、勤勉、敬业、奉献。

突出两个重点：突出教师素质的稳步提升，突出教学质量的稳步提升。

树立三种观念：树立正确的选人用人观，树立科学的教育发展观，树立辩证的素质教育观。

　　建立四种机制：建立实绩考核机制，建立工作激励机制，建立督导评估机制，建立内部监督机制。

　　采取五条措施：塑造先进典型，强化教育宣传，培育竞争对手，规范招生秩序，整合教育资源。

　　打造六种教育：打造和谐教育，打造平安教育，打造均衡教育，打造公平教育，打造特色教育，打造实力教育。

　　十多年来，我们咬定思路不放松，盯紧目标，胸有蓝图，统筹兼顾，步步为营，不管遇到多大困难，也不管遭遇什么麻烦，甚至一开始还受到了人们的一些质疑和不理解，我们都从不退缩；不管上面指挥棒如何挥舞，我们毫不动摇；不管东西南北风怎样吹动，我们都坚定不移。

　　在思路的统领下，工作的盲目性、被动性、随意性得到了克服，各项工作能够齐头并进，区域教育也能够得以全面、良性、持续发展。

　　现在想起来，如果没有这样一根红线一以贯之，有可能一个区域的教育又会是另一种境况。

　　我以为，校长最重要的使命，就是要注意研判教育发展的形势，分析学校的办学历史，依据学校的现状立足于学校发展的定位和所处的地位，适时提出学校发展的思路。

　　校长的思路从哪里来？我以为，应该来自于校长丰厚的文化知识底蕴，应该来自于校长深厚的人文情操修养，应该来自于校长崇高的教育理想信念，应该来自于校长超前的科学办学理念，应该来自于校长对教育的虔诚与坚守。

　　对形成的思路，只要是大家认可而且是可行的，无论困难和压力多大，无论条件怎样受限，无论学校处于何种状态，都不要惧怕艰难，都要坚定执着，都要咬定青山不放松，任尔东西南北风。

　　世界上有一种真正的英雄主义，就是在认清生活后依然热爱生活。校长中的真正智者和"勇士"，就是在确定思路后不管遭遇什么情况，都仍然专心致志，从容豪迈，初心不改，素心不易。

理念创新，一新俱新

办学思路是办好一所学校的出发点，而办学理念是办好一所学校的切入点。

校长要办好一所学校，不仅要有一个好的思路，而且还要有一个好的办学理念。

办学理念是校长教育思想和教育追求的集中反映，是来源于办学实践而又作用于办学实践的理性认识，是一种无形而能动的精神财富，是学校的精神载体和文化内核，是学校生存理由、生存动力、生存期望的有机构成。

有人把校长的办学理念称为学校的"魂"，这一点也不为过。

从两千多年前开始，不同时期的教育大家都在探索着教育管理的理论与实践，并形成了自己独特的教育理念。

孔子的有教无类、因材施教、启发引导等教育理念已为后世所继承，对中国的教育可谓产生了深远影响。

韩愈的《师说》是我国关于教师论的名作，蕴含着丰富的教育理念。他所主张的"道与师""道与生""师与生"，不仅丰富了我国的教育理论，而且对于今天帮助我们处理好政治与业务、教书与育人、教师与学生之间的关系，仍具有启发意义。

宋代理学思想集大成者朱熹提出的关于"立志、居敬、存养、省察、力行"的道德教育理念奠定了当今德育教育的基础。

被誉为"伟大的人民教育家"的陶行知，当年创办晓庄师范，把"教学做合一""知行统一""平民教育""生活教育""捧着一颗心来，不带半根草去"这些朴实的理念融于晓庄师范办学的每一个环节，因而造就了闻名遐迩的晓庄师范。

正如苏霍姆林斯基所说："领导学校，首先是教育思想的领导，其次才是行政上的领导。"

校长的教育理念决定了学校的办学模式和教育发展方向，也决定了所办的学校是不是孩子喜欢的学校，所做的教育是不是孩子向往的教育。

读《窗边的小豆豆》，小豆豆因淘气被原学校退学后，来到巴学园。在巴学园，小豆豆在电车里上课，在泥土里钻来钻去，可以吃"山的味道"和"海的味道"，还可以唱最喜欢唱的歌。在小林宗作校长的爱护和引导下，一般人眼里"怪怪"的小豆豆逐渐变成了一个大家都能接受的孩子。

巴学园为什么有这么大的魔力，为什么会成为孩子向往的地方，就是因为小林宗作校长秉持了关爱孩子，充分释放孩子天性的办学理念。在这样的理念引领下，巴学园里亲切、随和的教学方式使这里的孩子们度过了人生最美好的时光。

一个好的办学理念能起到风向标的作用，会影响到师生的学习生活状态和生命成长的品质。

那么，一个好的理念的标准是什么呢？

一个好的办学理念应该是育人思想和管理思想相统一，充分彰显人性光辉的理念

作为育人思想，应该尊重教育规律，坚持以人为本，坚持面向全体、全面发展的教育观；作为管理思想，应该本着"尊重、包容、创新"的原则，营造良好的育人氛围，使学校成为学生健康成长的乐园，成为教职工施展才华、激扬人生的沃土。

而且从理念中能够看到"人"，而不只是分数，能够体现人文、人性，体现生命的价值，而不仅是物化的东西。

针对当下单向度、畸形、片面、唯分数、不完整，缺乏做人、缺乏德行的教育，朱永新老师发起的新教育实验，其理念是"让师生过一种幸福完整的教育生活"。通过新教育实验的十大行动，即：营造书香校园、师生共写随笔、聆听窗外声音、培养卓越口才、构筑理想课堂、创建数码校园、推进每月一事、缔造完美教室、研发卓越课程、家校合作共建，无限相信教师和学生的潜能，注重个性发挥，与崇高精神对话，教给学生一生有用的东西，让学生成为完整的人，让师生真正过上一种幸福完整的教育生活。

这样的理念就弥漫着人文的光辉，闪耀着人性的光芒。

浙江省遂昌县石练镇中心小学，已有100多年的办学历史。一进入学校，教学楼上的"奠基终身，让生命阳光般灿烂"的办学理念，便映入眼帘。其理念立足于关注生命，体验生命，力求为学生们的未来人生奠定良好的基础，通过追求阳光心态、阳光行为，给学生们如阳光般灿烂的前程。这样的理念同样温馨，富有个性，也很有人情味。

一个好的理念应该既能体现教育本质，又能显现文化特色、地域特征，是不可复制的理念

梳理、提炼办学理念，不能够照抄照搬，应该因校而异，充分融合学校的地域、学校的层次、学校的特色、学校的文化、学校的培养对象以及校长的办学主张和思想。

朋友李勇校长以前曾工作过的德阳市东汽小学，原来是东方汽轮机厂子弟学校，2008年地震后由香港市政府援建。这所学校的核心理念是"转动最美好的未来"。大家应该知道，汽轮机的核心部件就是它的转子。那个转子很大，高温高速1分钟3600转，把"转"字和"最美好的未来"结合，既呈现了强烈的动感、画面感，又宣誓了教育人崇高的使命感、责任感，而且具有独特性，搬到其他学校就不适用，就没有这个效果了。

四川什邡市湔氏中学，学校的办学理念是"湔水致远，砥砺前行"。湔氏是一个很有文化底蕴的地方，"白马青山山青白马，龙居秀水水秀龙居"，隋代古刹龙居寺高柏拥翠、银杏参天、水阁奇花，更因后蜀王孟昶和花蕊夫人曾居于此而闻名于世。湔氏老街的五珠桥处，有清清泉眼似五珠昼夜汩汩流出，成为古湔水的一脉。把"湔氏"地名镶嵌其中，"砥"谐音"氏"，增强学生的家乡意识，让学生留下乡音、记住乡愁、荡漾乡情、澎湃乡绪。同时以"湔水"涓涓细流，奔腾不息，百折不回，寓意"认准目标，知行合一，不断进取，坚持不懈，永不放弃"，同时"砥砺前行"，不负韶华，不忘初心，方得始终而"致远",达到成功的目标,抵达胜利的彼岸。这样的理念把学校的办学追求、育人的价值取向、地域的文化风貌等元素有机结合,其他任何学校都是搬不过去的。

一个好的理念应该是在常理中蕴含着超常理,让人耳目一新、回味无穷的理念

有的办学理念,看起来文字简单普通,表达的是教育的一些基本认知,揭示的是一些"常理",但仔细咀嚼玩味,却充满着很多奇思妙趣和哲学意味,还具有广泛的阐释性,同时蕴含着许多"超常理",令人拍案叫绝。

比如浙江温州新田园小学,他们的核心理念是"我来了",文字虽然很朴实,看似没有什么玄机,也没有深奥的道理,但是你一想到温州,作为中国地域符号最强的一个地方,想到温州人的白手起家,自强不息,不等不靠,闯荡天下,敢为人先的主体精神,再想到温州人的炒房军团,大凡所到之处,房价猛涨。

大家想一想,如果把"我来了"这一理念弄在学校大门口,当每天师生走进学校的时候看到这三个字,他们的内心是不是会心潮起伏,热血沸腾,激情昂扬呢?是不是就会激发出他们强烈的主人翁意识和巨大的力量呢?甚至于每一个路过的人看到这三个字的时候,是不是也会产生这样的感觉呢?在常理中竟然还蕴含着这么大的超常理,你说,这样的理念好不好?

再比如,北京市海淀区中关村第三小学,其核心理念是"大家三小"。简短的四个字,却蕴含着很多哲理趣味和精神力量。首先,"三小"是每一位学生的、每一位教师的、每一位家长的,也是社区的每一位成员的"大家的学校"。在这里,每一个人都不是旁观者,都有主人翁意识,都有了责任感和使命感。

其次,让"三小"的人都有了"家"的味道和元素,都有了"家"的归属和慰藉,还有了"家"的温馨和温暖。

更重要的是,"大家三小"还传递出这样的信息和愿景:"三小"中每个人,在这个家庭中不仅是非常重要的,而且是都拥有成长和发展的空间,都能成为一个拥有北京气质、世界品位、大家风范的"三小"人,更能成为一个拥有大视野、大气度、大胸怀的三小"大家"。

所以说，理念要新、要活。理念新，一新俱新；理念活，一活俱活。

学校办学条件有差异，基础有好坏，但校长追求一流的办学理念却没有先后。一个优秀的校长可以容忍资金投入上的不足，但绝对不能容忍理念上的陈旧与落后。

机制创新，四两拨千斤

在校长的创新中，机制创新是最关键的，因为其他任何创新都是以机制创新为基础的，只有在学校中建立一种有效机制，才可以激发每一个人的潜能，形成浓厚的创新氛围，使每一个人都可能成为创新的高手。

联想控股公司总裁柳传志有一句名言："没有机制创新，一切创新都是散金碎银。"

"一个和尚挑水吃，三个和尚没水吃"已成定论，然而如今的三个和尚却有水吃，原因是甲寺庙的住持让三个和尚挑水搞接力赛，每人挑一段，大家都不累，水很快就挑满了；乙寺庙的住持定下规矩，三个和尚都去挑水，谁挑得多，晚上便加一道菜，谁挑得少，晚上就只能吃白饭，于是都争着去挑，这就是机制创新。

若干个人分粥，人多粥少，不管是轮流分、指定专人分、推举代表分，还是成立分粥委员会在他人监督下分，总会出现多少不均、相互扯皮的现象。最后改为轮流分粥，分粥的人只能最后一个领粥，其效果却大不一样了，粥碗里的粥终于分得都一样，谁也不愿意最后领一碗最少的粥，这也是机制创新的神奇力量。

在现代学校管理向现代学校治理转变的进程中，我了解到，不少学校探索建立了一种"一级负责两级管理三级捆绑"的机制。

一级负责：学校校长负总责。

两级管理：即学校中层机构管理和年级组管理。学校在每一个年级设立年级组，学校每位副校长分管一个年级组，一名中层干部担任一个年级组组长，下级教学助理、教育助理、后勤助理、信息技术助理，年级组的所有工作由年级组长负责，学校各年级组日常的教育、教学的管理、人员的调配使用、教师的评价、教研活动经费、教育教学考核经费、各种津贴的发放全部交给年级组，实行定责放权。学校的中层机构则认真履行职责，深入各年级组进行及时而有效的了解、指导、协调、服务与评价。

三级捆绑：以班主任为中心，科任教师为班主任负责的一级捆绑；以年级组长为中心，各班主任及各方面助理为年级组长负责的二级捆绑；以校长为中心，各年级组组长、各中层机构负责人及相关分管副校长为校长负责的三级捆绑。

这种机制的创新，避免了管理层级的增多与混乱带来的职责不清，相互推诿，打通了校长和一线教师之间的关系壁垒，既体现了精细化的管理要求，又符合低重心管理原理，更重要的是增强了学校每一位教职工的责任感、认同感和归属感，更广泛地调动了广大教师的工作积极性和主动性。

还有的学校，比如成都市大邑县潘家街小学，取消了所有的室处，取而代之的是校务管理中心、后勤服务中心、学生成长中心、课程建设中心、教师发展中心等几大中心，通过机制创新，学校由过去那种宝塔式层级管理转变为扁平式管理，实现了学校由管理走向教育现代治理，极大地提高了管理效率。

学校的一切工作，当不能正常推动或者有效推动，教职工工作的积极性不高，动力不足时，校长首先要做出反应，是不是在某方面的机制上出了问题？校长当务之急就是要着手机制的完善与创新，而不是仅仅依靠行政力量或动用人际关系的力量去解决。

某中学中层干部年龄结构偏大，工作进取精神不强，教职工抱着铁饭碗思想，在工作上图应付、混日子。新任校长针对这一情况，在全面了解的基础上，首先对中层干部实行竞争上岗，通过广泛宣传、层层发动、拟订方案、公开竞争，学校形成了一支平均年龄只有35岁的充满活力的干部队伍。之后，学校推行教职工全员聘任制，本着按需设岗、双向选择、平等竞争、择优聘任的原则，一岗一责，全员聘任。

两种机制的建立，营造出了"聘任凭业绩、上岗靠实干、选择重民意、考核重实效"的良好氛围，实现了真正意义上的能者上，平者让，庸者下，极大地激发了大家的工作潜能。

哲人常说："我们无法两次踏入同一河流。"

时间在变、环境在变、条件在变、人员在变，加之，上有政策，下有对策，机制不能一成不变，再好的机制都需要不断完善，不断改进，不断创新，机制的创新是永无止境的。

创新文化，校园之魂

学校在激烈的竞争中能不断发展，不断走向成功的，固然会有各自不同的竞争优势，但有一点肯定会相同，那就是都具有浓郁的校园文化气息。

曾有人测量，当一个人死亡的那一瞬间，他的体重会减少 21 克，于是有人说，人的灵魂可能是 21 克，这种说法是否科学，我们姑且不论，但无疑的是，这关键的 21 克，让人成为一个奇特的生命体。那么，一个组织的 21 克是什么？我以为，是它的文化。

大家知道，空气是看不见、摸不着、软软的，但当你把空气装到气球里面后，便会发现气球变硬了，气球里的空气也就相当于我们所说的文化。

什么是文化？著名作家梁晓声对文化也有一个恰如其分的表达，他说，文化是"植根于内心的修养；无须提醒的自觉；以约束为前提的自由；为别人着想的善良"。

论及文化的重要，有人说，没有文化，真可怕。有人说，一个国家、一个民族没有军队，一打便垮，而没有文化，则不打自垮。

还有人拿文化同制度进行了比较，制度是刚性的，往往规定哪些不能做，文化是柔性的，常常倡导哪些应该做；制度只有在有监督的地方起作用，是他律，文化在无监督的地方起作用，是自律；制度是"纲"，具有强制性，强调执行力，是"要我做"，文化为"魂"，没有强制性，强调感染力，是"我要做"。

对于一个企业，它的最大资产，最大的竞争优势，不是其他，而是企业文化。比如，丰田公司，很多人把丰田工人的工作拍成录像，带回去模仿，但是没有用。丰田公司每一个人，从 CEO 到最普通的工人，都在不断地挑战自我，不断地实验，不断地创新，不断地改进，因为这是一种长期的企业文化积淀所促成的。

学校是育人的地方，校园文化就更重要了。

我以为，决定其校园品质和影响的，绝对不是校园里高大的建筑、冰冷的制度，对学生影响最久远、最深刻的也绝不是知识和分数，而是校园里的文化。

我以为，校园不一定要有高楼大厦，不一定要有宽阔的运动场，不一定要有最先进的教学设施，但一定要有浓郁、芬芳的校园文化。

我还以为，任何一所学校，哪怕是不起眼的小学校，有了自己的文化基因，有了自己的文化符号，学校就会焕发出蓬勃的生命力。学校里任何一件不起眼的东西，只要给它烙上文化的印记，就会远远超出其本身的一切，最终给师生们传达的是一种博爱的精神，一种严于律己的道德要求，一种高雅的行为准则。

我还更坚定地认为，在学校管理中，物质刺激不是管理的灵丹妙药，制度约束也只能管人而管不住心，唯有文化的引领与创新，才能浸润心灵，潜移默化，帮助师生寻求自我实现，创造出幸福的教育生活，这才是管理的根本之道！

正由于此，大凡卓越的校长都十分注重校园文化的创新。一方面是校园物理环境文化的创新。校园物理环境文化是校园文化的物质载体，是校园文化赖以产生、发展的基础。

学校所有的景物景致、建筑设施都可以进行设计修饰，赋予一些文化元素，让其具有文化的意义与价值。

比如，学生寝室可以围绕"净、静、进"，即干净、宁静、进取，做出高雅的寝室文化，甚至寝室名诸如"简朴寨""雅特居""凌云阁""三省堂""聚仙庄"，都有了文化的考量。

楼道、楼梯的拐角处，往往藏污纳垢，堆放杂物，乱七八糟，一旦点缀上文化，一下就既有了美感，又有了温度。

即或是厕所，也可以通过营建厕所文化，把它装扮得温馨舒适，韵味十足，成为放松的去处。

就是一棵树，我们给它挂上"掌掌相应""亭亭华盖""红消化泥""大树底下好读书"等牌子，文化的色彩便顿然凸显。

包括学校每一处绿化，都可以通过文化的创意让它具有人性、生态、环保的意识，动态、活跃、温馨的视觉特点，体现出校园现代的人文精神和人文气息。

另一方面是校园精神文化环境的创新。构成校园精神文化环境的内容多种多样，包括建设以人为本的制度文化，让全校师生工作、学习、生活在一个规范有序又富有人文气息的环境中；以学校的办学理念、发展目标为引领，培养教职工的敬业精神、培育教职工为学校做贡献的团队精神；突出人文环境的建设，搭建民主的平台，让教师感到"家"的温暖，形成浓郁而温馨、严谨而高效、务实而进取的氛围；以校园社团活动为依托，以开展各种有益活动为载体，丰富校园文化的形式和内容，全方位活跃校园文化生活。

校园文化的创新要注意把握以下几个方面：

校园文化的创新要来自于学校发展的需求。要让包括校长在内的全体教职工了解这种需求，这样的文化建设才能形成共识，成为共同的愿景，成为统一的行动。

校园文化的创新要因校制宜。不能盲目照搬，机械套用，随便"拿来"，必须根据学校实际，结合自身特点、历史渊源和发展趋势，量身定制，立足于个性化表达，形成具有鲜明个性特征的校园文化。

校园文化创新要让师生站在校园文化的中央。一方面，校园文化不能仅是校长个人意志的体现，还要反映师生的意愿。另一方面，要让师生全员、全程、全方位参与校园文化建设，让广大师生在参与中身心得到浸润熏陶，能力得到提升发展，良好关系得以构建与形成。同时更为重要的是，让文化真实可感，具有强大的生命力，而不是那种形式文化、商业文化乃至匠人文化。

校园文化创新要处理好相应的辩证关系。比如，校园文化的个性和共性的关系，校园文化外在形式与精神内涵的关系，校园文化的已有文化与人文特征的关系，校园文化对过去的传承与对挖掘创新的关系，校园文化的突出主题和丰富多彩的关系等。

正如丘吉尔所说："我们塑造建筑物，之后建筑物塑造我们。"我们用心塑造校园文化，之后校园文化也将塑造我们，塑造校园中的每一个师生。

创新思维，突破定势

人的行动受思维的支配，而人的思维很容易形成一种定势。"牛车下山"的笑话大家应该熟悉。

父子俩赶牛车下山卖柴，由于山路崎岖，弯道很多，父子便各有分工，老父驾车，儿子看路，每当转弯时儿子就会提醒："爹，转弯啦！"

有一次父亲因病没有下山，儿子一人驾车，到了弯道处，牛怎么也不肯转弯，儿子用尽办法，鞭子打，下车推，用草诱，牛仍一动不动。

最后，儿子大声喊道："爹，转弯啦！"牛应声而动。

条件反射影响着牛的活动，而人的思维定式更影响着人们的工作和生活，影响着人们对世界的认识与看法。

由于人容易用某种固定的思维模式去分析问题和解决问题，所以容易掉入思维陷阱，产生思维上的惰性，思想上的防备性，养成一种呆板、僵化、机械、千篇一律的习惯，这将成为创新的桎梏，严重制约着创造力的发挥。

一位大学教授向学生们叙述了这样一个经过：一个聋哑人到五金商店买钉子，先用左手撮合两个手指做持钉状，然后右手做敲钉状。售货员以为他要买锤子，便把锤子给了他。聋哑人摇了摇头，指了指做持钉状的两个手指，售货员明白了，然后递上钉子，聋哑人满意地走了。

这时候又来了一位年轻人，然后教授提问："大家想一下，盲人怎样用最简单的办法买一把剪刀？"

有一个学生立即起身回答："只要伸出两个手指头做剪刀状剪东西就可以了。"全班同学都为这个回答而鼓掌。

教授继续说："用手指做剪刀状剪东西，他自己反倒看不见，其实，盲人只要开口说一声就行了。"大家于是恍然大悟。

思维定式是束缚创新者的圈套，是制约发展的枷锁。思考问题，一旦跳出思维的限制，脑洞大开，独辟蹊径，学会从另一角度去思考问题、解决问题，则往往会柳暗花明，出奇制胜，步入一种新境界。

有两家鞋厂推销员，一起来到非洲某岛国，推销公司生产的皮鞋，他们看到的是同样的事实：这里的人不穿鞋。

甲厂的推销员当天便向厂部发回信息：这里的人不穿鞋，鞋在这里没有市场，于是便离开了这里。

乙厂的推销员在当天也给厂部发回信息：这里的人还没穿鞋，鞋在这里很有市场。然后把所带的精美的鞋送给国王及手下的人试穿。在他们的带领下，人们都开始穿鞋了，乙厂在这里开厂设店，很快占领了整个鞋子销售市场。

这就是创新思维的力量！

一线校长在学校管理和发展中，往往长于经验思维，敏于直觉思维，多于常规思维，这样的思维方式赋予校长做事认真踏实，四平八稳，没有任何风险的优点，但受其思维定式和传统思维的影响，容易抱着本本，守着条条框框，常常用老掉牙的套路和招数，去应对层出不穷的新问题，变化多姿的新时代，因此在工作中容易受阻受挫，甚至打不开局面。

一些校长于是就怨天尤人：学校条件差，经费太紧张，教师水平低，生源质量差，社会环境糟。果真是这样的吗？我以为，客观上或许有一定原因，但更重要的还是我们的思维方式。

其实，不管是经验思维、自觉思维，还是常规思维，都停留于定势思维，在工作中遭遇点状思维、割裂思维、二元对立思维乃至非此即彼思维，这些思维方式尝尝会让我们陷入思维的窠臼，掉入思维的陷阱。

我们经常讲到创新思维，就是要突破这些思维的局限，强化关联思维，善于用整体融通思维和强化思维，当然，还有批判性思维和系统性思维。过去校长激励老师，通常靠发钱、发福利。改革进入新常态，过去的个例、特例不复存在，很多校长便觉得没有办法，认为学校都办不下去了。是这样的吗？我们来看看李希贵校长是怎么创新思维的。二十世纪九十年代，李希贵当时在高密四中当校长，学校经费紧张，没有钱来激励老师，怎么办呢？

于是他便创新思维，用不花钱或者少花钱的办法让老师感觉自己很重要。学校里有一个化学课老师，刚开始教书的时候是一个很优秀的老师，因为学历较低，随着形势的变化，他不适应了，被学校安排去当了化学实验员。这个老师感觉自己被边缘化，以为自己没有地位了，别人对他也不尊重了，慢慢地脾气变得暴躁，态度也不好。

李希贵校长便在教师节的时候请了一个书法家朋友给他题写了一个条幅——"三朝元老"。

没想到的是，这个老师对这个条幅特别珍爱，随即把这个条幅挂在办公室里，放假他就卷起来挂在家中，等开学了，又卷起来带到学校。这个条幅慢慢地让大家了解了他的过去，都越来越尊重他，他也开始调整自己。

对学校做出突出贡献的其他老师，同样没有钱来鼓励，那怎么让他们感觉自己很重要呢？李希贵校长同样请那位书法家朋友题字，仅1994年就给十几位老师题了"功勋四中人"，所有老师都把李校长送的题字挂在家里最显眼的位置。

你看，在面对管理中的难题乃至困惑时，校长思维方式一变，便收到了意想不到的效果。

减轻中小学生课业负担，其呼声不绝于耳，一浪高过一浪。一些校长从点状思维和单向性思维出发，一说到减负，便不给学生布置作业，让学生不承受一点负担。

天上不可能掉馅饼，这个世界就从来不存在没有负担的学习。幸福是奋斗出来的，人生总要经受"几回搏"。孩子在人生成长的路上，承受一定而合理的学习负担那是再正常不过的。

我们的减负不是让孩子不承受一点学习负担，也不是采取"一刀切"砍去孩子们正常的学习负担，而是应该让孩子们的学习不是单一的反复考讲练，不是单纯的知识灌输和死整蛮干，而是应该激发孩子的内生力，唤醒孩子生命沉睡的潜能，激活孩子学习的热情和兴趣，让孩子乐于学习，成为学习的主人，由"让我学"真正变成"我要学"。

而且教育的关键在教师。学生负担的轻重，在很大程度上是由教师决定的。要减轻学生的负担，必须首先关注并切实减轻教师的负担。

如果校长不停留于单一的、点状的、非此即彼思维的认知和理解上，而是运用系统思维、全局思维、整体思维，就会树立正确的负担观，也才能准确分辨什么是合理的负担，什么是额外的负担，而且还会抓住减轻教师负担这一关键点，通过减轻教师负担，以实现对学生的根本性减负。这样的减负才能有的放矢，减在关键处。

在校长的管理实践活动中，随时会遇到教职工的请示和汇报，让校长拍板做决定。这个时候，校长完全可以创新一下思维，不直接去拍板定夺，而是顺其自然，因势利导，加以适当的点拨引导，如"你是怎样考虑的呀？""你有什么解决办法？""你估计在哪个环节有困难？"。让教职工自己拿主意，不把下属抛来的猴子背在自己身上，校长肩上只扛校长应该扛的猴子。这既让自己工作洒脱，集中精力去做关键的事，去做自己该做的事，又能够减少教职工的依赖，树立他们的责任意识，充分调动他们的工作积极性和主动性。

当校长遇到管理瓶颈和困惑时，不妨创新思维，突破思维定式，努力提升自己的思维品质，也许这会峰回路转，达到柳暗花明又一村的境地。

让团队成为创新型团队

一所学校，校长仅有创新意识、创新精神、创新能力是不够的，因为学校的发展，校长所起的作用固然重要，但仅靠校长个人的力量是远远不行的，还要靠团队的力量，包括教师的参与和努力。特别是教师的创新意识、创新精神、创新能力的有无，至关重要。

实施素质教育，不仅单是给学生灌输书本知识，而是要着力培养和开发学生的智力、能力，帮助他们养成良好的个性心理品质。教师必须创新教育观念，创新教育方法，创新课堂调控手段，创新听课评课方式、创新教育科研载体，创新对学生的学法指导。

在创新上，老师们做得如何呢？

有这样一个流传已久的笑话，在一所国际学校里，老师给各国学生出了一道题："面对世界上其他国家粮食紧缺的问题，有谁能够拿出一个创新型的解决方案？"学生纷纷表示困惑。非洲学生因为饥饿不知道什么叫"粮食"，欧洲学生因为富裕不知道什么叫"紧缺"，美国学生因为太自我不知道什么叫"其他国家"，而中国学生却因缺乏创新精神和能力，不知道什么叫"创新"。

听起来似乎有很多笑点，然而笑起来却略带苦涩，它带给我们一个值得深思的问题：中国孩子的创新品质去哪儿了？

中国为什么培养不出创新人才？钱学森的世纪之问，至今还振聋发聩。

一个不容争辩的事实，那就是我们的教育泯灭了孩子的个性，扼杀了孩子的想象力，摧毁了孩子的创新品质。

教育的根本目的是让每个孩子的个性得到自由的发展，让每个孩子的潜能得到充分的挖掘，教育的最基本立足点本应是在自由的学术氛围下开展富有创造性的教学设计和课堂行动，也本应是在顺从孩子的天性，充分发挥其主体作用的情况下创造性地促进学生的学习以及对学习的热爱。

拉塞克和雅迪努在《从现在到 2000 年教育内容发展的全球展望》一书中，对未来学校的师生关系作了描述：由于学生积极参与自学过程，每个学生的创造性都受到重视，指令性和专断性的师生关系将难以维持。教师的权威不再建立在学生的被动与无知的基础上，而是建立在教师借助学生的积极参与促进其充分发展的能力上。一个有创新性的教师应能帮助学生在自学的道路上迅速前进，教会学生怎样对付大量的信息，他更多的是一名向导和顾问，而不是机械地传递知识的简单工具。

然而纵观我们的整个教育教学活动，一味灌输，死整蛮干，机械识记，反复考练，甚至一切教育教学，都围绕标准答案进行，学生没有任何想象空间。

一只蝴蝶飞进了教室，老师问，同学们，你们看到了什么？学生回答："看到了春天。"这是多么富有诗意的答案呀，却被老师判为错，因为老师的标准答案是"蝴蝶"。

老师问村庄旁的溪水是什么颜色？一名小学生回答的是"彩色"。在孩子的眼里，大自然是那么生机勃勃，在蓝天白云映照下，在青山、绿树和花草的映衬下，溪水是多么色彩斑斓。而这种既充满生活体验又富有灵气的美好想象，却被老师打了一个叉，因为与标准答案"无色"不吻合。

有一道小学二年级的考题，"一支铅笔 8（　）"，要求填写合适的人民币单位。一名小朋友填上"元"，被老师否定，老师掌握的标准答案是"角"。后来小朋友跟老师说，妈妈不久前就给他买过 10 元一支的铅笔，还受到老师严厉的批评。

还有的老师提问"弯弯的月亮像什么"，标准答案是"像一只小船"，有的同学回答"像一只香蕉""像一把镰刀"，竟遭到老师挖苦，你就只知道吃，只晓得玩。

要构建创新型社会，就需要大量创新型人才。而创新人才的培养，基础在于教育，责任在于教师。只有教师具备创新素质，才能培养出具有创新才能的学生。

党的十九届四中全会明确指出：发挥网络教育和人工智能优势，创新教育和学习方式，加快发展面向每个人、适合每个人、更加开放灵活的教育体系，建设学习型社会。

而要"创新教育和学习方式"，从某种角度讲，也离不开教师的创新素质。

创新意识是创新素质的重要内涵。要适应时代要求，教师不仅要具备渊博的知识，较强的教育教研能力，还要有进取精神，能够与时俱进，不因循守旧，不安于现状，能够成为一个具有创新意识、创新能力和精神的创新型教师。

然而，教师创新意识的缺乏，创新能力和精神的缺失问题，却不容忽视。这就给校长们提出了一个重大课题，如何提升教师的创新意识、创新能力和精神，如何精心培育团队的创新力。

不妨留心一下母鸡孵小鸡的过程，母鸡要孵化出一只小鸡，必须经过至少 28 天的艰难历程，在整个过程中，母鸡倾注心血、耐心细致、悉心呵护，面对一大堆圆溜溜的鸡蛋，母鸡负责任地把翅膀尽力张开，以便所有的鸡蛋都能享受到充分的体温，即使是有一个鸡蛋滑了出去，它也要用嘴小心地将它弄回到自己的身体下边，同时，母鸡还会有规律地挪动鸡蛋的位置，以便让鸡蛋们都能享受到同样的体温。

如果说学校每一个教师的创新像"鸡蛋"，那么要想教师的创新意识得到增强，创新精神和能力得到发展，校长就要有母鸡的那种耐心与情怀，时刻呵护着教师的创新意识，专注于教师创新精神与能力的培养。

《自由学习》一书中写道，学生对学校的不满在于"老师把我们视为没有灵魂、没有尊严、没有思想的人，我们的意见没有被重视，显得毫无价值，就像我们不存在一样"。

同样，很多教师对学校的不满，往往也在于校长把他们"视为没有灵魂、没有尊严、没有思想的人"，一味要求教师唯指令是从，听命于各种条条框框，循规蹈矩，不能越雷池半步。长此以往，教师在不满中被打磨成了一台台只会教书的机器，还有什么创新创造可言呢？

致力于创新型教师队伍建设，校长应该放下心中的权威，尊重教师，与教师平等对话，鼓励教师在内功上修炼修为，在思想上开明开放，在教学上大胆创新，勇于革新。

校长要知道，真正的好学校并不是纪律严明、戒备森严的学校，而是给教师自由和想象的空间大，创设出的宽容和人文关怀氛围浓，特别是在思想与智慧、创新与创造上给予的启迪点拨多的学校。

学校里的每个教师都具有了创新力，整个团队不仅会充满活力，生机无限，无往不胜，而且会培养出一批批富有创造力的学生。这不仅是校长和学校的自豪，更是撑起一个国家和民族的脊梁。

所以，作为一个创新型校长，你最期待的是有一支最具创新力的团队，你最重要的职责和使命就是竭尽全力培育团队的创新力，让团队的每个成员都成为创新高手。

为特色插上创新的翅膀

家里来了客人，主人总会使出看家本领，做出一两道当家菜，让客人在大快朵颐中感受主人的热情，留下深刻的印象。

作为校长办学校，停留于平铺直叙是不行的，各项工作平均用力，泛泛而抓，学校平平淡淡、千人一面、千校一面，这样的无差别学校，既培养不出创新型人才，也无法办出有品质、有影响力和生命力的教育。

而一些具有远见卓识的校长，他们明白，学校有特色，学校才有活力；教育有特色，教育才有魅力。他们会穷尽心血与智慧让学校拥有独特之处，也就是让学校形成自己的特色，并将这一特色转化为学校可持续发展的前景与蓝图。

什么叫"特色"？通俗地讲，"特色"就是"人无我有，人有我优，人优我精，人精我特"。如果再把它定义准确一点的话，学校特色就是学校文化个性的积淀，也就是根据学校自身特点，经过长期努力而形成的优良独特的学校文化品质。

2007 年 11 月，著名教育家陶西平发表《大家不同，大家都好》一文，倡导中小学要办出特色。"大家不同，大家都好"，就是对"特色"的最好诠释。

学校特色体现在方方面面，学校工作所涉及的所有领域都可以办出特色。比如：

体现于校舍建筑的特色。校舍是学校存在的物质基础，它诉诸人们视觉并形成"第一印象"。这种特色，不在于外观的豪华，而在于体现地域的文化特征，契合学校的历史沿革。

体现于时代精神和要求的特色。"平安校园""和谐校园""足球校园"的构建，"书香校园""生态校园"的创建，"数字校园""文明校园""人文校园"的营建，每一个主题都是一种时代精神和要求的体现。

体现于教育模式的特色。在德育、智育、体育、美育、劳动技术教育、艺术教育、科技教育等方面，学校结合实际情况，根据侧重，有选择性地在某一方面探索与深化，挖掘与开发，进而所形成的特色。

体现于教学模式的特色。相对于"教育模式"，它是以教学工作为中心，在教学领域积极探索，在教学成果等方面形成学校的独到之处。

体现于管理模式的特色。它是学校在管理理念、管理体制和具体的管理行为三个层次上，所积淀的一些管用的举措、独特的经验。

体现于学校习俗与传统的特色。学校习俗与传统是学校灵魂深处的文化记忆，是对学校特色的形象感知与体认，也是学校形成自己特色的重要方面。

体现学校文化品格的特色。这种特色也就是我们通常所说的校园文化。

学校要有特色，但不能唯特色，也不能为了特色而特色。学校特色要以人的发展为中心，要为每一位学生的发展服务，为每一位教师的发展服务。

学校特色需要不断创新。学校特色主要体现在与众不同上，体现在"标新立异"上，体现在个性张扬上。因此，需要校长具有创新精神和意识，具有创新能力和潜质。校长有了这些品质，就会充分挖掘、匠心独具，就会穷尽智慧，用心生成，就会群策群力，不遗余力，就会让特色学校，呼之欲出，让特色教育，如虎添翼。如果校长没有创新力这种品质，则很难推动特色的发展。

学校特色需要恰当定位。追求学校特色不能脱离学校实际，每所学校都有自己的实际情况，都有自己的劣势和缺陷，都有自己的优势和长处，如果不加选择，在劣势上去创特色，在缺陷上去大做文章，那么一旦投入了人力、物力、财力、精力之后，才发现劣势始终不能转变成优势，特色始终没有成效，则一切都晚了，学校发展肯定会受到影响。

因此，学校特色应当立足于自身优势，做自己擅长的工作，将优势发挥到极致，形成鲜明的特色，让学校品牌成为品类的代表。

学校特色需要充实内涵。学校有特色，不是特在形式，而是特在内涵，学校特色停留于形式，便是一种摆设、一种花架子、一种劳民伤财。这种所谓的"特色"不仅收不到育人效果，还会遭到人们的唾弃。

学校特色注重内涵，才更具有生命力和影响力，才更能提升学校发展的品位，也才更能发挥特色教育的育人、服务、激励、示范功效。有一名校长在谈到学校特色时说："我们追求的特色，是有持续的创新力和发展力，有一流的质量和效益，有真实的个性和品牌。"

学校特色需要坚持。教育工作周期长、见效慢，加之学校特色的形成是一个长期过程，需要不断认知，不断深化，不断丰富，不断积累，因而需要"十年磨一剑"的功夫和坚守。

除了校长具有创新精神外，更重要的是，校长必须具有坚定不移的信心、坚忍不拔的毅力和"咬定青山不放松""任尔东西南北风""为伊消得人憔悴""衣带渐宽终不悔"的执着精神。

如果离开了这种精神，朝三暮四、见异思迁、心血来潮，今天一个想法，明天一个花样，后天一个招式，学校是很难形成持续而影响久远的特色的。

有问题才有创新

校长在学校管理中，常常会因为社会的变革、形势的变化、工作的变故而出现一些大大小小的问题。在问题面前，是泄气躲避，还是积极面对？

一个能够创新的校长，不会把问题仅当作问题，更不会去回避问题。他们知道，既然存在问题，就表明还没有成熟的解决办法，这些问题也正是创新的大好机会。

他们懂得，越是巨大的问题，往往会蕴藏着巨大的创新空间，问题可以转化为创新的契机，问题翻转便是天堂。

他们也明白，如果思想、行动上没有创新，问题始终是问题，问题永远存在，旧问题会衍生出新问题，小问题还会派生出大问题，学校的发展便很有可能在各种问题面前止步不前。

他们更深信，只有对解决问题的方法进行创新，办法总比问题多，所有的"没有办法"和"不可能"将画上句号，所有的困难和问题将迎刃而解，所有的工作将带来实质性突破，一切的奇迹将可能发生。

梳子卖给一般人，不是难事，把梳子卖给和尚，便是问题，有了问题，所以才有卖梳者的创新。

不拉马的士兵，大家习以为常，而新任炮兵团长却发现问题：过去大炮用马车拉着，发射时，一名士兵要拉一下马的缰绳，让大炮重新复位，而如今大炮已进入了机械化、自动化时代，大炮下面仍然站着一名士兵，这名士兵究竟起什么作用，有没有站的必要？有了问题，才有规则的修订。

运送蔗糖和面粉的船，在途中遇到了强风暴，所有的蔗糖和面粉被淋成了糖稀和面糊。面对蔗糖和面粉将变废的问题，才有了货主的创新，才有了便于储运和携带的新式饼干。

传统课堂教学的满堂灌，教师越讲，学生越糊涂、越厌烦；教师越主动，学生越被动；教师越辛苦，学生越吃苦；教师越勤奋，课堂越低效。有了这些问题，才有课堂的改革创新，老师少讲或不讲，讲在关键处，讲在点子上，讲在不懂的地方，让学生进行自主学习、合作学习、探究学习。

农村中小学校，随着外出务工人员的增多，留守学生便成了一个大规模的群体。由于缺乏家长参与管理，家庭教育弱化，导致留守学生性格孤僻，心理健康问题突出，交往行为失范，违纪违法现象时有发生，对留守儿童的教育便成了教育的新问题。

针对这一问题，一些学校便创新了不少方法，明确留守学生代理监护人，建寄宿制学校，对留守学生实施寄宿制管理，学校组建模拟家庭，开通"亲情电话"，通过与父母通信、视频，一起参与班级主题活动构建亲子间的互动关系。

在现在的学校组织机构设置中，单纯的行政组织结构已经满足不了现代学校治理的需求，围绕这一问题，一些学校通过行政组织、专业组织、半专业半行政组织三个部分的改革创新，引领学校走向内涵发展。

2020年为有效抗击新冠肺炎疫情，师生居家隔离，让原本的开学日期一推再推。面对漫长的寒假和被耽搁的学习，由突如其来的问题而创新的一场教育试验徐徐拉开大幕。"停课不停教、不停学"，上亿学生学习空间从学校转移到家庭，学习方式从线下转变为线上。

居家线上学习的创新，可以说是我国学校教育的一次蝶变，并由此推动教育变革，为教育变革带来重大机遇。

有问题才会有创新，问题是创新的前提和基础，问题是创新的最佳导师，问题往往是引领学校创新的突破点。

校长要创新，首先要有问题意识。问题意识是校长在学习与工作过程中以反思、质疑和探寻的态度，自觉审视主客观关系而逐步形成的一种思想观念和思维方式。问题意识是培养和提高创新能力的重要途径，离开问题意识，创新就无从说起，提高创新能力便是缘木求鱼。

要增强校长的问题意识，校长就要勤于思考。拿破仑·希尔说："思考是创造想象力的产品。"他还说:"一切的成就,一切的财富,都始于一个意念。"思考是发现的种子,思考是问题诞生的摇篮,思考是创新萌芽的前奏。如果校长思想懒惰、人云亦云、唯书唯上,是捕捉不到问题的,也是实现不了创新的。

要增强校长的问题意识,校长还要敢于质疑。在创新领域里,校长不仅要有对一些现象的敏锐感知能力,还要敢于突破主观偏见、历史烙印、已有经验以及思维定式的束缚。

特别是对既有事实要大胆质疑,对专家学者权威学说要敢于质疑,这就要求校长要有勇于批判的精神,要有秉持崇高信念、坚守信仰的情怀,要有直面各种重大现实问题的勇气。质疑是校长创新的一种重要人格品质,一种必不可少的精神。

校长要创新,其次还要有将问题转化为现实的能力。一是将不能办到的问题转化为可以办到的问题。有时候校长所面对的情况复杂,问题棘手,如果按照常规方法,就不可能得到解决,但如果换一种方法,棘手的问题就可迎刃而解。

一个医生在街上摆了一个摊子,专门卖用中草药制成的医治风湿的药丸子,一个教师上街,不慎碰翻了摊子,药丸子全部摔碎了。究竟有多少个药丸子,教师不知道,他只愿赔 100 个药丸子的钱,而医生不同意,说他损失的药丸子有 200 多个,二人僵持不下。校长得知此事,他叫人取来一个丸子,称其重量,然后把地上的碎药丸子收集起来,称出重量,用总重量除以单个重量,便得出了药丸子数,按这个数目赔偿,双方都没有怨言。

二是将复杂的问题转化成简单的问题。最典型的例子应该是曹冲称象,曹冲用上巧妙的办法称出了大象的重量,使复杂的问题简单化,校长在管理创新中也应有这样的理念和智慧。

三是将自己陌生的问题转化成熟悉的问题。校长遇到的有些问题,可能对自己来说较为生疏,这时校长就应该善于类比,把它转化成自己熟悉领域的问题,然后由此创新。

在 19 世纪末,法国园艺家莫尼哀想设计一种牢固坚实的花坛,但是对于花坛设计,他一点儿也不懂。但是他作为园艺家,对植物却了如指掌。于是,他将花坛转化成自己熟悉的"植物根系"来思考：盘根错节的植物根系同土壤牢牢地黏合在一起，才使植物枝繁叶茂，他把土壤转换成水泥，把植物的根系转换成钢筋，通过反复琢磨和实验，不仅制成了坚固的花坛，而且还发明了新型建筑材料——钢筋混凝土。

四是将别人的问题转化成自己的问题。当校长自己遭遇问题时，校长会想办法解决，但如果"问题"发生在别的学校、别的校长身上，虽然并不关你的事情，但校长也要居"问题"而思危，把别人的问题想象为自己的问题，把别人的问题作为你创新的契机。

比如，一所学校的一名学生学习压力大，加之父母离异，该学生患上了抑郁症，最后跳楼自杀，这暴露出了学生心理上的问题。这一问题虽然在你的学校未出现，但校长应该把这一问题转化成自己的问题，创新举措，建立工作机制，加强学生的心理健康教育，以防患于未然。

第四章

多谋善断的校长决策力

成在决策，败也在决策。

决策既是管理的一种重要职能，也是最冒风险，最考验管理者能力的一项工作。

有人说，决策失误是当今中国最大的失误。这，一点也不为过。

据世界银行估算，过去 20 年时间，中国每年的投资额中，其决策失误率都在 30％左右。

学校的领导和管理实际上就是校长一系列的决策过程，校长正确的领导和管理源于正确的决策。

校长的决策失误，虽然不会直接带来巨大的经济损失，但它会直接影响学生的发展、教师的发展、学校的发展，这比直接经济损失的破坏力还大。

一个勇于创新的校长，一个开拓进取的校长，就必须把目光和视线聚焦在学校未来发展的审时度势上，就必须把心思和精力用在学校健康发展的科学决策上。

对决策引起足够的重视，努力使自己拥有超强的决策力，这是校长正常推动工作，学校发展制胜的重要法宝。

决策力，校长必备的品质

有人向一些管理者提出三个问题："你每天在哪些方面花的时间最多？""你认为每天最主要的事情是什么？""你在履行职责时感到最困难的事情是什么？"

结果，大家回答的都是决策。

决策是什么？简单地说，决策就是决定干什么、不干什么、现在干什么、将来干什么。再说细点，就是现在需要谁来干、干好了怎么办、干不好怎么办、出了问题又怎么办。

按照彼得·德鲁克的说法，决策始于看法，而非始于"真相"。决策就是在各种可行方案之间进行的选择。这些选择很少是在正确和错误之间，而主要是在"几乎正确"和"可能错误"之间进行的选择。

我国经济学家周其仁对决策的定义是，决策是在信息不完全的情况下在未来的几种可能性中做出的选择，决策的本质特征就是主观选择。

决策是领导者的主要工作，它贯穿于领导工作的全过程，是领导活动的核心，是领导者意志的体现。决策决定着组织的发展成败，关系到组织的生死存亡。

决策是管理的心脏，一个不能决策的领导不可能成为真正的领导，一个不能科学正确决策的领导，也不可能成为优秀的领导。

子路曾经问他的老师孔子："如果让您统帅三军，您会跟谁在一起呢？"

孔子说："赤手空拳去打老虎，不用船只徒步去过河，我不愿与这些人在一起。要选择的话，我必须与那些讲究谋略、善于决断的人在一起。"

孔子眼里的成功者，是善于谋划、善于决策的人，这样的人，才具备领导特质。

随着教育行政管理体制和学校内部管理体制的不断完善，"校长负责制"已经广泛实施。校长负责制让校长在学校管理和发展定位上具有充分决策权，在学校行政事务等重大问题上拥有最后决定权。校长决策已成为学校管理的主要方面，已成为决定学校发展方向、师资队伍建设和教育整体水平的主要因素。

校长决策是指校长个体在学校管理工作中，为了保证学校工作正常运转以及促进学校的进一步发展而做出的决定。这种决策行为不仅仅是一种个人行为，而是一种组织行为。

在整个教育组织决策系统中，校长决策虽大多属于执行性、常规性的程序决策行为，为基层决策，但对于学校而言，校长是学校的最高长官，处于学校的最高决策地位，是学校教育决策的最后承担者。

因此，校长决策已成为学校管理、学校决策的重要组成部分，它的作用与地位日益凸显。

校长决策是校长工作的最基本职能

校长工作头绪多，事务也烦杂，决策是其理清这些头绪和处理好这些事务的关键和前提。决策是校长的第一位工作，学校的教学管理、德育管理、队伍管理、文化管理、后勤管理、经费管理、环境管理、生活管理等，都离不开校长的决策活动，校长的决策决定着学校管理工作的全局。

校长决策贯穿于校长工作的全过程

校长决策不但贯穿于校长的指挥、组织、协调、控制等具体环节，而且从时间上覆盖了校长工作的整个过程。对于一个校长来说，对教职工、对学生、对对外交往和后勤保障等方方面面的管理和统筹，决策几乎是无处不在的，只有做好决策，才能履行校长应尽的职责，担当学校发展的重任。

校长决策是推进学校品牌发展的关键和保障

校长适时做出决策，决定着学校的发展方向和前途。一个有决策力的校长可以通过系列的科学决策，引领学校创建自己的品牌，建立良好的师生关系、互动的有效的家校关系、和谐的内部人际关系、有利于学校发展的各种社会关系。相反，一个不懂得科学决策，不懂得处理决策问题的校长，肯定会影响和阻碍学校的健康发展。

决策基因，决策的资产

　　校长决策力是校长在决策实践活动中所体现出来的一种能力，一个优秀的校长必须具备较强的决策能力，一个有较强决策能力的校长必须具备优良的决策基因，决策基因决定着决策者的综合决策水平。

　　校长的决策基因通常包括经验、知识、信息和思维方法四个方面。

　　经验是校长在长期的具体实践活动以及自己的人生经历中逐步获得和形成的，它是在书本中学不到的，"纸上得来终觉浅，绝知此事要躬行"。有些决策的制定，不是靠校长拥有的知识，也不是靠理性的推断，更不是靠凭空臆想，而是靠校长灵敏的嗅觉，靠校长长期积淀的丰富的经验，这也就是人们通常所说的靠校长的"第六感官"决策。

　　校长的决策是在校长个人知识范围中的实践活动，它是从个人知识出发，来理解、判断和应对具体的学校管理实践。校长已有的个人知识支配着校长的决策实践行为，决策是校长个人知识的拓展和应用。因此，校长不断学习，不断占有知识量，才能不断提升决策能力。

　　信息是决策的重要基础和依据，没有全面、准确、及时、适用的信息，就不可能有正确、科学、合理的决策。

　　决策过程中至关重要的因素是信息联系，信息是合理决策的生命线。在现代社会里，最优秀决策的做出不在于校长经验是否充足，也不在于校长知识是否丰富，而在于校长有没有及时捕捉和掌握充分而正确的信息。信息是否不充分，往往是决定校长决策成败的首要问题。校长在决策过程中，善于掌握各种信息，善于了解环境的变化，善于知己知彼，就可以减少其中的不确定性，降低决策风险。

　　思维方法是校长决策时认识问题、分析问题的角度和线路，它是实现校长决策的主要途径。决策，是校长最劳神费心的事，也是校长最感头疼的事。要做出科学的决策，这就需要校长有正确的思维方法，特别是面对一些棘手的问题时，更需要不同凡响的创新思维去做出相应的决策。

　　校长的这些决策基因，就像一个个独立的音符，只有相互协作，共同发挥作用，才能谱写出一首首美妙动听的曲子。

　　如果没有经验，仅凭知识、信息和思维方法，所做出的决策就有可能是纸上谈兵，与现实脱节；如果没有知识，仅凭经验、信息和思维方法，决策就只能停留于简单、低层次的水平；如果没有信息，仅凭经验、知识和思维方法，就可能出现决策上的失误；如果没有正确的思维方法，仅凭经验、知识和信息，就不能充分利用这些基因去做出有效的决策。

　　有人把校长决策的这几个基因比作是校长决策的全部资产，其中经验好比固定资产，可长期发挥作用；知识好比净资产，需要不断更新充值；信息好比流动资产，流动性越好，信息量越大，决策就越有质量；思维好像无形资产，它虽然看不见，摸不着，却像黏合剂一样把这些资产牢牢地黏结在一起。

勇敢地走出决策误区

决策，是校长履行职责的重要手段，也是体现校长权威的一种重要权利，有时候还是一块烫手的山芋。

校长能不能用好这根"魔棒"，是校长管理艺术和管理水平的集中体现。

殊不知，在管理实践活动中，一些校长稍不注意，就容易走入决策的误区。

误区一：仅凭直觉进行决策

校长不拘泥于任何经验和程序，不受限于任何习惯和方法，不束缚于既定的思路和套数，根据变化的形势和新的情况快速地做出决策称之为"直觉决策"。这种对策在学校的发展上，很多时候是管用的，具有一定的可行性和实用性。

但不可否认，"直觉"有它的局限性和更大的危险性，如果校长遇事缺乏冷静的思考和周密的判断，不顾及客观现实，不尊重科学规律，不依靠科学的决策程序，仅凭拍脑袋定取舍，一切跟着感觉走，凭感觉进行决策，那是非常危险的事，决策的马虎与失误，也就在所难免。

对于一个有理性的校长来说，在为自己的敏锐的直觉而感到自豪和欣慰的同时，更会对自己的直觉多打几个问号，多一些质疑，多征询别人的意见，以保持高度的警惕，增强决策的科学性。

误区二：追求永远的正确

就像人无完人一样，决策永远没有百分之百的正确，永远没有最佳的方案。因为人是有瑕疵的，而方案是由有瑕疵的人做出来的。而且认识永远是没有止境的。

有的校长为了追求决策的绝对正确，瞻前顾后，患得患失，犹豫不定，与绝好的机遇往往失之交臂。要明白，过分追求决策的正确无疑等于死亡。

这种误区就是通常所说的"布里丹选择"。

有一个外国人叫布里丹，听到驴子饿得咕咕叫，就牵着它到野外去找草吃。看到左边的草青，便把驴子带到左边；看到右边的草更青，又带驴子跑到右边。放眼一望，远处的草又青又嫩，便连忙牵着驴子跑向远方……就这样反复折腾，始终拿不定主意，结果驴子就饿死在寻找更好草料的途中。

要记住，这世界没有永远的正确，包括决策。当你明白决策有错，重要的不是错，而是你有没有勇气面对和纠正。承认你的决策有错并不等于你愚蠢，然而当你明白你的决策错了，却要一味坚持将错误进行到底，你就是愚不可及了。

误区三：求得意见完全一致

在决策时，求得意见完全一致，固然是好事，然而对于一些事关全局的重大决策，或者所决策的事项属于新生事物，是从来没有经历和遇到过的，人们的认识有一个过程，要等到认识统一和意见完全一致才去决策，要么很难做到，要么即或做到了，水也过了三秋田，往往错过决策的最佳时机。

要知道，高见不是众人之见，不需要意见完全一致。众人之见是各方面意见的综合，是平均的、通常的、普遍的。高见才能做出英明的决策，完全一致的意见只能做出常规决策。一个平庸的决策，往往都是大家都认识到了该怎么做，绝对算不上高明。

误区四：情况不了解就匆忙做出决策

校长决策，必须深入调查研究，及时而有效地收集和掌握第一手资料和信息，全面而真实地了解和熟悉各方面的情况，只有如此，才能做出科学的决策。如果情况不了解，信息失真，只会导致判断错误，造成决策失误，甚至会酿成严重的后果。

当然，做决策要收集相关信息，熟悉各方面情况，但如果你认为任何决策都要等收集到全部信息，吃透所有情况后才能做出，同样可能会错过决策的最佳时机。一般应掌握的原则是，当收集到大多数关键性信息、掌握了大部分关键性情况时，就应立即进行决策。

误区五：决策不敢冒适度的风险

"无限风光在险峰"，"利益与风险同在"，"机遇与挑战并存"。世界上没有四平八稳的事情，过于平稳，只能是因循守旧，缺乏创新，最终带来的是平庸，没有作为。

校长为了学校的发展，在决策的时候，应有承担风险的勇气，敢于进行风险决策，能够进行风险决策，这既是校长胆识和能力的体现，又是校长创新能力、开拓意识的体现，更是校长对学校发展、对党的事业的一种责任心和使命感的体现。

校长决策敢于冒一定风险，不是孤注一掷、铤而走险，而是对情况的了如指掌，对各方面因素的综合分析，对未来发展的准确判断，对胜算得失的清醒拿捏。

你的决策视野有多宽？

校长眼界高低，格局大小，视野远近，对决策的影响很大。

有这样一位校长，他针对农村留守学生父母在外地打工，爷爷、奶奶不便照顾、不便辅导，山区道路崎岖，学生每天往返不方便、不安全等情况，启动了寄宿制学校建设，让孩子吃住在学校，既方便了学生，又方便了学生的家长。

针对农村土地便宜，又有撂荒的情况，又及时启动了劳动实践场所建设，通过劳动实践锻炼，既让学生们学到了劳动生产知识，陶冶了情操，从小养成了爱劳动的习惯，又让学生吃上了放心肉、放心蔬菜，改善了学生的生活。对于贫困生，还利用劳动实践场所获得的一定效益对他们进行救助，让他们安心学习。一度蔬菜、猪肉大幅度涨价，但由于有了劳动实践场所的支撑，这所学校做到了市场涨价学校饭菜不涨价。学校劳动实践场所建设成功，当地老百姓还慕名前来，向老师们讨教大棚种植、黄瓜吊藤、滴灌使用等技术，并活学活用，由此还带动了老百姓脱贫致富，也契合了精准扶贫的国家战略。

清朝红顶商人胡雪岩说："如果你有一乡的眼光，你可以做一乡的生意；如果你有一县的眼光，你可以做一县的生意；如果你有天下的眼光，你可以做天下的生意。"

《汉书》中汉武帝所言："自古不谋万世者，不足以谋一时；不谋全局者，不足谋一域。"讲的是同样的道理。

校长的思想高度决定了学校发展的高度，校长的思想高度又取决于校长的视野。这就像照相一样，焦距越长，视角越大，可以拍摄的范围就越广。

校长的视野受限于两个方面，一个是时间半径，另一个是空间半径。从时间的角度来看，不仅要看到现在，还要回顾过去，放眼未来。从空间的角度来看，不仅要关注局部利益，而且要兼顾全局利益和整体利益。

校长有开阔的视野，全新的视角，才能做出有远见的决策。如果校长视野狭窄，目光短浅，犹如井底之蛙，决策肯定有其很大的局限性。

纪晓岚在《阅微草堂笔记》里讲了一件事。

新疆北部有金矿，关内好多好多的流浪者去淘金，清朝驻乌鲁木齐的大臣说，不行呀，关内的流浪者来淘金，对国家的财政有很大的损失。怎么办呢？一个谋士提出建议：派兵把矿区的唯一出路堵住，不准往里面运粮食，里面没有粮食，流民就乖乖地出来了。这位大臣据此做出决策：按谋士的办法做，封住路口，不准往山里运粮食。结果，矿区没有粮食，就大乱套了，流民翻山越岭，想尽一切办法逃了出来，新疆北部就大闹土匪了。朝廷派兵去围剿，耗费了很多财力，让清朝蒙受了双重损失。

这就是决策没有顾及全局，盲目决策所付出的代价！

校长要拓展决策的视野，就必须力求做到：

放眼全局。校长在决策时，眼光要看到整个森林，不能仅盯在一棵树上，要鸟瞰世界，不能俯视一隅；要审时度势，立足长远，不能只顾眼前利益，停留于胡子上的一点饭；要视野开阔，不能鼠目寸光，一叶障目；要尊重客观规律，不能做有违客观规律的决策。

全盘考虑。要从全局出发，考虑一切相关因素，不能顾此失彼，犯片面性错误。一个好的决策就相当于选择一个好的跑道，选择跑道，就要考虑三个重点：一是方向；二是目的地；三是边界。这一点也是常常容易被忽视的，一个没有边界的跑道，根本不算是跑道。校长决策时，就应该把这些因素综合掂量，全面考量。

设想后果。校长在做出决策之前，要站在各个时空点上对决策做出判断，对决策实施后估计会带来的所有后果进行充分设想，然后再回过头来看决策是否成功、是否划算，从而最终定夺取舍。

抛弃偏见。视野的狭窄容易产生偏见，而偏见又往往会使思维限于狭小的空间，因而校长应该敞开胸怀，宽容大度，察纳雅言，消除偏见。

好的决策源于多谋善断

校长的主要职能是决策，校长的每一个决策就是一次取舍，取与舍的过程就是选择的过程，其过程选择要正确科学，最重要的一个方面就是多谋善断。

"多谋"是"善断"的基础，"多谋"的最终落脚点是"善断"。

要体现"多谋"，要求校长一方面要广泛收集信息。要了解上情，吃透下情，校长必须注意的是：所有的信息有可能都是关于过去的，而所有的决策都是关乎未来的，我们对未来的决策，都是一个未知数。所以，对决策信息的收集、整理和处理是校长进行决策的基础和前提。

另一方面要集思广益。唐太宗问魏徵："历史上的国君，为什么有的明智，有的昏庸？"魏征回答说："兼听则明，偏信则暗。"作为校长，最可怕的是在决策的时候听不到不同的声音。因此，校长要有从谏如流、广纳贤言的雅量和气魄，在决策的时候，要广泛听取不同意见，要鼓励教职工提出不同的看法。

"三人行，必有我师焉"，对不清楚的地方，闹不懂的方面，还要不耻下问，虚心求教，这样既能体现对教职工的尊重，实现真正意义上的民主决策，又能获取更多有价值的信息，综合出对决策有益的建议，从而帮助校长做出正确的决策。

校长"多谋"，还要求校长在面对重大对策的时候，要冷静头脑，对手头的信息和情况，对听到的各方面的意见和建议，进行认真梳理，仔细分析，精心谋划。许多决策的失误，就是因为对问题的分析不够，对决策事项的谋划不到位。

校长有了"多谋"，还必须做到"善断"，"善断"是最能彰显校长决策水平的环节。

怎样才能做到"善断"呢？

要突出重点

校长决策不能事无巨细、平均用力，要集中心思和精力放在重大决策上，不能因琐屑的事情而干扰校长对全局的把握和决策。比如，办学思想的定位是校长首先面临并将贯穿学校管理始终的一个重要决策，校长不能把决策仅仅停留在其他鸡毛蒜皮上，而对学校的整体发展的决策马马虎虎，失之审慎，缺乏考虑。再如，学校工作千头万绪，要做到忙而不乱，井然有序，校长通过兴规矩，建制度，实行"制度治校"，这是校长决策的又一个重要方面，校长为此必须投入更多的时间和精力。还比如，教师绩效工资的设定，这既涉及教师的切身利益，又关乎教师积极性的发挥，还牵连到学校的稳定和发展乃至人际关系的平顺与和谐，校长在做决策时，一定要倾其心智，绞尽脑汁，力求做出最佳决策。

要把握时机

一般情况下，决策要快刀斩乱麻，雷厉风行，敢于决断，"当断不断，反受其乱"。因为机会稍纵即逝，优柔寡断、患得患失是一个领导的致命弱点。

三国时期的袁绍，实力在诸侯中最强，被公认为最有实力、最有机会问鼎天下。他的麾下，谋士如云，战将如林，然而由于袁绍"多谋少决"，致使官渡一战，败于曹操之手。康熙被称为"明君"，就在于他能审时度势，敢于决断。他八岁登基，之后他当机立断，除鳌拜、削三藩、平叛噶尔丹、收复台湾，奠定了"千古一帝"的地位。

当然，并不是所有决策都要立即决断，有的决策太过于迅速，还没等时机成熟，就贸然做出，就可能因时间仓促，而造成决策失误较多。

前些年一些九年制义务学校，看到外地有学校办小班、建校中校，便盲目决策，从教职员工手上借资，从社会上融资，从银行贷款，在校园内隔围墙、建楼房，本是一校，却一校两制，后来政策不允许，学校从此背上沉重的负担。如果校长面对这类情况等一等，缓一缓，拖一拖，等政策明了再做决策，对学校发展岂不更好！

就像高尔夫球手讲究挥杆速度才能让球漂亮进洞一样，有时放慢速度能够使决策更为优化，更为科学。

决策时机的把握与决策本身一样重要，对那些可以拖到明天的决策，决不在今天做。有的决策时间长一些，就可以有更广泛的意见咨询和讨论，就可能面对更多的选择，就可以在事情真相更明朗的情况下，或者在事物朝好的方面转变的背景下做出更好的决定。

所以，决策不能追求速度，要因事而定，该快则快，该慢则慢，该先则先，该后则后，要把握好决策的时机，要控制好决策的进程。

要敢于独断

有个成语叫"独断专行"，意思是行事专断，不考虑别人的意见，完全按照自己的意见办。这里讲的"独断"，不是"独断专行"，而是更高境界的决断。

更高境界的决断，既要听多数人的意见，又要体现最后的决断应是一个人而不是由多数人做出的。

一些成功的管理学家认为，在做决策时，有30%的成功把握，就要考虑去做；有50%的成功把握，就要着手去做；有70%的成功把握，就要下决心去做；有100%的成功把握，就一定不要去做。因为100%是有绝对把握的事情，既然你知道绝对有把握成功，别人早就动手去做了。

日本仓敷编织公司董事长大原总一郎的父亲经常这样教导他："要办一项新事业，十个人中有一两个人赞成就可以开始；五个人赞成就已经迟了一步；七八个人赞成就已经太晚了。"

美国前总统林肯上任不久，便提出了一个重要法案，并将十多个幕僚召集在一起研究，大家七言八语，意见很不统一。林肯在听取了他们的意见后，认为自己所提的决策是正确的，在最后决策的时候，他不顾大家一致的反对，仍然固执己见。他说："虽然只有我一个人赞成但我仍要宣布，这个法案通过了。"

　　林肯这种敢于决断，并不是独断专行，而是在经过深思熟虑后，很有智慧地做出的一种判断，很自信地做出的一种决断，体现的是一种敢于负责、勇于承担的精神，反映的是一种力排众议、果断利落的作风，彰显的是一种准确拿捏、胜算在胸的风范。

决策不是拍脑袋，决策程序很严密

不管是重大决策，还是一般决策，不管是大决策，还是小决策，一般都要经过判明问题、明确目标、拟订方案、权衡选择、有效执行、追踪反馈六个程序。

判明问题

西方哲学史上有一个很著名的故事。

有一天，罗素问大哲学家穆尔："谁是你最好的学生？"穆尔毫不犹豫地回答道："维特根斯坦。""为什么？""因为，在我所有的学生中，只有他一个人在听课时总是流露出迷茫的神色，总是有一大堆问题问我。"后来维特根斯坦的名气超过了罗素。一次，有人问维特根斯坦："罗素为什么落伍了？"他回答说："因为他没有问题了。"

解读这个经典故事，我们会发现，问题对一个人的成长与发展是多么重要。事实上，问题不仅对人的成长至关重要，对于校长的决策，同样至关重要。

正如几乎所有创新都是从问题开始的一样，几乎所有决策也都是从发现问题开始的。问题是决策的逻辑起点，没有问题，就没有决策。

亚里士多德说："人的思考探索和工作常常是在产生疑虑、发现问题之后才开始的。"

决策的目的就是解决已经发生了或者未来可能发生的问题。只有发现了问题，才会去想办法解决问题，想办法解决问题的过程就是决策的过程。

找出问题后，紧接着就是分析问题了。分析问题是科学决策的关键一步，许多决策的失误，就是对问题分析不够造成的。

比如教师的教风出现了一些问题：有的教师无故缺课，有的教师不认真备案，还有的教师在作业批改上走过场。针对这些问题，校长就要分析：校长有没有要求到位？教学常规管理制度是否一以贯之地执行？对教师工作积极性调动的机制是否完善？教师的工作态度是否受到社会消极因素的影响？教师有没有校外兼职，或者搞经商、做生意？发现问题并分析清楚原因后，就需要决策制定相应的措施，以彻底扭转教风，树立良好师德。

明确目标

决策目标是制定和实施决策的基础，是校长决策行为程序的关键。

没有明确、清晰的决策目标，决策就根本无法进行。

第二次世界大战期间，英国在运输军用物资时动用了大量商船，但是，商船常常遭到敌人飞机的轰炸。为了解决这一问题，军队长官根据士兵的建议，在商船上武装了高射炮。高射炮装备好了，命中率却很低，这时就有人，包括军队长官和部分士兵开始怀疑商船装备高射炮的意义了。

其实，这个时候应该想一想，你的决策目标是什么？是打中飞机还是保护商船？很显然，决策目标是保护商船。商船上所装的高射炮打中飞机的命中率虽然很低，但高射炮的火力使得德国人的飞机不敢靠近商船，从而实现了保护商船的目标，你的决策目标已经达到了，这还有什么动摇和怀疑的呢？

这应该给校长们以深深的启发。校长决策时，必须明确目标，然后针对目标进行决策。一旦决策后，就应该围绕目标宣传动员，围绕目标组织实施。不管遇到什么情况和挫折，或者遭遇什么质疑和理解，都应该坚定信心，毫无动摇。

现实中值得警醒的是，校长不决策时，本来目标是明确、清晰的，然而却被一些"机会"和节外生枝所干扰，然后乱了方寸，偏离决策的轨道。

有一句话叫"将军赶路不赶兔"。然而有一位将军在快马加鞭，马蹄声疾，尘土飞扬中，却被蹿出来的一只兔子扰乱了目标，跑去追赶兔子了。我们或许都有过这样的经历，到商场本来去买一条长裤，结果到了商场发现大甩卖，于是在"不惜血本""跳楼价"的诱惑下买了一大堆东西，最后才发现钱花光了，本来该买的长裤却没有买，反而买了一大堆没有用的东西。

这是校长做决策的大忌！

拟订方案

在判明问题，明确目标后，接着就是寻找解决问题的可供选择方案。寻求解决问题的备选方案的过程，就是一个探索创造的过程，一个思考研判的过程，一个提供比较筛选项的过程。在这一过程中，校长必须拓展思维，充分酝酿，反复琢磨，尽可能排列更多的备选方案。可供选择的方案越多，解决问题的办法和措施就越完善，决策就越优化和科学化。

特别需要强调的是，对于备选方案，不要接受显而易见的答案，不要做"是非题"，不要做"选择题"。

校长任何决策都不会比最好的备选方案好，所有的决策都可以因为有了更好的备选方案而改变。

权衡选择

决策是什么？决策就是一门权衡利弊的艺术。"两利相权取其重，两害相权取其轻。"

在企业界，决策有"优质""高利""快速"三个因子，聪明的权衡与选择，都是取其两个，忽略一个。你选择高利、快速，就必须放弃优质；你选择优质、高利，就要放弃快速；你选择"优质""快速"，那么利润空间就有限。

校长对拟订方案进行选择，实际上就是对决策目标的理解，对形势的把握，对预期的评估，对风险的控制，对利弊的掂量。校长在选择备选方案时，要依靠经验、直觉、政策法规、别人的做法、成功的案例、过去的教训相关的意见和建议，对每一个备选方案所希望的结果和不希望的结果出现的可能性进行比较，最后做出决断。

也就是要确定优先级。美国总统肯尼迪 1962 年在莱斯大学的演讲，给优先级做了最好的定义。

当年肯尼迪把登月计划作为美国国家优先级计划，他说："这是一个美国愿意接受的挑战，一个不肯推诿的人物，一个决心要赢的领域，愿意付出必要的资源，把它做好，做成功！即使有风险和挑战，也将全力以赴。"

如何确定优先级，最基本的底线是，不要先考虑紧急不紧急，而要优先考虑重要不重要，永远先做重要的事。

有效执行

权衡出最佳方案，决策还没有结束，校长还必须使方案付诸实施。一个优秀的校长必须具备两种能力：一是做出决策的能力，二是化决策为有效执行的能力。

决策全面投入执行，并不是大功告成，也并不代表决策活动的完结，任何一项决策，都不可能达到完美无瑕的境地，肯定会有一些考虑不周全的地方，肯定会出现一些意想不到的情况，还肯定会遇到一些执行障碍，这就要求校长要有胆识、有勇气、有智慧去不断校正，进一步完善、修订决策方案，并采取强有力的措施推进决策的实施。

追踪反馈

追踪是决策方案付诸实施后，对各方面情况的严密监视和管理，随时掌握执行趋势是否跟目标一致，及时察觉和识别出现的问题，以做到早发现、早诊断、早调整、早补救。反馈是有效追踪的前提，是实施追踪的可行办法，为了能够及时了解实施决策的真实情况，校长必须建立起灵活、畅通、高效的信息沟通和反馈机制。

比如，前面提到的学校教风出现问题，校长有针对性地做出系列决策，如加强师德师风建设，强化思想政治工作，对教师进行职业道德教育，完善教学常规管理制度，建立教师激励机制，开展学生评教、教师评课活动，对教学环节进行认真检查等。

一旦做出这些决策之后，校长就要走进教室、走进课堂、走进师生中，并通过蹲点调研、问卷调查、座谈交流、考核检查、督导督促等形式，全方位追踪这些决策的落实情况，并从学生、家长等方面获取信息和反馈意见，看决策是否有效执行，是否达到预期效果，是否需要进一步改进和完善。这样的决策程序才能构成一个完整的链条，也才能体现出决策的效果、效率和效益。

选择自己该做的决策

　　学校工作头绪千万条，大小事务一线穿，是不是所有事项都需要由校长做出决策呢？比如：办公室纸张没有了，该由办公室主任还是由校长决定买还是不买？新参加工作的教师要安排住宿，该由分管后勤副校长安排还是由校长亲自安排？一位语文教师请了一段时间病假，调课由教务处负责还是由校长负责？

　　要回答这些问题，我们先看看康熙是怎样做决策的。有一则资料介绍，康熙帝当了一辈子皇帝，很少自己做决策。当大臣们奏上一件事情，要康熙拿主意的时候，他总会说："嗯，我知道了。"大臣便追着问："皇上您说怎么办？"康熙说："我不说怎么办，你说怎么办？"康熙当了60年皇帝，90%的决策都是他的臣子帮他做的。

　　他有一个观念：你是做皇帝的，总揽全国一切，所有事情都要经过你决定，那矛盾就势必特别集中。

　　由此看来，学校的决策不应都由校长来做。

　　哪些决策该由校长来做，哪些决策该由其他同志来做，要想弄清这些问题，就必须明白校长在决策中所处的位置和所扮演的角色。

完全的他人决策

　　并非学校所有事情都由校长决策，一些具体事情应该由分管校长、中层干部去决策。这类决策多属于程序化决策，其对策的事项都是相对简单的、重复发生的、有章可循的问题，依据过去的模式、设定的程序、相应的规则和政策决策即可。

需知情的他人决策

有的决策虽属单方面、程序化的，但牵涉到全局或者影响面较大，校长应了解情况、知晓决策的内容，以便做到心中有数，并能够做好应变的准备，但最终由班子其他成员拍板。

有意引导的他人决策

为了调动学校班子成员的积极性，充分发挥他们的主观能动性，并体现"用人不疑，疑人不用，充分授权"的原则，各自分管工作的决策由相应的班子成员来实施。但为了实现校长的某些意图，保证班子成员的决策都能指向于学校发展的共同愿望，校长可以委婉地提出自己的意见供决策人参考，并通过一定方式加以引导，让决策人能够自觉接受。

民主协商决策

为充分发扬民主，集思广益，校长就决策的问题充分听取班子成员、教职员工代表、各方面人士的意见与建议，在民主协商的基础上达成共识并做出决策。这类决策大多属于非程序化决策，所涉及的问题都是较为复杂、耗时伤脑、事前没有遇到过，并关系到学校生存、发展的重大战略问题。

事后告之的自我决策

很多时候情况紧急，特别是面对一些突发事件，来不及集体研究，或者按制度规定，校长可以自行决策，用不着事先征求他人意见，校长就可以现场拍板，当即做出决策，但决策做出后，要在适当的时候向班子成员和教职工通报情况，做出必要的解释和沟通。

强制的自我决策

为了强化校长权威，推进关键性工作，治理一些错综复杂的问题，收拾比较烂的摊子，校长必须相机行事，果断地做出带有强制性的决策，并采取强有力的措施加以执行。这种强制的自我决策不是盲目的，也不是校长要权威，更不是自以为是、我行我素，而是在瞄准问题的基础上，狠下猛药、重拳出击，并让工作效果检验决策的正确，让大家信服。

集体决策

作为校长，决策并不是你一个人的事，在许多情况下，决策要由学校集体做出，也就是由学校的教职工提出决策方案，共同进行评价，最终达成共识。校长只以主持人身份出现，既不对教职工施加任何压力，也不以各种借口强迫教职工执行自己的意见。集体决策的优点是，既可以避免校长独断专行，又可以转移矛盾，还可以弥补校长个人决策知识和经验的不足，更重要的是让教职工参与学校管理，增强他们的主人翁意识，调动和激发他们工作的热情与主动性。

大家看过电视剧《刘老根》，山庄里的大小事起初都是由刘老根一个人说了算，当乡长提出一些无理要求时，刘老根不知怎样应对才好，只好一躲了之。后来在他人的授意下，山庄成立了董事会，面对乡长的无理要求，刘老根再也用不着躲了，而是很得体地解释说："现在不是我一个人说了算，这个问题，要由董事会决定。"

明白了校长在决策中的位置，便知道了哪些决策该由自己来做，哪些决策该由他人来做，哪些决策该由集体来做。但不管怎样，作为校长，都要有能力驾驭整个决策过程。

危机决策，更显本色

危机无处不在，危机是不可能完全避免的，不管是在社会其他领域，还是在各级各类的学校里。学校里的危机，主要包括各种自然灾害，突发的公共卫生事件以及一些偶发的安全稳定事故。

当危机来临的时候，校长的决策至关重要。

在各种危机面前，校长及时做出科学的决策，将危机及时处理，并将其危害控制到最低程度，是校长的一个重要工作职责，也是新时期对校长提出的一个新要求。

正常的情况下，校长能够清醒头脑，做出科学的决策。而在突然发生、万分紧急、危机四伏的状态下，一些校长就有可能方寸大乱，慌了阵脚，失去定力。因此，校长是否具备一定的危机决策能力，也就成了检验一个校长合格与否的试金石。

校长面对危机，要想做到有效决策，就应该明白危机决策的特点。

危机的潜在性，决定了决策的预见性

危机无处不在。根据墨菲定理，只要存在危机发生的条件，危机就一定会出现和发生，不管发生的可能性有多小。作为校长，对于学校发展与管理过程中可能存在的各种危机要有清醒的认识。只有在日常工作中增强对危机的预见性，才能做到有备无患。

2008 年，汶川地震时四川绵阳市安县桑枣中学 2300 多名师生在 1 分 36 秒内全部转移到安全地带，无一人伤亡，得益于时任校长叶志平有良好的风险意识，对潜在的危机有充分的预见性。多年来，他一直坚持对校舍进行加

固，对师生进行疏散演练训练，最终在危机时刻挽救了大家生命。

危机的突发性，决定了决策的果断性

无章可循的各种危机，总是通过偶然的形式出现，令人难以预料，让人措手不及。因此，校长必须在有限的时间里，以有限的信息和资源为基础，镇定自若，快速反应，果断决策，迅速行动，及时控制情绪，防止事态扩大。

危机的双重性，决定了决策的科学性

危机并不仅仅意味着危机，它还包含着转机和契机。校长要充分认识危机的双重性，在危机面前不能悲观失望，偃旗息鼓，垂头丧气，要冷静分析局势，因"危"利导，做出科学决策，以发挥危机的积极作用，有效遏制危机的消极作用，变危机为良机，变危机为转机。

危机的不确定性，决定了决策的权变性

危机发生后，其发展趋势有可能渐强，有可能渐弱，还有可能变得十分复杂，不好控制，这种不确定性，就要求校长要善于审时度势，洞察一切，要根据不断变化的情况，做出相应的决策。

校长在对危机做决策时，除了掌握其特点外，还必须懂得危机决策所遵循的原则。

快速反应原则

一旦危机发生，校长就应及时启动相应预案，迅速成立危机处理小组，并第一时间赶赴现场，全方位搜索信息，全方位掌握情况，全力以赴地进行决策和处理，高效率和日夜工作是做到快速反应的不可缺少的条件。

勇于承担责任

不管危机有多严重，也不管危机的直接责任者是谁，校长作为学校的统帅，当危机袭来时，就应该态度诚恳，敢于担当，主动承担，不应推卸责任，一味责怪。只有如此，才能赢得教职工的谅解和理解，也才能求得上下的帮

助与支持，更能和衷共济，荣辱与共，更快地收拾残局，扭转败局，东山再起。

客观真实原则

对危机不能遮不能掩，不能捂不能盖，不能封锁消息，不能瞒报谎报，不能漏报不报，要本着实事求是，如实上报，如实宣传，如实反映真相，以保证上级主管部门了解真实情况，并及时采取相应的措施。同时保证公众的知情权，避免一些误传谣传。当危机发生时，人们更加关注的是正在发生什么、为什么会发生、下一步会怎么样等问题，如果不能了解这些情况，就会使人们产生焦虑、随意猜测、出现惊恐情绪，一些谣言制造者更会炮制出各种版本的"真相"。

协调配合原则

如果学校发生伤害事故后，家长可能会有各种非理性行为，这就需要校长有足够的智慧去应对。校长的灵活变通、沟通技巧、统筹协调和社会资源动员能力，就显得特别重要。

一些危机，不是校长一个人能扛住的。除了学校班子成员、中层干部要分工协作，各司其职、各尽其责外，还要向教育行政部门，学校所在地的党委、政府做好汇报，及时同公安、消防、卫生、防疫、安监等部门取得联系，请求他们配合支援，凝聚力量，众志成城，共同应对危机。

攻心为上原则

涉及人员伤亡的突发安全事故，受害的一方可能怨气冲天，情绪极不稳定，校长面对的可能是一片谩骂和指责。这时校长不能以怒制怒，以怨对怨，而应该将心比心，以心换心，采用恰当的心理情谊疏导策略，以真心换真心，以真情换真情，以同理心换得共情力。

标本兼治原则

危机决策，不能只停留在表面现象，更不能只顾眼前，要采取一切可能的措施和办法，迅速地找出事件的症结，既着眼于思考治"标"之策，又着眼于谋求治"本"之道；既着眼于当前危机的应对和处理，又着眼于学校形象的弥补与塑造；既着眼于所发生危机事件的原因分析，又着眼于对相应危机的有效防范，未雨绸缪。

打破常规原则

危机事件扑朔迷离，犹如战场瞬息万变。因此在危机决策时，要因人、因地、因事制宜，打破常规的思维模式和行事程序，灵活机动处置，富有创意决策。

事实证明，校长在信息有限、情况紧急的情况下，采用超常规的决策方式，或者在对决策后果及风险分析的基础上，进行冒险决策，往往更能控制危机的发展。

今年的新冠肺炎暴发，可以说是突如其来，防不胜防，而且瞬息万变，捉摸不定。

疫情期间，教师封闭在家里，既要防疫，又要安排家庭生活，看管和督促子女学习，同时还要完成疫情排查、数据收集、每日上报、备课录课、线上教学和心理疏解等繁重任务。如果教师情绪不稳定，就很难有效开展工作，也很难实现"停课不停学"。

在危机面前，校长处理危机的能力尤为凸显，因为这不仅是教育系统内部的事，也关系到国家发展与社会稳定。如何应对疫情危机，也是校长在这个特殊假期面临的"大考"。

值得欣慰的是，很多校长表现出了较强的危机决策与驾驭能力。他们以足够的智慧和勇气，以积极豁达的生活和工作态度，临危不乱，快速决策、科学决策，带领大家共克时艰，战胜困难。

一些校长注重发挥党员干部的带动作用，积极组织救助有困难的教职工，鼓励大家在家中锻炼身体，调节身心，开展书画创作和厨艺展示等活动，有效缓解了教职工的精神压力。一些校长在安排好学校工作之余，积极参与社区公共事务，在小区值班或参与排查等工作，身体力行地为大家树立信心。

还有一些校长亲自示范，召开网络会议，带头使用网络技术，开展线上办公和线上指导教学。在复学前，又尽职尽责，周密谋划，制订了翔实的报名、晨检、晚检、就餐、教学、活动和疫情处置等预案，从而夺取了战疫和圆满完成教学任务双胜利！

　　校长一定要提升危机决策力，为危机化解、师生成长、学校办学、教育生态营造更好的环境。

让你的决策充满智慧

　　校长最重要的工作是决策，决策既是劳神费时的事，又是校长最难处理好，最受关注的事。校长的决策不是想当然，也不是一时兴起，更不是简单的拍脑袋，决策需要头脑，需要技巧，需要智慧。

　　如何让自己的决策充满智慧？下面的几个方面可以为大家提供一些启发和帮助。

不做决策也是一种决策

　　是不是校长对所有事情都要做出决策呢？

　　我们不妨先看看管理大师是怎样认识的，彼得•杜拉克说："有效的管理者不做太多的决策，他们所做的都是重大的决策。"德鲁克也认为，任何决策都是有风险的，要避免不必要的决策。

　　再看看艾森豪威尔将军是怎样做的。

　　诺曼底登陆之前，有一位军官对艾森豪威尔说："我们要登陆，将军你看可不可以？"艾森豪威尔没有做出任何表示，只是用商量的语气问道："你为什么要登陆呢？"军官回答说："为了从敌人后方进攻。"艾森豪威尔又问："为什么要从敌人后方进攻呢？"军官说："这样阻力最小。""阻力最小又有什么好处？""阻力最小，将士伤亡就最小。"这时，艾森豪威尔才说："你不是已经知道决定的理由了？为什么还要我来做出决定呢？"军官赶紧立正回答："明白！将军！我去了。"

　　在校长的管理实践活动中，有时会遇到一些事情，对于这些事情，只需顺其自然，不需要校长采取措施和任何行动，这些事情也会正常地发展下去，这就用不着校长去做决策，用不着校长去干预。

还有一些时候，所遇到的管理问题，会让校长感到头痛心烦，但这些问题不碍大局，不影响学校发展，属于并不重要的问题，那么，校长同样用不着去干预，去决策。

有的问题和现象，校长若不及时采取行动，就有可能恶化或者朝不利的方向发展，这时校长要果断行动，迅速决策。

打一个比方，这就像病人不做手术，病症可能会消失或者不至于恶化，这就不需手术；如果不及时手术，病症会加剧，甚至危及生命，这就要立即实施手术。

很多校长不明白这个道理，他们遇事不分大小，不分轻重，都要去干预，去决策，也就是把所有的担子都背在自己的身上，这样既会承担一些风险，又会让自己工作很苦很累，还会让其他同志养成一种依赖习惯。

要知道，校长的不做决策，也是一种决策，有时还是一种更好的决策。任何事情总是需要校长去匆匆做决策的话，这样的学校绝对不是一所好学校。

学会利用"外脑"进行决策

随着社会的发展与进步，人们对决策的科学性要求越来越高，而个人的能力和智慧毕竟是有限的，再高明的决策者也很难掌握决策的全部规律。

一个人在路灯下找钥匙，过路人问：你确定你的钥匙就落在这盏路灯的下面吗？找钥匙的人回答说："在漆黑的夜晚这是唯一有亮光可供我寻找的地方。"

这则小故事形象地告诉我们，认识的有限性决定了决策的局限性，这就要求我们校长，在做重大决策时，如果仅凭内脑还不够，就必须借助他人的力量，学会利用"外脑决策"，在各个领域，用外脑补内脑，用众脑补首脑，正成为一种惯例。

比如，学校有校务委员会，很多事情最终应该由校务委员会去决策，但是对于很多疑难杂症，校务委员会一时又难以决策，这个时候可以建立一些小组织，交由小组织去研讨，借助小组织进行决策。

校长感觉绩效工资分配是难点，就可以找几位头脑灵活、原则性强、大家信服的人组成一个小组，让他们去研究一个方案，最后交由校务委员会去决策。

当下学生手机管理是一个难题，手机该不该带进校园、带入课堂，学校同样可以组建一个小组，让他们去研究这个事情，然后拿出方案交由校务委员会决策。

校长在利用"外脑"进行决策时，要把握以下几个问题。

一是自己做决策。"外脑"仅提供的是决策建议，起的是出谋划策的作用，最终方案的选择，最后的决断，还在于校长自己。

二是自己负责任。"外脑"不是管家，而是谋士，对决策的后果不负任何责任，决策出了问题只能由校长负责。

三是不要"有病不投医"。有的校长面对学校的一些重大决策，在拿不定主意时，不是积极主动地借助于"外脑"，而是自己硬撑着盲目决策，担心借助"外脑"决策后，怕别人觉得自己能力不行。

四是不要"无病乱投医"。"外脑"的作用体现在"内脑"所无力解决的问题上，如果"内脑"能够解决，不管大小事项的决策都去借助"外脑"，则既不能充分发挥校长的主观能动性，又会增加许多管理成本，还有可能出现无所适从、事与愿违的情况。

要避免情绪化决策

情绪是一种反应，它有很多表现形式，比如高兴、伤心、兴奋、惊讶、愤怒、沮丧等。校长在这些情绪化状态下去做决策，可能会出现决策失误，即或没有大的失误，也很难做到科学决策。

孙武在《孙子兵法》中说："主不可以怒而兴师，将不可以愠而致战，合于利而动，不合于利而止。"

校长在决策的时候，要用理智战胜情绪，不能被理智所左右，不能一怒之下做决策，一喜之下拿决断。

不要掉入"锚"的陷阱

大家知道，轮船上的"锚"，一旦被抛下，船就被固定了。校长决策，往往也被"锚"将其思维固化在某一个方面，固定在某一个点周围，从而左右和影响决策。

这个"锚"，就是那些先入为主的信息。比如一个小道消息，某个媒体的一则新闻，某专家的一句言论，或者某领导不经意间的一点看法，这些都完全可以成为决策的干扰项。

校长决策时，就应该不囿于这些限制，不以偏概全、不以点概面，要有勇气和智慧审时度势，全面衡量，跳出"锚"的陷阱，努力做出最好的决策。

第五章

左右逢源的校长组织力

大海可纳百川，如水才能合众，百众云集方能成就卓越领导。

如果说决策是领导力的前提，那么有效的组织则是领导力的基础。

没有强大的组织力，就没有强大的领导力。

刘邦经常讲粗话，相貌平平，个人能力还不很出色。然而他却具有超凡的组织力、凝聚力、亲和力，能够把韩信、张良等能人团结在他身边，为其鞍前马后、任其驱遣。而项羽身材高大，能力超强，打仗更在行，然而他却不能把身边的人很好地组织起来，很好地聚合起来，就包括跟随他多年的韩信，最终仍离楚归汉。

《水浒传》里的宋江，官不大，个头不高，自己的文采武功在108将里也不是出众的，然而，他能将其他的107个兄弟组织起来，107个兄弟也特别听他的话，都甘愿为他而死。这107个兄弟中，单就能力超过他的，也很有一些，包括林冲，林冲有自知之明，他知道他当了"大哥"，兄弟们是不服气的。

所以，做领导，包括做校长，怎样把各种资源整合起来，怎样把各方面的力量聚集起来，怎样让身边的人变成有效的团队，这很重要。

领导就是教练，不善教练，就不能当领导。

校长就是教练，不善教练，就当不好校长。

组织力就是生产力

　　管理，说到底就是对各种关系的处理与驾驭，对各种资源的优化与整合。狮子带领的羊群能够打败山羊带领的狮子，为什么？这显然不是山羊力量大，而主要是狮子领导有方，善于把弱小的力量组织起来，成为一个强大的团队。

　　有语云"刘项本来不读书"，它不是说读书不重要，而是说刘邦项羽麾下有一班善读书会谋事的能臣，只要用对用好这些能臣，不读书的刘邦项羽同样可以统率千军，问鼎天下，这就是组织的力量。

　　领导者的智慧和统御能力，不在于他一个人包打天下，而在于他是否能够得心应手地调动和利用当前的各方面资源，进行合理地整合与有效地组织的能力上。

　　日本索尼公司的盛田昭夫说："衡量一个领导的才能应该看他是否能得力地组织大量人员，如何最有效地发挥每一个人的能力，并且使他们齐心协力，协调一致。"

　　学校的普通教师，关注的只是个人业务水平的提升，而校长，则主要考虑如何把各种资源、各种人力、各种关系协调组织起来，以实现学校的发展目标，这就有个校长的组织力问题。

　　我们在考察校长人选时，最关注的是人选有没有组织力，一个教师的业务能力哪怕再强，教学成效再显著，如果缺乏组织力，充其量算是一个业务骨干，或者可以发展成为一个名师，却难以胜任校长之职。

　　如果赶鸭子上架，不说成为一个合格的校长，更不说成为一个优秀的校长，也许要混下去都很困难，甚至他本人都会感到这是一件很痛苦的事。于是乎，有没有组织力便成了选任校长的一个重要条件。

　　事实上，一个合格的校长不需要对学校所有的业务都知晓精通，这不是他的职责，事实上样样知晓精通也是办不到的。他的职责与使命是将学校所有的资源和力量都组织起来，实现校长的意图和学校的办学目标。

　　一些校长经常埋怨班子成员不得力、不支持不配合工作，经常指责教师这也不行，那也不是，工作推动不了便往往找一大堆客观原因，遇到问题时常常愁眉苦脸，一筹莫展，学校人心背离，松弛涣散，犹如一盘散沙，出现这种状况，可以肯定的一点是，校长缺乏组织力。

　　什么是校长的组织力？依我的理解，校长的组织力就是积极稳妥地处理好学校内外各种人际关系，动员和协调方方面面力量，集结和利用各种资源以及有利因素，以维持并推动学校各项工作和谐、稳定、持续、健康、高效进行，引导并促进学校向好的方面发展，最终达成学校办学愿景的一种能力。

　　校长的组织力，不是单一的能力，它包括校长的用人的能力、做事的能力、协调的能力、整合的能力，以及驾驭复杂局面的能力。

　　校长的组织力是校长文化素养的反映，是校长教育智慧的结晶，是校长人格魅力的体现，也是校长领导水平和艺术的彰显。

　　有研究表明，具有较高组织力的校长往往具有如下品质：

　　一是关注环境。对学校内外部的环境变化表现出高度的敏感性，对变化的趋势有科学的预见，准确的把握，并能及时适应环境的变化。

　　二是营造氛围。善于构建积极向上的组织文化，营造温馨和谐、平等友好的工作氛围，以此激发人们工作的强大动力，让人们心情愉快地工作。

　　三是建立团队。石墨和金刚石的元素一模一样，只是结构发生了变化，所产生的物质一个非常坚硬，一个非常柔软。因此应特别重视团队的结构，注重团队的搭配，加强团队的建设，充分发挥团队的作用。

　　四是引领未来。适应学校未来发展的要求，通过明确学校的办学理念和发展愿景，引领教师不断成长，引领学校不断发展。

　　对现代校长组织力的要求，已经成为学校发展的必然要求。一方面它是在学校内部建立良好人际关系，使每一个成员都能创造性开展工作的前提条件。另一方面它是整合各方面资源，实现人与物的完美结合，使之达到最佳化、高效化的重要保证。同时，它也是统一思想、赢得人心、集结所有力量和智慧，指向目标并为之而努力的基石与砝码。

从一定意义上说，校长的管理水平就是校长的组织水平，校长领导的艺术就是校长组织的艺术，校长的领导能力就是校长的组织能力。因此，在学习中感悟，在实践中锻炼，不断提升自己的组织力，应该成为校长的重要功课。

知人善任，让每个人做合适的事

"善用者事必兴"，这是学校管理的一条基本经验，怎样才能做到善用呢？最重要的一个方面就是要做到知人善任。

所谓知人，就是校长必须熟悉、了解每位教职工的基本情况、个性特点、兴趣爱好。所谓善任，就是校长要根据教职工的个性特点、兴趣爱好，安排适合的工作，让他们能够充分发挥作用，以做到人尽其才，才尽其用。

"知人"是"善任"的基础，"善任"是"知人"的最终归宿。

"人无弃才"，关键在于校长的知人善任，校长只有知人善任，才能发挥每个人的作用，调动每个人的积极性。

不同的人有不同的特点、不同的优势。曾国藩有一句话："良马行千里，耕田不如牛。"

知人善任，说到底就是因人而用，因人制宜，用其所长，避其所短，把每个人放在合适的位置上，让他做最合适的事。是猴子，你就给它棵大树去攀爬；是蛟龙，你就给它条大河去折腾。你如果让老牛去负重，骏马去捕鼠，母鸡去游泳，鸭子去爬高，那就错了。

其实，每一个教师都有他的特长和优势，其自身都是一座有待开发的金矿，抑或是校长们认为各方面都差劲的教师，他们身上总有闪光点，总有他们发挥作用的地方，这就看校长如何去慧眼识人，如何去给他们搭建平台，如何去化不利为有利。

可以看看下面一则案例：

一农村中学，由于教学质量一直很低，学校发展严重滞后，教育局对学校班子进行了调整，城区中学一副校长临危受命，下派任校长。

　　该校长一上任，就对学校教职工现状进行了摸底，他发现学校教学质量不高，最根本的还在于教师使用与配置上的问题。那些参加工作早，文化程度相对低，年龄又都是五十好几的教师，他们还被安排在初中、高中教学一线，承担了繁重的教学任务。学生普遍反映，他们责任心强，但教学方法陈旧，而且缺乏组织教学和威信，课堂教学效率低。这些教师中，过去有的学过木土手艺，有的擅长管理，有的做事情很精细。学校近些年参加工作的年轻教师，他们都是师范院校毕业，有好几位没上课，从事学校后勤管理，由于对这块工作不熟悉，加之缺乏经验，学校后勤工作做得也不怎么样，教职工很有意见。

　　新校长了解到这一情况后，对他们的工作进行了调整，从事后勤管理的大学生一律担任教学工作，那些年龄比较大的教师，除了功底比较扎实、课堂教学效果好的继续留任，其余的根据不同情况作了安排。过去学过木工等手艺的，专门担任劳动技术课教学；擅长管理的，在后勤处做职员，从事后勤管理；做事情比较精细的，安排做学校的实验员、图书管理员。

　　这样一调整，学校的后勤管理慢慢地规范了，困扰学校发展的教学质量问题随之也有了明显的提升，学校面貌发生了根本性的变化。

　　有一句话叫"人才放错了地方就是垃圾"，那么我们可以这样说："即或不是人才，只要放对了地方就可能成为天才。"

　　教师未变，学生依旧，仅仅因为校长根据教师的不同特点，把他们放在能够最大限度发挥作用的位置上，就充分挖掘了他们的潜能，激发了他们的工作热情，既推动了工作，又体现了校长的一种识才之能、用才之艺。

　　知人善任，不仅要针对每一位教师，而且还要针对不同年龄段的教师，区别对待，为我所用。比如，对于老年教师，要体现尊重，充分理解他们的局限性，充分利用他们的影响力；对于中年教师，要注意关心，尽可能解决他们的具体问题，使他们心存感激，把积淀的能力与经验在工作中释放出来；对于青年教师，他们知识鲜活，精力充沛，则应该在工作上压担子，业务上指路子，成长中搭梯子，使他们尽快成长成熟为骨干教师。

　　有经验的校长，在对老、中、青三个不同年龄阶段教师的"知人善任"上，坚持用"老教师看家，中年教师当家，青年教师发家"的策略，这是很有远见的。

不仅如此，有经验的校长还会针对不同岗位用好不同性格的人。比如：学校保管就需要认真细心的人，他不会用那些大手大脚的人；班主任需要有爱心，有耐心，善于做思想工作的人，他绝不会用那些大大咧咧的人做班主任；办公室工作需要更多的协调沟通，他也许不会用教学业务最强的人，但一定会用协调沟通能力最强的人。

对于一所学校，不是缺乏资源，而是看校长对现有的资源如何优化整合；不是缺乏人才，而是看校长对已有的人才如何定位与使用。

校长管理的最高境界就是知人善任。让事得其人，让人尽其才，让广大教职工都各得其所，各有用武之地。

在这一点上，校长应该成为钢琴家，只有熟悉每一个琴键，拨好每一个音符，才能奏出美妙的乐章；校长应该是棋手，只有布好每一个棋子，才能下出一盘妙棋好棋。

宁可做错事，不可用错人

一个国王养了一只猴子，猴子天性伶俐聪明，深得国王喜欢和信任。国王随后委以重任，让猴子担任自己的贴身保卫，并把自己的宝剑交给了它。

春天到了，鸟语啁啾，流水潺潺，姹紫嫣红，花香扑鼻，万物复苏，一片葱茏。国王被这大好春色所吸引，于是带上娘娘们和猴子来到密林深处，把其他随从支开，独自感受这里的宁静和春深似海。

春光明媚，春光也容易让人犯困。国王游玩一阵，感到有点疲倦，就对猴子说，我想在这座花房里小睡一会儿，如果有谁伤害我，你就要拼尽全力保护我。随后国王便进入酣睡状态。

忽然一只蝴蝶闻着花香翩跹而来，悠然地落在国王头上。猴子大怒，说时迟，那时快，拔出宝剑就朝着蝴蝶砍了下去，结果蝴蝶应急而飞，却把国王的脑袋给砍了下来。

故事虽小，却给人启迪很大。

管理的艺术，从某种程度上讲，就是用人的艺术。

用人，不能凭个人好恶，也不能被对方的表象和所谓的"亮点""光环"所迷惑。

用人，必须明察秋毫，洞若观火。

用人必须坚持德才兼备，德位相配，绩能相当。

如果不加考虑，草率用人，感情用人，义气用人，用人不当，用人失察，将会给事业，抑或给自己带来无法挽回的损失。

我以为，宁可做错事，不可用错人，用错人比做错事，带来的恶果还要严重。

我还以为，对于用人，既在于用对人，还在于授好权。授出去的权，必须能够做到收放自如，得心应手。就犹如放出去的风筝，无论怎样在空中起舞，随风飘飞，但是手牵一线，视线所及，尽在把控拿捏之中。也犹如那齐天大圣，无论怎样手持金箍棒，腾云驾雾，捉妖降魔，但始终难逃如来佛的手掌，如来佛的紧箍犹如一把悬着的利剑，让悟空在唐僧面前，不敢造次。

绝对的权力不仅产生绝对的腐败，还会产生绝对的愚蠢。授权的同时更要对权力进行约束和监督。

如果既用错了人，又失去对权力的约束和监督，不建立完善的机制，不把权力关在制度的笼子里，让权力肆意泛滥，灭顶之灾，有可能就近在眼前，甚至就在转瞬之间。

到时候因用错人而带来自己悔、众人怨、千古恨的苦果，只好由自己咽下！

校长用人，看似简单，似乎用错人也无关紧要，危害不大。其实，校长用人是天大的事，它关乎学校的发展、孩子的成长、国家民族的民运，因此校长用人不能小视，更应该慎之又慎。

教育发展首先取决于教师，站在讲台上的人，决定着教育的品质，决定着这间教室的冷暖，也决定着孩子的未来。选好用好教师尤其重要。

学校的管理者是教师中的教师，是教师中的首席。学校管理者关乎着一所学校的发展，有什么样的管理者，就有什么样的学校。校长把学校管理者选准配强，甚为关键。

校长能不能把人选准用好，既考量着校长的使命担当，又考量着校长的良心良知，更考量着校长的用人智慧！

优势互补，相得益彰

唐僧领导的"西天取经"团队，成员孙悟空，头脑灵活，异常精明，业务能力很强，办事效率高，然而与同伴相处不大融洽，有时不服从领导，还总是捅娄子；成员猪八戒，性格开朗，热情活跃，人际关系好，但意志薄弱，纪律性差，生活作风还有问题；成员沙和尚，埋头苦干，兢兢业业，任劳任怨，为人厚道，但业务水平一般。

这样的团队，人员配置合理、优劣互补，从而实现了人才群体的最优化，团队便是一个高效、有战斗力的团队，尽管西天取经，困难重重，异常艰辛，最后还是顺利地取回了真经。

试想，如果团队里的每个成员都是孙悟空，都扛一根金箍棒，都异常精明能干，这会是一个优秀团队吗？结果能够取到真经吗？

曾经有人将五位诺贝尔获得者聚集在一起，试图解决超导微观理论的创立问题，最后未能如愿，而这项成果的最后获得者，竟然是巴丁、康柏和施里弗三人。巴丁老马识途，把握方向；康柏年富力强，思维敏捷；施里弗方法灵活，善于创新，一个具有互补作用的团队才顺利地攻克了这一难题。

美国现代金融业的先驱和奠基人摩根，曾道出了一句石破天惊的言论，他说："每个成功的企业都需要三种人，一个梦想家、一个生意人，还有一个'杂种狗'。"

其他行业是这样，学校用人更是如此。

在一所学校中，不管是班子成员，还是中层干部群体，乃至一个班级科任教师的组合，相互之间最好形成一种互补关系，包括性格上的互补、年龄上的互补、知识上的互补、能力上的互补以及性别上的互补。

互补的团队结构，能够使得每个人的优势凸现，劣势相互弥补，各得其位，各展其能，各避其短。他们有机地组合在一个乐队之中就会演绎出一曲曲高音与低音互补、深沉与高昂映衬、激荡与婉转并存的美妙乐音。

仅就学校班子而言，一个合理而又优秀的领导班子，应该是性格上不同类型互为补充，年龄上不同阶段落差搭配，能力上不同层级优化组合，知识上不同方面合理配置。

比如在性格上，一个班子中，应该既有性格外向、活泼开放、善于交际的，还应有性格内向、沉稳冷静、善于主内的。他们可以互为补充，互相"补台"。既利于推动工作，又利于加强班子的团结。

如果班子几个成员都是直率外向，大大咧咧的，很有可能相互顶撞，互相抬杠，不利于稳定和谐。假如班子几个成员又都是性格内向，孤僻沉稳的，很可能一团和气，死水一潭，让整个班子缺乏生机与活力。

比如在年龄上，一个班子中，年龄应该有些落差，最好呈梯次结构，有年龄大点的，有中年的，还应有年轻的。这种年龄结构，既能够使大家友好相处，又能够发挥每个年龄阶段的作用，还有利于干部的培养与成长。

如果班子中的几个人年龄相当，其他能力、知识、经历也相当，他们会互不买账，彼此设防，很容易闹矛盾。有句话叫"一山难容二虎"，弄不好会"龙虎相争""众虎相斗"。

校长用人时，一定要懂得这个道理，要有敏锐的眼光，要根据教师不同的特点，岗位不同的要求，对教师合理使用，干部合理配置，以实现优势互补，以达到 $1+1>2$ 的效果。

5%的哲学

校长用人，是关注他人的优点，还是揪住他人的缺点不放呢？

要回答这个问题，我们不妨看看曹操说过的一段话：人才不是没有，只要你用心，满地都是人才。我相信魏国河边肯定有姜子牙坐在那儿钓鱼呢，只是还没有被发现；我相信十里之内，肯定有陈平那样的人，难道因为他和嫂子通奸就不能得到重用吗？

曹操是这样说的，也是这样做的，他在用人上善于发现别人的优势，这就是曹操的用人哲学，只看人才的5%。尽管这个人有95%的毛病，他都没看见，他只关心他的5%的优势，让优势为自己所用，并用到极致。

比如他对许褚的重用，他看中的是这个人有能力、会做事，虽然许褚出身山贼，他也毫不在乎，一直让许褚做卫士，所以许褚对曹操忠心耿耿，肝脑涂地。

这个世界上没有完美无缺的人，即使再优秀的人，他都有缺点，有缺点才是正常的，没有缺点那叫反常。一个人最大的缺点就是他没有缺点，那些看似完美的人，却有可能隐藏着极大的隐患。要么此人城府很深，善于伪装，具有欺骗性；要么此人缺乏眼光，没有主见，没有判断力，做事情循规蹈矩，缺乏创新。

既然如此，校长在用人的时候就要关注他人优点，用其所长，不求全责备，不坚持完美无瑕，不必太在意他人的缺点。

如果校长面对教师群体，只注意他们的缺点，对他们缺点斤斤计较，耿耿于怀，对他们只有负面评价和另类眼光，就会使教师产生"负驱动"，他们会在你充满挑剔的眼神下，变得越来越不自信，甚至绝望。

如果校长用欣赏的眼光，尽力发现教师身上的优点，哪怕只看到 5%的优势，就能让教师感受到你浓浓的信任和期望，体验到你真诚的关心和帮助，他们会觉得这样的校长善解人意，慧眼识人，自然就会加倍努力工作，用卓越的工作业绩来回报你。

美国南北战争时，有人告诉林肯总统，说他新任命的总司令格兰特将军嗜酒贪杯，难担大任，林肯却笑着说："如果我知道格兰特将军喜欢喝什么牌子的酒，我就会送若干桶给他，包括他的将军们。"

是不是林肯不知道贪杯可能误事？可以肯定地说，他是知道的，但他更知道格兰特将军有才华，只有他才能运筹帷幄决胜千里。事实上，对格兰特将军的任命使南北战争发生了很大的转折，这就是林肯所说的用人只求其所长，不求其完美。在这一点上，林肯是有教训的，起初他坚持用人也必须没有缺点，结果先后选用的三四位将领都在战场上受挫。

在学校里，有的教师性情耿直，生性话语多，直言快语，不隐藏自己的观点。特别是现在的年轻教师民主意识、参与意识强，价值取向也在发生一些变化，他们对看不惯的，喜欢直陈利害。一些校长便认为这是天大的缺点，不能容忍，不给以信任，有的还挖苦打击，时时处处穿小鞋。

这些老师却往往是教学的一把好手。他们的知识鲜活，充满活力，学生喜欢，教学效果也好。如果校长能够像林肯那样胸怀大度，像曹操那样专注于 5%的优势，对这些教师用其所长、避其所短、善待缺点，他们完全可能发展成为学校的骨干力量。

校长在用人时，不要看他有什么缺点，而首先要看他能做什么。一般地，优点越突出的教师，缺点也就越明显。这不可怕，我们可以设计一个机制，使他的缺点不至于影响工作的正常开展，甚至于把缺点转化成优势。

学校无大将，谁来做先锋

校长的重要职责既在于用人，又在于培养人。如若只注重用人，而不注重培养人，就像只有出水，没有入水，只有出账，没有入账一样。河水总会干涸，财力总会消耗殆尽，人才也总有用完用尽的一天，到那时，又拿什么人来用呢？

校长对人才的培养，对人才而言是一种激励。他们认为校长看得起他，为此产生一种成就感和自豪感；在对人才的培养中，一些琐碎事情交付他们完成，校长自然可以腾出时间和精力，用于谋划大事，着手解决战略、前瞻问题；更重要的是可以使学校的发展、我们的教育事业能够后继有人，不出现断层，不担心"学校无大将，谁来做先锋"的问题。

蜀汉初期，诸葛亮所领导的团队还算是一支人才实力比较雄厚的队伍，有五虎上将关羽、张飞、赵云，还有魏延、王平等人。然而，由于诸葛亮疏于人才的培养，从他开始做蜀国的丞相到五十三岁去世时，没有为蜀国提拔过一员大将，致使人才梯队没有形成，人才出现了严重的断层，到了最后只能是"蜀中无大将，廖化为先锋"。

大家熟知的麦当劳，自 1955 年诞生，到目前为止已经拥有几万家分店，这个奇迹是靠谁创造的呢？自然是人才。人才从何而来？主要是麦当劳公司重视人才的培养。公司有这样一条规定：无论管理人员多么有才华，工作多么出色，如果他没有预先培养好自己的接班人，那么他在公司中的升迁将不会被考虑，这就从根本上保证了麦当劳有充足的后备人才队伍。

某市的一所规模不大的小学，这所学校的校长人品好，会用人，特别是十分重视人才的培养。该校长通过建立激励机制，鼓励教师勤奋敬业，多出成果，不断成长；通过结对子、压担子，加快对年轻教师的培养步伐；通过提供机会让教师多渠道参加进修和培训，不断提升教师的自身素质；通过关心爱护，努力创造条件让教师实现自身价值；通过不失时机、大胆使用，为他们提供干事创业的平台，让他们在锻炼中不断走向成熟和卓越。

这所学校培养出了很多人才，现在全市的中小学校长，有相当一部分都是从这所学校走出来的，有的还担任了市级部门的领导。老校长退休后，他亲手培养的这些同志，都铭记其恩，工作再忙，每年都要抽时间去看望。

在校长队伍中，也确有一些校长，不重视人才的培养，他们对学校中的各方面人才，不重视，不信任，不放手，不提供锻炼的机会，不提供发展的舞台，让学校人才出现断层，青黄不接，无可用之人。

这些校长不注重培养人，说到底是不敢于用人，不善于用人，害怕培养了人，丰满了羽翼，丢了自己的位置。

英国有个政治学家叫帕金森，他在一书中谈了这样的现象："自上而下奉行的是能级递减，一流的找二流的当部属，二流的找三流的做下级，愚蠢的下属效益差，精明的对手往往被拒之门外。"后来，这种病就被取名叫"帕金森病"。

我们的校长，为什么要找比自己差的人呢？为什么不重视人才的培养呢？为什么不敢使用超过自己的人呢？为什么要抱着"武大郎开店"的心态，把凡是高于自己的一律打入冷宫呢？究其实质这还是一种不自信的表现，一种缺乏忧患意识的表现，一种嫉妒心理在作怪的表现，一种不愿意自我加压，不愿意努力提升自己的表现。

人才不是现成的，人才在于后天的培养，人才也不同于其他资源，既不能保存，也不能因保存而增值。"新竹高于旧竹枝，全凭老干为扶持。"校长一定要重视人才的培养，一定要重视人才的梯队建设，一定要不失时机地大胆使用人才。这既是自己的职责和使命，也是一个校长智慧和魅力的体现，更是学校和事业发展的需要。

孟子曾说："得天下英才而育之，乃天下至乐也。"教师最大的幸福，是教出比自己更出色的学生。教出比自己更出色的学生，是教师交给自己的最满意的答卷。那么，校长最大的幸福，就是培养出比自己更出色的下属。培养出比自己更出色的下属，同样是校长交给自己的最满意的答卷。

中国人是比较难管的，教师作为知识分子，管理难度更大。他们常常认为：你我都差不多，你有什么了不起，你凭什么管我？

这个时候，我们可以换一个思维方式，从培养人的角度，去培养他，让教师意识到校长是在培养他。从培养人的角度去管理教师，而不是单纯地去管他，教师就不会过分计较校长的态度，即使校长说得重了一点，他也能够承受；即使校长管得严些，他也能接受。这样既培养了人，造就了人，又让学校人才济济。

校长要始终记住，不需要做最强者，而要让最强者为自己工作；不需要成为英雄，而要成为培养英雄的楷模。

不要让教师炒了鱿鱼

在多种教育体制并存的情况下，教师的正常与非正常流动便成了一种必然，也成了校长的一块心病。

用心血培养出来的年轻教师，正寄希望他为学校发展出力时，却突然提出辞职；昨天还在课堂上上课，第二天便卷起了铺盖卷准备走人；还有一些教师"身在曹营心在汉"，抱着"骑驴找马"的意图暂时栖身，随时有可能拂袖而去。

校长于是傻眼了，过去是校长选教师，现在是教师选校长。当校长不合教师意时，一些教师特别是一些优秀教师，便随时都有可能炒校长的鱿鱼。

说到教师的大量流失，很多校长便一味责怪教师不坚定，见异思迁，好高骛远，把责任全推到教师身上。

为什么有的学校就没有教师的流失？为什么有的学校教师流失得出奇惊人？这难道全是教师的责任吗？

有的校长会说，在物质条件方面我给老师们的都很丰厚，都尽最大努力给予了满足，他们为什么还要弃我而去呢？

让我们看一看下面这则寓言：

有一户人家养了一只小狗，一天小狗突然失踪了。隔了几天，户主的邻居在街上碰到这只小狗，正准备通知这家户主时，小狗却带着忧郁的神情，表示不愿意回到主人的身边。

邻居很是奇怪地问："你走丢了，现在让主人领你回家，你怎么还不愿意呢？"小狗说："我是有意离家出走的。"邻居问其原委，小狗说：

"我在主人家里，一直忠于职守，开始主人很喜欢我，经常摸摸我，拍拍我，到了假日，还带我出去散散步。那种成就感以及被重视的感觉，时时提醒我要为主人服好务。可自从我家主人安了监视器和防盗器后，我便失业了，主人不需要我保护了，我成天无所事事。虽然主人还是给我提供好的食物，但我却实在受不了这种冷落，所以才离家出走。现在哪家需要我为他们做事，哪怕给我提供的食物差点，我都愿意。"

虽是一则寓言故事，却给我们带来了一些思考。一只看门狗，在没有成就感的情况下，纵使衣食无忧，出走也成了他最终的选择。狗都如此，那人呢？

一些校长总以为给教师提供了丰厚的物质条件和待遇，他们就没有什么不满了，也就没有理由炒校长鱿鱼了，但事实并非如此。

物质上的满足不是唯一条件，工作环境的温馨、工作配合的默契、工作状态的发挥、专业成长的实现、职业尊严的体现，在一个学校里能不能有自己的成就感，能不能彰显人生价值，能不能享受到公平与公正，这些才是决定能不能留住教师"心"的关键因素。

有专家研究发现，在以知识型员工为主体的团队中，工资和奖励因素在工作重要性排列中仅列第六位和第八位，而第一位是成就感，其余依次是被赏识、工作本身、责任感和晋升的机会。

很显然，当教师的期望得不到回应，参与感得不到维持，成就感得不到体现，个人的成长和能力得不到发展，自己的工作得不到理解与支持时，即便是物质生活再优渥，也会失去吸引力，也不能买来教师永久性的忠诚，教师离开学校，另觅知音，便是一种必然。

杰克·韦尔奇在总结自己一生领导经验之后，曾说过这样一段很有哲理、耐人寻味的话："在你成为领导以前，成功只同自己的成长有关；当你成为领导之后，成功都同别人的成长有关，只有被领导者成功，领导者才能成功。"

留人要留心，让"心"扎根，这才是治本之策！

慧眼识才，辨其良莠

识人是人才培养和使用的前提。"好马易求，人才难识。"难就难在"画虎画皮难画骨，知人知面难知心"；难就难在诸葛亮所说的"有温良而伪诈者，有外恭而内欺者，有外勇而内怯者，有尽力而不忠者"。

人才难识，更重要的是因为识人是一项主观色彩很浓的活动。这种主观活动，主要受首因效应、近因效应、晕轮效应、定势效应的影响。

首因效应

这一效应是美国心理学家拉琴斯 1959 年提出的，它是指最初接触到的信息所形成的印象，对我们以后的行为活动和评价的影响，也就是我们通常所说的"第一印象"的影响。"第一印象"很具有欺骗性，如果校长识别教师，仅凭第一印象，就会被某些表面现象所蒙蔽。不少校长每年都要去高校选聘教师，如果不对应聘者全面了解，不进行必要的面试，仅凭第一印象来定取舍，那是很不准确的。

近因效应

近因效应与首因效应相反，是指最后接受的信息所形成的印象对人们以后的行为活动和评价的影响，也就是在对人的长期了解中，最近了解的内容往往占优势，掩盖了对他的一贯了解。一般情况下，对陌生人的知觉，常常靠首因效应；而对熟悉的人，则容易对他们的新近表现产生近因效应。

晕轮效应

晕轮效应是指人们对一个人的某种特征形成好与坏的印象后，常常据此推断该人其他方面的特征。也就是依据好与坏的局部印象，像日晕一样，由一个中心点逐步向外扩散、泛化，从而得出整体好或整体坏的印象。

通常所说的"一好遮百丑，一丑掩百好"，便反映的是这种效应。晕轮效应很容易以偏概全，形成一种成见和偏见，对校长全面识别一个教师影响很大。

定势效应

定势效应是指人们用固定的思维模式去分析问题和解决问题。校长有了定势思维，就会在头脑中留下关于某一类人的固定印象，然后带着这种固定印象去识别人、判断人。比如，一些校长习惯性地认为年龄大点的教师，都是守旧的、保守的、缺乏进取和开拓的，年轻的教师，虽有活力，但又都是轻狂、飘浮的，不稳重，嘴上没毛，办事不牢。还有的校长认为性格内向的教师就一定老实听话，性格外向的就一定是风风火火，好惹乱子，难以管理。以这种"定势"看人识人，也容易出现一些偏颇。

要克服这些心理偏见对识人的影响，校长必须坚持做到以下这几方面。

要从本质上识人

"金无足赤，人无完人"，识人，必须从大处着眼，看其本质，观其主流，立足大节，聚焦长处，不能被表面现象所迷惑，不能被细枝末节所纠缠，不能让一点瑕疵掩盖了整块玉，不能因一点黑子而忽视了太阳的光辉。

有一个女教师，出生在城里，从小生活、学习在城里，后来工作也在城里，她竟把麦苗当成韭菜，但是她工作认真，书也教得好，学生们都喜欢她，你能说她不行吗？

要客观地识人

识人不能戴"有色眼镜"，不能带主观色彩，也不能仅凭自己的兴趣、爱好、性格，去断定一个人的优劣，而要从客观出发，坚持理性看待，公正评价。校长特别要把个人的感情抛开去，以整体利益、学校发展为重，不唯亲，不徇私情，从事业的高度去客观地看待每一个人。

要全面地识人

校长要真正识别人才，就要对人进行全方位的了解，既看其德才，又注重其学识；既看其在大是大非面前的态度，又看其在细小事情上的作为与表现，切忌以貌取人、以点代面、以偏概全、以局部代整体。同时还要不唯资历看能力，不唯文凭看水平，不唯职称看称职，不唯过去看发展。

要历史地识人

世上没有常胜将军，智者千虑，必有一失。校长不能因为教职工一时的差错、一时的失误，就将人一棍子打死，而要看教职工过去的一贯表现，改正错误后的现实表现，然后再做出评判，再加以合理地使用。

要发展地识人

世界上的万事万物都是发展变化的，人的成长也是如此，教职工的思想境界、性格情趣、态度作风、学识水平、专业能力，都会随着时间的变化、环境的影响、自身的努力而不断变化。

校长在识别教职工时，要有耐心，要眼光长远，要从发展中去把握，从动态中去考察。有语云："路途知马力，日久见人心。"白居易也说："试玉要烧三日满，辨才需得七年期。"只有用发展的眼光去识人，才不会伤害他们，打击他们的积极性，才不会限制人才的发展和埋没人才。

教职工队伍中，怪才者有之，个性偏激者有之，爱提意见有之，甚至喜欢搞点小动作的人也有之。只要我们坚持从本质上识人、客观地识人、全面地识人、历史地识人、发展地识人，就能够有一种包容的心态，就能够用好每一个人，人尽其才，才尽其用，唯才是举，充分发挥每一个人的作用。

是"报时",还是"造钟"?

在学校中,存在着两种类型的校长:

一类是"报时型"。整个团队都不知道几点了,校长掌握着时间,只有校长他自己最清楚,老师们要知道时间,只好一个个跑去问校长,校长便不厌其烦地一一告诉他们具体时间,给大家报时似乎便成了校长的主要职责。校长如果天天都在学校,那倒好办,有可以询问的对象,学校一切趋于正常。如果校长不在了,大家不知道几点了,也不知道做什么,学校就陷入一片混乱。

另一类是"造钟型"。校长不把精力放在报时上,而是集中精力造一台钟,这台钟放在学校高处,不管校长在不在学校,教职工一看就知道时间,就知道自己该做什么,也知道该怎样去做。

"这台钟"实际上指的是学校制度的架构与建设。

我经常在思考什么是管理。管理就是维护工作中的秩序,就是力求将混乱无序的状态整合成一条清晰的线索,并努力保持连续性、完整性以及逻辑性,最终实现工作目标。

管理其实并不复杂,我认为就是通过一个正确的思考方式,找出问题的关键点,然后建立有效的规章制度,将管理的目标引向一种"秩序"。也就是通过建立"一台钟",让人们树立"规则意识",并按套路出牌。

古人云:"人之三智,小智治事,中智用人,大智立法。"这里的"立法"同样说的是制度的架构与建设。

管理要靠制度,发展要靠群力。人管人,既管不住,又累死人,还得罪人。校长用制度说话永远比依靠个人的发号施令更有力度、更有效率。

　　校长管理学校有了制度，就好比学校有了一台悬于制高点的大钟，人人都看得清时间，人人都知晓时间。在通常情况下，用不着校长去管，去发号施令，有制度管着，大家都知道怎样做，也知道不这样做的后果。只有那些超出制度框架之外的，校长不管就没有人管，校长才需要亲自上阵。

　　哈佛大学校长陆登庭曾说过这样一句话："哈佛的成功主要是形成了一种明确的办学理念，一套系统的规章和机制，所以现在即使没有校长，哈佛也可以照常运转。"

　　我所接触的一些名校长，大多时间都在外面做报告、讲学，或者参加一些学术活动，但是学校却运转有序，教育教学正常推进，教职工人人自觉，把自己的工作干得扎扎实实，真正做到了有校长在和没有校长在一个样。我以为，这些校长的管理智慧就在于重视制度建设，把报时的"大钟"造好了。

　　校长从事管理，需要投入最大的精力和心血，尽可能制定和完善一套科学合理的学校管理制度，使学校及教职工在制度的规范下运行。也就是造一台钟，让学校在制度的框架下，自主自发，自动运行。

　　就校长而言，哪怕是有缺陷的制度，也比没有制度好得多，就像有一台大钟虽然走时不很准确，但总比没有好。

　　当一所学校离开校长就转不动的时候，校长应该反思：所造的这台钟是不是出了问题？也就是保障学校自动运行的制度是不是不够完善？是不是需要及时做出调整？

好的管理来自好的制度

制度是借以规范人的行为并由此建立符合管理者意志的一种秩序。一项好的制度应该深受大家拥护，应该惠及每个人，它不仅符合校长的意志，也符合包括教职工在内的被管理者的意志和利益。相反，一项不好的制度总会带来怨气、牢骚和不快。

好的制度应该具有人情味

"法治"应该是社会发展的必然趋势和方向，"情治"无疑是国家和社会治理的应有之义。法治是"冷"的，而"情治"是"热"的。社会需要"冷热适度"，才会生机勃勃，充满活力；人需要"冷热适度"，才会和谐相生，温润健康。

制度作为"法制"的体现，不仅是生硬的条款，冰冷的面孔。制度应彰显"情治"的精髓，体现人文精神，做到人文优于制度。

有人说过这样一句话："没有规则的约束，这个世界将变得不可想象，我们需要规则，但我们需要的是善良正直的规则，是以人为本的规则。"

摩托罗拉公司有一个关于制度建设的故事：

在东亚，摩托罗拉公司员工每月享有 2000 美元的住房津贴。公司制度规定：津贴必须用于租房。公司的用意是希望员工住房条件能够得到改善，员工都能住得好一点，过得舒服一点。然而，有一天，公司有急事要找一位高级工程师，却发现他住在远郊的一个工棚里，他用节省下来的住房津贴接济他的弟弟上大学。公司的第一反应，就是解雇他，因

132

为他违反了公司的制度。你能说这位高级工程师把钱用错了吗？你用公司的制度去解雇他，得人心吗？最后，摩托罗拉还是修改了制度而留下了这位工程师。

有一所学校规定，教职工上下班必须按时打卡，不然就算旷工。有的教职工孩子生了病，无人照顾，或者要去看医生，为了不算旷工，他们先赶到学校打卡，然后再回家照顾孩子。有的教职工下午没有课了，在家里办点事，快到下班时还要急匆匆赶到学校去打卡，不然就是旷工，要受到相应的惩罚。一到上下班时间，打卡办公室门口和走廊里便排起了长队，教职工怨声四起。

学校的制度加剧了制度和人文的矛盾，人们不禁要问：制度到底是干什么的，学校为什么要制定一些不近人情的规章制度？

好的制度应该体现公平公正

校长对制度的设计必须本着公正、公平的心态，不偏向某些方面，也不成为个别利益集团的代言人，不然，制度就失去了应有的效用和目的。

假设三个人分一块金币，如果由第一个人既切金币又先挑金币，这样的制度绝对做不到公正。如果在制度的设计上，规定切金币的人后挑，没有切金币的两个人先挑，切金币的人就会想方设法，尽量切得平均，不然，吃亏的是自己。没有权利切金币的两个人，有权利先挑金币，这就从制度上保证了公平公正。

校长制定的有些制度看似公平公正，但是没有针对不同情况，没有因人而异，这同样会出现不公平公正的问题。

某学校制定的评优、评先、晋级制度，每学期都从教师的出勤、工作量、教学效果、发表文章等方面来量化打分，其结果作为评优、评先、晋级的依据。这一制度，乍一看来，运用量化考核的办法，非常公平公正。

但是学校老教师，过去为学校发展做出了贡献，功不可没，可上了年龄后，家庭负担重，身体状况又不大好，肯定在出勤方面没法同年轻人比；学校考虑老教师精力、体力原因，工作安排得要轻一些，工作量这一项同样没法同年轻教师比；在教学成绩、发表文章、教学大赛、教学研究方面，则更无法与年轻教师一比高下。

每学期考核下来，年龄大点的教师，哪怕再努力，分数都在后面，评优、评先、晋级便与他们无任何缘分。老教师只能认为自己是老而无用，再怎么拼也赶不上，于是抱着混日子的心理，盼着早点退休算了。

这样的制度看似公平公正，然而对老教师就显得不公平公正。学校在设计制度时，按年龄分老、中、青三组，按各组人数所占的比例分配指标，为了推动工作，可向中、青年教师适当倾斜一下，这样不同年龄有不同的工作目标，有不同的量化指标。这样的制度，既能体现对所有教职工的公平公正，又能充分调动包括老教师在内的所有教职工的积极性，同时能充分发挥老教师的传、帮、带作用，让他们哪怕在退休的头一天都能自觉地站好最后一班岗。

好的制度应该与自身利益相关

学校大办公室里安了暖气，进出的人常常忘记关门，办公室里没有一点暖的感觉，坐在门口的人为此抱怨不已。校长于是叫人制作了一块提示牌："为了大家的温暖，进出必须关门。"牌子一贴出后，虽然有所改变，但效果不明显。后来校长将提示语改成："为了你我的温暖，请随手关门。"从此，进出办公室的人都能做到随手关门。

这就是人性的特点，对与自身利益相关的，大家更关心，更容易接受。校长在制定制度时，一定要懂得这个道理，一定不能过高估计人的觉悟。

好的制度应该从最坏处着想

制度史上有一个"无赖原则"，它是英国著名学者大卫·休谟提出的，其核心意义是，制度的设计，要从最坏处着手，要假设每个人都是"无赖"。

校长在制定制度时，一定要懂得这个道理。制度的设计，必须要从最坏处着想，要假设每一个人都是"无赖"，或者每一个人都是"坏人"，一定不能高估人的觉悟。

只有针对假设中的"无赖"或者"坏人"，去制定出相应的制度，才有制度的全面性和制约性，才能遏制人性的弱点，有效控制人的不当行为。不然所制定的制度要么漏洞百出、挂一漏万，要么缺乏制约，不痛不痒。

好的制度应该能够兑现落实

制度不是凑数，不是摆设，定下的制度一定要按制度办，用制度说话，兑现落实制度，这样才能取信于大家，维护制度的严肃性，体现制度的权威性。"有制度不执行，比没有制度危害更大。"300 多年前，英国哲人培根的话至今发人深省。如果定下的制度与实际情况反差大，落实起来有难度，自己也没有太大的把握，那么宁缺毋滥，就干脆不要定。否则，只会让校长没面子，降低管理的信度。

有一所农村中学，大大小小制度几百个，汇编成册厚厚的一大摞，但是很多制度是为了制度而制度，根本执行不下去。比如规定年轻老师不能在寝室里耍朋友。如果有年轻老师在寝室里处对象，校长难道还要把门撬开去看不成？更何况年轻老师耍朋友、处对象，不在寝室里，非要跑到荒郊野外去？你说这样的制度能落实吗？由于这些制度纯属闭门造车，不接地气，制度尽管很多，差不多都形同虚设，大家眼中根本没有制度，因此也影响到校长的威望，大家眼里也没有了校长。以至于到后来，校长在这所学校竟待不下去了。

好的制度必须彰显法治精神

一个窃贼去偷一家商店的保险柜，他来到保险柜前，看到了一张纸条，上面写着："请不要用炸药，保险柜没有锁，只要转动柜门把手就行了。"

窃贼心花怒放，心想这多简单。于是他按照纸条的提示，转动柜门把手，突然一个重沙袋砸在他的身上，并且警铃大作，他被警察抓了个正着。

当警察押解他上警车的时候，他还在自言自语："我对人性的信任彻底动摇了。"

窃贼固然有罪，但是对于这样的制度，我们应该仅求诸己，它道德吗？它符合法治精神吗？它是一个好的制度吗？

那么学校制定制度时，就应该以此为鉴，好好审视一下我们的制度，符不符合道德的水准，是否体现法治的精神。如果我们的制度本身就违背了道德和法律，甚至扭曲了人性，这样的制度肯定是有问题的，应该摒弃！

人人有责任，个个没责任

在"动物世界"里，常常看到这样的画面：

在一望无际的非洲大草原上，三只瘦弱小狗正与一只高大的斑马进行一场生死搏斗。

按人们的想象，三只小狗很难是大斑马的对手，但接下来的事实是：一只小狗死死咬住斑马的尾巴，任凭斑马的尾巴怎样甩动，小狗硬是不放；一只小狗咬住斑马的耳朵，斑马无论怎样摇头，小狗就是不松口；另一只小狗咬住斑马的一条腿，斑马又弹又踢，小狗就越咬越紧。

不一会儿，斑马便被三只小狗折腾得体力不支，瘫倒在地。

尽管面对的是庞然大物，但小狗分工具体，责任明确，忠于职守，尽职尽责，最后让斑马成了它们共享的美味。

唐僧领导的团队，唐僧揽总，悟空探路，八戒打杂，沙僧挑担，责任清清楚楚，分工明明白白，尽管一路经历了不少波折，但最终还是取到了真经。

《红楼梦》中的王熙凤管理宁府，针对存在的诸多问题，她进行严格分工，落实岗位责任制，谁管倒茶，谁管做饭，谁管花园，谁管打扫卫生，谁管照看门户，样样分派得清清楚楚。由于责任明确，人人有事可做，宁府管理得很有秩序。

在学校内部，校长的一个重要职能就是明确分工，落实责任。

只有每个人都有明确的岗位职责，只有每项工作都能做到责任到人，大家才有责任感和主人翁意识，工作中才能分工负责，各司其职，各尽其责，就不会出现推诿、扯皮、踢皮球的现象，才能避免工作无秩序，无所适从，难于把握，人浮于事的情况。

　　有一则笑话，说的是乌鸦两兄弟同住一巢，有一天巢破了一个洞，大乌鸦想：老二会去修的。小乌鸦想：老大会去修的。结果谁也没去修，洞越来越大了。大乌鸦这时想：这下老二一定会去修了，这样的巢，它还能住吗？小乌鸦也这样想：老大肯定要去修，这样的巢，它还能住吗？结果谁也没去修。一直到了冬天，西北风呼呼地刮着，大雪纷纷飘落，兄弟俩蜷缩在巢里。老大想：这么冷的天，老二一定会去修的。老二也想：这么冷的天，老大会去修的。结果风越吹越大，雪越下越大，两只乌鸦被冻僵了。

　　这种现象在学校中同样存在，很多时候，由于责任没有界定，好像大家都有责任，其实最后等于大家都没责任。

　　如果把学校比作一只表，每一个部件都有明确的岗位职责，都不能缺少，不可替代。如果你不给他们明确，游丝认为自己当无名英雄，太苦、太累、太窝囊，觉得秒针在前台露脸儿，多长脸，突然心血来潮，跑到表盘上去代替秒针，而让秒针干它的活儿，这块表显然就报废了。

　　你的学校如果没有一个责任分工，那么它迟早也要报废。

　　一些校长也认识到了这点，在安排工作时，经常要求要落实责任。但只说说不够，还必须将责任分解细化，将责任落实到每个人头上，做到责任到边，任务到人。学校班子成员，各职能部门，每一个教职工都要有明晰的职责，并建立责任追究制。

　　校长有责任，其他的人就没责任。聪明的校长总会加强大家的责任，愚蠢的校长才会把责任往自己身上扛。

　　一所规模不大的学校，学校人手紧，职员少。麻雀虽小，五脏俱全。学校虽小，杂七杂八的事情很多，仅靠几位职员，显然干不了。新任校长在对教职工正常分工的基础上，又将环境卫生、校园绿化、图书管理、水电维修、网络维护、办公室资料处理、文件收发等事务进行细分，让每位教职工根据自己的特长自选一项工作进行管理。

　　"每人管理一项工作"，事务共同承担，分工负责，责任明确，充分发挥了每个教职工的作用，促进了学校整体工作的全面推进。

管理得少，管理得好

作为校长，你是否遇到过下面的这些困惑：

为什么成天叫苦不迭，真是忙啊，忙啊，太忙啊？

为什么教职工缺乏工作应有的积极性和主动性？

为什么自己忙得不可开交，手下的人还说风凉话？

为什么自己累得不行，手下的人却袖手旁观？

为什么自己有做不完的事，手下的人却闲得一身轻？

为什么"强将手下尽弱兵"？

如果这些问题一直困扰着你，你就应该加以反思。

反思一：是不是通过他人完成任务？

管理，就是通过他人完成任务。校长的管理不是仅局限于自己如何做事的问题，而是如何让他人做事的艺术。一个人的能力、精力和体力是有限的，校长必须学会调动别人去干，去完成任务。如果下属不努力，只知道自己去努力，那么自己干得越多越不合格，手下的人越不买账。有 100 件事情，自己埋头去做，那只能叫勤劳。而自己一件也不做，让手下的人全做了，回过头来还要感激你对他的信任，这就是一种领导艺术。

反思二：是不是只做自己该做的事情？

在现代社会里，校长的压力大、责任重，各项工作千头万绪，极为烦杂。如果学校的一切事务都要由校长来过问、插手和处理，纵使三头六臂，也会难以应付。校长如果要硬撑着而为之，那只能被一些具体事务、被那些不关痛痒的小事牵扯过多的精力，这样既不利于校长集中精力抓大事、谋全局，又不利于学校的发展，还不利于校长自身的健康，同时费力不讨好，束缚下属手脚，制约了他们主观能动性的发挥。

这样的校长，就像孔明一样，自己勤劳，对其他任何人都信不过，所有的事情都要自己处理才放心，就连处罚士兵 20 军棍这种小事都要亲自定夺，最后劳累过度，英年早逝，给蜀国带来了致命的打击。

哲学上有个很有名的"奥康剃刀"，讲的是公元 14 世纪，英国奥康人威廉主张对哲学界那些无用的"累赘"，应无情剃除。校长做事应该坚持"要事第一"，只做自己该做的事，只做关键的事，只做那些具有战略意义的事，只做提升效率的事，只做例外的事，不做例行的事，只关注异常的事，不关注正常的事，对那些小事、杂事、日常事，用制度可以解决的事，应该无情地剪掉、剃除。

反思三：是不是给下属留了个缺口？

在一次管理培训报告会上，一位听众问管理大师："你以为在管理上要取得成功，最重要的是什么？"管理大师没有直接回答，只见他拿起粉笔转过身去，在黑板上画了个圈，只是没有画圆，留了一个缺口。然后他反问道："你们说这是什么？"下面七嘴八舌，有的说是"零"，有的说是"圈"，有的说是"未完成的事业"，有的说是"正在走向成功"。管理大师最后说："其实，这是一个未画完整的圆，管理要取得圆满，就一定要留个缺口，让下属去把它填满。"

留个缺口，不圆胜圆，不满胜满。它是一种管理策略，一种管理智慧，一种独具匠心的管理行为。

校长在管理上不一竿子插到底，不包揽一切，不事无巨细，给班子其他成员留下"缺口"，他们就不会"坐山观虎""亦步亦趋"，而是集结他们的聪明才智，为学校管理献计献策，为学校发展群策群力，从而形成学校管理合力；给教职工留下"缺口"，便给教职工创造性地开展工作预留了空间，让他们在工作上更具有主动性，更能调动他们的积极性。比如，优秀传统文化进班级，校长只需提出宏观要求，其余的便留给教师去"填补"，这样，教师就会结合自身的实际情况，开展丰富多彩的班级传统文化教育活动，并凸现班级特色，凝结班级文化。

反思四：是不是有效授权？

校长只做自己该做的事情，要学会通过他人完成工作，要给下属留个"缺口"，这都涉及一个授权的问题。

一名智慧校长不仅要懂得授权，还要舍得授权，更要善于授权。

首先，要体现授权就是信任。权力一旦授出，校长就不要过多干预，要放手并鼓励他们在授权范围内大胆工作；就不要杞人忧天，疑心太重，甚至听信流言蜚语，要本着"既授之，则信之，则用之"的原则；就不要大惊小怪，要有一颗包容的心，对工作上的失误，能够面对和接受，并帮助总结教训。

其次，要授权不授责。授权并不意味着放弃自己的职责，无论权力授到何种程度，有一点肯定的是，校长的责任始终是无法授出的。相反，授权意味着责任的加大，不仅对自己，更重要的是要对下属的工作绩效负起责任。

日本著名企业家士光敏夫说："要告诉他，别怕什么失败，充分行使自己的职能吧！全部的责任我来负。"我们的校长如果有这种精神和勇气，则更能赢得下属的支持、信任和追随，终将给学校带来巨大的、持久的效能。

再次，要做好授权的监控。对授权的监控，前面已经谈到。的确，授权重要，做好授权的监控更重要。仅有授权而不实施监督和控制，便会放纵权力，带来很大的麻烦，没有控制和监督的授权，便是一种失职、一种弃权。既授得出，又放得开，还收得拢，是授权的至高境界。

第六章

达成绩效的校长沟通力

沟通作为一门科学、一门艺术，具有强大的生命力。

著名人际关系学大师戴尔·卡耐基曾经说过："现在的成功人士，有80%以上是靠沟通力打天下的。"

管理大师彼得·德鲁克曾也说过："你的效能取决于你通过语言和文字与他人交流的能力。"

美国石油大王洛克菲勒曾说："假如人际沟通能力也是同糖或者咖啡一样的商品的话，我愿意付出比太阳底下任何东西都珍贵的价格来购买这种能力。"

在现代快节奏的职场中，沟通力，将决定一个人在工作中的成功和失败。

校长要领导好一所学校，就离不开有效的沟通，有效的沟通是校长实现有效的管理，成功构建幸福和谐校园的重要途径。

李商隐的著名诗句"身无彩凤双飞翼，心有灵犀一点通"，要达到彼此的"心有灵犀"的感觉，校长就必须在沟通方法和艺术性上作出探索，就必须在沟通力的提升上作出努力。

"没有难以沟通的教师，只有不善于沟通的校长"，对于一个有沟通力的校长，只要掌握了一定的沟通方法和艺术，沟通便不会受到任何客观条件的限制。

检验校长的沟通力，除了"心有灵犀"的感觉之外，最直接的就是看教师是不是愿意做他们本来并不想做的事，是不是渐渐喜欢做他们本来并不想做的事。

梅花香自沟通来

《圣经》上有这么一个故事：

人类的祖先最初使用的是同一种语言，他们在底格里斯河和幼发拉底河之间发现了一块肥沃的土地，于是就在那里定居下来，造就了繁华的巴比伦城。后来日子越过越好，他们便决定修建一座通天的高塔，来传颂自己的威名，并作为集合全天下弟兄的标记。

由于大家语言相通，同心协力，通天塔建造得非常顺利，不几天便高耸入云。

上帝得知此事，下凡一看，又惊又怒。吃惊的是，人类有了共同的语言，就能建起通天的巨塔，日后还有什么办不成的事呢？怒的是凡人建的塔怎能直接通天，达到自己的高度，岂不是目无上帝吗？

在这样的情况下，上帝下令让人世间的语言发生混乱，互不相通。这之后，人们操起各自不同的语言，感情无法交流，思想很难统一，通天塔终因语言的不通而半途而废。

这就是沟通的力量，连上帝也为之担惊受怕。

大家都知道盲人摸象的故事，几个盲人摸一头大象，一个盲人摸到了象的耳朵，说大象像蒲扇，另一个盲人摸到了象的尾巴，说大象像绳索，还有一个人摸到了象的腿部，说大象像柱子。把他们摸到的象综合一下，进行相应的沟通，就无限接近一头完整的真实的大象了，但是由于缺乏沟通，盲人在那里纠缠不休，争执不下。

一位学者给土著人上课，他西装革履以体现对听课者的尊重，而土著人按照当地的风俗，对学者施以最高礼节，个个都赤身裸体，前去听课。第二天，学者为了入乡随俗，除用树叶遮住私部外，便裸着身子去上课，而听课的土著人却全部西装革履。

之所以出现这种情况，仍然是因为缺乏必要的沟通。

两头驴，在一起吃草，黑驴问花驴："喂！你吃的草是什么味道？"花驴道："草莓味！"黑驴靠过来吃了一口，然后愤怒地吼道："你个骗子！"花驴说："我说的是：草、没、味。"你看，沟通不到位，一切都是白费！

什么是沟通？沟通就是我们通常所说的信息交流，是为了一个既定的目标，把自己的思想、观点、感情、信念、意见、愿望在个人或者群体之间传递，从而达成共同协议的过程。

沟通无处不在，无论是在工作中，还是在生活中。在保罗·瓦拉茨维克看来："没有沟通是不可能的，因为即使是沉默也附带着一种信息。"

沟通的作用很大，沟通可以加深了解，消除误会；沟通可以统一思想，理顺关系；沟通可以达成共识，增进友谊。

没有沟通就没有理解，就没有信任，就会造成误会，发生矛盾，甚至大动干戈，发生战争。大到国家之间，小到家庭之间都是如此。

人人都需要沟通，作为学校之首的校长更需要沟通。因为校长最重要的工作就是协调一切关系，调动所有教职工的积极性，引导并带领教职工完成各项工作，以实现既定目标。因此，沟通是校长工作的基础，是实施有效领导的前提。

美国著名管理学家巴纳德说："管理者的最基本功能是维系一个畅通的沟通渠道。"松下幸之助有句名言："管理过去是沟通，现在是沟通，未来还是沟通。"

关于沟通，流行着两个70%的说法。第一个是说管理者要把70%的时间用在沟通上。第二个是说任何团体、单位或者部门，70%的问题都是由于沟通不畅引起的。这两种说法都指向一点，管理者的沟通很重要。

沟通是搭建在人们心灵与心灵之间的彩虹桥。校长作为学校的管理者和领导者，沟通在其工作中的地位当然越来越重要。校长必须学会沟通，善于沟通，必须在管理中加强沟通。其实，就即使做一个普通的员工，当一个普通的教师，也需要沟通，更需要支出许多的时间去沟通。沟通对于我们每一个人来说，都是一种非常重要的生活与工作的技能。一个人即使具备丰富的专业知识，如果缺乏沟通，会给自己带来许多意想不到的困难。

一个好的校长，必须是一个好的沟通者。"梅花香自沟通来"。校长富有技巧和智慧的沟通，会让人们像被和煦的春风吹拂过一样，倍感温馨与温暖。

沟通力彰显校长魅力

校长随时随地都要和很多人打交道，无时无刻不存在沟通问题。

校长要与上级沟通，让你的办学理念得到认同，工作业绩得到肯定，发展困难得到支持，存在问题得到理解，从而使学校有更大的发展空间，更快的发展速度。

校长要与教职工沟通，尊重他们的意见，拉近同他们的距离，消除彼此间的误会，达成一种默契，形成一种共识，凝聚大家的力量。

校长要与学生沟通，走进他们的内心世界，知道他们想什么，需要什么，掌握他们的心理状态和他们的学习动态。

校长要与家长沟通，倾听他们的意见和建议，赢得家长对学校工作的信任和支持。

校长要与社会沟通，向社会宣传学校，尽可能争取更多的教育资源，求得社会的大力理解，树立学校良好的公共形象，扩大教育的社会影响，优化教书育人的外部环境。

校长的管理就是沟通、沟通、再沟通。沟通在校长的管理中具有以下重要作用。

沟通是校长实现科学决策的前提条件

在学校的发展过程中，许多的事情需要决策，而任何一项决策都需要沟通，都是在沟通中产生的，这种沟通包括内部的和外部的。其沟通的好坏，决定着对各种信息的准确、完整、及时地掌握，也决定着所做出的决策是否科学。校长的有些决策不能科学做出，原因不是出于决策者本身，而是出于沟通的欠缺和不及时、不畅通。

沟通是校长改善人际关系的必要手段

校长有效、及时的沟通可以增进校长与教职工之间、校长与班子成员之间、班子成员与班子成员之间、教职工与教职工之间、学校部门与部门之间、学校与家长之间、学校与社会之间的相互了解和信任，可以联络感情、消除误会，可以保持和谐的上下级关系，可以建立良好的人际关系，可以增强团队的凝聚力，提高班子的战斗力，还可以为学校发展构建温馨的家校关系，营建宽松的社会环境。相反，如果缺乏有效的沟通，相互之间得不到信任，就会使学校气氛处于一种压抑的状态，将学校置于各种紧张的人际关系的氛围中。

沟通是校长提高工作效能的有效途径

学校作为一个特殊的组织，教职员工多，业务性强，工作任务也很繁重，因此而带来的各种利害冲突，产生的不同意见分歧，诱发的形形色色的矛盾和摩擦肯定在所难免。只有校长注重沟通，才能消除这些弊端，增进组织的效能。

同时校长通过建立四通八达、自由交流的沟通网络，可以改变文山会海、拖拉、官僚主义等作风，从而提高办事效率。

再者借助沟通平台，大家可以相互讨论，共同探讨，往往会不经意间迸发出创意的火花，闪现出解决问题的最佳办法。

沟通是校长激励教职员工最廉价的方式

教职员工全身心投入工作，忘我奉献，其动机不仅是养家糊口，不仅是为了津贴和奖金，他们希望能积极参与学校的发展，希望能满足自我实现的需求。校长的有效沟通，可以使教职员工的参与感和心理需要得到满足，让他们觉得自己是学校中的一员，是学校发展的主人，可以激发他们的工作热情，充分调动其工作积极性和创造性。

沟通是校长争取支持、赢得人心的重要基础

"一个篱笆三个桩，一个好汉三个帮。"再能干的校长，没有教职员工的

鼎力支持，倾力相助，校长的工作往往举步维艰，学校的发展便无从谈起。

有研究表明，成功的领导，下属的支持率必须高于70%，小于60%就很危险，低于50%就是不合格。校长要赢得人心，博得大家的理解支持，就必须着眼于沟通，不断沟通。

有这样一则案例。

一中学新来了一名大学生，工作一段时间后，校长发现他总是独来独往，成天愁眉苦脸，不苟言笑，不愿与学校其他老师接触，同事们也有意疏远他。校长凭直觉判断这位大学生心里一定有什么难言之隐。

于是，校长对他特别注意，每天都要挤时间去接触他，并嘘寒问暖，了解工作、生活情况。时间一长，这位大学生便向校长谈了自己的苦衷："我热爱教师这个职业，但女友却坚决反对，当我决定当教师后，女友便抛弃了我，我很爱她，痛苦得不能自拔。"

校长听后，语重心长地对他说："人各有志，既然你选择了教师，女友不能理解，志不同，道不合，有什么值得痛苦的？当然，失恋对你固然是个打击，但一切可以从头开始呀！难道你要一辈子躺在阴影里，不想办法走出来吗？你可以不善待自己，但你的同事没有错，你应该接近他们，善待他们，为什么要把你的不快带给别人呢？"

经过校长一番动情的开解，那位大学生终于从失恋的深渊中走了出来，开始以崭新的精神面貌投入到工作中，和同事们也能友好相处。

没有校长的及时沟通，新来的大学生可能由此走向萎靡不振，进而影响工作，影响自己的人生前程；没有校长循循善诱、入情入理的沟通，这名大学生不可能一下子就抛弃痛苦，面对现实。这就是校长沟通力的作用与价值。

管理者应该具备多种能力，但最基本的能力是有效沟通。有效的沟通力，既是校长能力中不可缺少的重要能力，又是校长综合素质、综合能力的体现；既是校长领导力和影响力的推动剂，又是校长具有强大的凝聚力和向心力的催化剂；既是校长与学校内部融洽相处，同心奋斗的无形纽带，又是校长不可替代的重要资本。

让自己拥有有效的沟通能力，应该成为校长提升自己管理水平的必修课。

主动沟通天地宽

在现实的沟通中，往往存在着这样的情况：

教职员工同中国大多数人的心理一样，对校长心存一种防范、畏惧与胆怯心理。他们遇事绕三分，见人躲着走，不愿接近，更不敢同校长交流。

而校长的心理是，认为自己是学校的一校之长，教职工就应该主动与我沟通。你不来找我，我就不去找你。如果教职工不来沟通，反而让我当校长的主动找上门去，岂不掉价？岂不失了校长身份？哪有拐棍倒拄的道理？

于是乎，校长与教职工的距离有可能越来越远，隔阂有可能越来越深，因缺乏一些沟通所产生的误会有可能越来越大。

其实，校长在这个时候就应该有个高姿态。你既然已坐到了校长的位置上，教职工都是你的兵，都是你的追随者，还是你办学思想的践行者。山不过来，我可以过去。你为什么不能主动与教职工接近，主动同他们沟通呢？

主动沟通天地宽。校长主动与教职工沟通，表明对他们的尊重与信任，用真心换来真情，用真言赢得真诚，有可能一下子就消除了他们的惧怕与不安，一下子就疏解了同你的对立情绪，一下子就激发了他的工作热情，死心塌地地为你工作，用出色的工作业绩向你做出回报。

校长主动与教职工沟通，就要放下架子，不要以校长自居，让人们总感到校长高高在上。

校长主动与教职工沟通，就不要总是坐在办公室里，要主动起身，离开办公室，到教职工中同他们交流，甚至把办公室搬到教职工中去，创造一个更加透明、更加开放的沟通空间和环境。

在这方面，许多管理大师给我们做了很好的表率。英特尔的老总为了与下属沟通，特意为自己安排了两张桌子，一张摆在总裁的办公室里，另外一张摆在外面，与员工的办公区在一起，员工有什么问题，可以随时找他进行沟通。

沃尔玛的创始人山姆·沃尔顿，从不坐在办公室发号施令，而是走出来和员工直接交流、沟通，并及时处理有关问题，实行"走动式管理"。

校长到现场与教职工沟通，更能听到一线的声音，了解到真实的情况，捕捉到各种有用的信息，这为校长进行科学决策、高效管理无形中打开了一扇窗户。

校长主动与大家沟通，除主动到工作一线去外，还需要校长创造一种更容易达成沟通目标的氛围，采用一些更能够易于实现有效沟通的方式。比如和沟通对象一起进餐，一起郊游，一起散步，一起打球，一起喝咖啡。在这种气氛融洽，非常轻松，也很放松的状态下沟通，更能走进对方的心理，更能找到切入点，也更能达成默契。

在一所学校里，总有个别难缠的人，这种难缠的人往往表现出来的是那种蛮不讲理，不可理喻。有的校长对其他教职工倒还能主动接近、主动沟通，而对这种难缠的人却往往避之唯恐不及，不说沟通，连交道都不愿与这种人打。长此以往，这种人不仅难缠，还完全有可能发展成你的对立面，甚至与你产生敌对行为。

卡莱尔说过："伟人在对待小人物的行为时，显示其伟大。"

如果你只是采集蜂蜜，那就别踢翻蜂巢。所以，校长越是遇到这样难缠的人，越要有一颗宽容的心，越要跨越沟通障碍，越要想办法走进对方的心里去，越要同他在友好善意的沟通中保持良好的关系，越要打破同这样难缠的人相处难的局面。

其实，一个单位、一所学校，有这样难缠的人，并不是坏事。就像一个班有问题学生一样，我们可以把他作为研究对象，在研究与实践中，可以提升我们的工作水平。

善疏则通，能导则安。校长不能把自己看成是一个管理者，而要把自己看成是一个"沟通者"，并且还要养成主动与人沟通的好习惯，主动走到教职工中去，主动走到学生中去，在与师生沟通上下功夫、花力气、做文章。

沟通从"心"开始

有这样一则心灵故事：

一把沉重的铁锁拷在大门上。有人拿一根松铁棒去敲它，不管怎么用力，都打不开。

这时来了一个人，掏出一把小钥匙，往锁孔一插，锁一下子就开了。

等人们走了，铁棒疑惑不解地问小钥匙："你怎么就不费力气地打开了呢？"

小钥匙回答："因为我撞它的心，并直接攻它的心。"

管理不仅是人的管理，而是心的管理。

沟通不仅是简单的信息交流，也不仅是普通意义上的协商对话，更不是那种机械式程序化的交换意见，而是心与心交融互动的过程，是情感、思想的交流碰撞。

沟通要达到最高境界，校长就必须从"心"上做出努力。

用诚心"打开心窗说亮话"

沟通是平等的交流，是心与心的交流，是情感与情感的交流，而不是职位的交流。

心诚则灵，在沟通的时候，校长要开诚布公，坦坦荡荡，推心置腹，倾心相交，言尽心至。而不是虚与委蛇，虚情假意，躲躲闪闪，遮遮掩掩，心存戒备，口是心非。

校长有一颗诚挚的心，将看法和想法和盘托出，对方就会心悦诚服，心领神会。哪怕不用过多的语言去交流，你的一个手势、一个微笑、一个眼神，都可以达到很好的沟通效果。

校长有诚心，用一种朋友的身份平等地去和教师沟通，即使是平时教师不敢说、不能说、不便说的话，总能找到恰当的沟通方式和机缘。

校长如果心不诚，带有一种欺骗和应付的态度，哪怕你再花言巧语，都不可能打动对方。而且一旦你的花言巧语被识穿，更会使你威信扫地。

我以为，校长沟通不单是一个量的概念，不在于校长开了多少次会，谈了多少次话，发了多少封电子邮件，更重要的是，沟通是一个质的概念，关键看校长与教职工之间进行的沟通用没用心，是不是诚心。

靠知心"心有灵犀一点通"

沟通仅有校长的心诚是不行的，校长还要能够"知心"，也就是要学会揣摩对方的心理，读懂对方的内心，了解其所思所想，掌握他们的情绪变化。

沟通之难，难就难在不易进入对方的内心世界，难以掌握他人的真实想法，也难以在内心深处产生共鸣。

人的心理十分微妙，即使同样的一句话也会因对方的情绪变化而得到不同的反映和态度。

在沟通中，知晓对方的心理，尤为重要。知晓对方心理，就能够有针对性地与其交流，教职工就会很容易向你敞开心扉，就会对你无话不说，就会把你当成朋友向你倾诉，就不会对你有任何防范，你的看法、观点也就能得到他的认同与支持。

要知晓对方的心理，校长一方面要留意观察，从言语间察其动静，从眉宇间洞其神态，从举止间辨其风向。

另一方面要学会换位思考，将心比心，以心换心，设身处地地站到对方的立场，把自己的内心世界与对方联系起来，多替对方想想，这样就能够与对方情感相通，增进对教职工的真实想法和心理状态的了解和理解，沟通由此而顺畅。

苏联在物质十分紧缺的年代里，购买任何东西都要排队，有一家人为了招待外国友人来访，用高压锅做饭，不慎把锅盖的把柄弄断了，主人大哭不止，外国友人来了，便纷纷前去安慰她。

法制观念很强的美国人说："这有什么，你到法院去控告，要求厂商赔偿就行了。"

经济强盛的日本人说："一个高压锅值多少钱，再去买个就可以，为何要哭得这么伤心呢？"

生活浪漫的法国人说："你能够把锅盖把柄弄断，这是好事，旧的不去，新的不来呀！"

比较现实的德国人说："我们来研究研究，看有什么办法把它黏合在一起。"

苏联主人听了这些说道："你们所说的这些，都不是我哭的理由，问题是明天又要去排队购买，这样就不能搭你们的车出去玩了。"

这虽是一个笑话，却告诉我们，缺乏同理心的人际沟通将会产生十分荒谬的后果。

以虚心"居高常虑缺"

江海之所以能为百谷之王，是因为懂得身处低下。越成熟的稻谷头垂得越低。一个人越是懂得谦卑，越能赢得人们的尊敬。

校长与教职工沟通，切忌高高在上，不能以领导自居，也不要以先知者和必胜者自居，要放下架子，弯下身子，降低自己的姿态，把自己从领导的角色中摆脱出来，保持一种谦逊的态度，对教职工的看法、意见要虚心听取，要让对方把话说完，不随便打断，不轻易插话，不乱加否定。

即或是谈些无关紧要的琐碎事，或向你倾诉的尽是烦恼、忧虑、苦水，或发出的全是牢骚、怨言，你也要尽可能克制自己的情绪，要平心静气地听，切不可表现出不耐烦的神情，做出不耐烦的举动。

当对方谈到某句你认为有价值的话，你还可以适当地记录，以示对对方的认可和重视。

说得漂亮比长得漂亮更重要

在沟通中，说是必不可少的，人们常说："会做的不如会说的。"

著名领导力大师沃伦·本尼斯曾说："领导者与常人的区别在于，领导者能够把握说话的技巧，清楚明白地表达人类共同的梦想。"作为校长，要和各种人打交道，要经常说服他人，要做师生的思想政治工作，要为学校发展争取更多的机会，这一切都离不开校长的"说"。

当校长就要会说话，会说话的能力是校长的一种重要能力。一个不会说话的校长，肯定成不了沟通的高手，也绝对当不好校长。

如何在沟通的过程中做到"会说"，需要注意以下几个方面。

把话说到"点子"上

"话不在多而在精"，那些善说话的校长，绝对不是叽叽喳喳，唠唠叨叨，没完没了，把话说得很多，而是能将话说到点子上，把每一句话都说到对方心窝里。

之所以能做到这一点，关键是这些校长能抓住听话者的心理，说出对方想听的，了解对方所担心的，清楚对方的顾虑。

把握说话的分寸

做人做到恰如其分，是最高境界。说话也应恰如其分，把握好分寸。如果说话没有分寸，张口即来，完全不考虑后果，也可能给自己带来很多被动和难堪。

俗话说：一个人由舌头造成的失误，要比他的双脚所造成的多得多。也正由于此，自古以来，人们都以"慎言"为持重，把"守口、少说、莫传"

视为"仁者"。

校长在说话时，一定要注意自己的身份，要关注听话者的情绪，要考虑哪些话该说，哪些话不该说，该说的话应该怎样说才受听，才易于接受，才不至于产生歧义。

特别是说话要经过大脑思考，不能口无遮拦，脱口而出。说话要留有余地，不说过头话，不说强人所难的话。

一些校长说话失之分寸，常常以个性直爽为自己开脱和圆场。这也不是理由啊！直爽并不等于言语毫无顾忌，千万不要把直爽当成口无遮拦的借口。

说话力求通俗易懂

一个秀才去买木柴，见一卖木柴的人，便说："荷薪者过来。"卖木柴的人无动于衷，秀才只好走过去问："其价几何？"卖木柴人仍无反应。秀才继续说道："外实而内虚，烟多而焰少，请损之。"卖木柴人更是不知所云，挑起木柴便走了。

这虽然是一个古老的故事，却告诉我们，说话不要总是装腔作势，咬文嚼字，舞文弄墨，这只能引起人们的反感。

校长说话，一定要使用大众话、口语化、通俗化的语言，让人们明白易懂，容易接受，使相互间的交流畅通无阻。

说话要注意对象和场合

说话都是有一定对象的。说话的效果怎么样，不光看说话人的表达水平，还要看听话人是否能理解和接受。

有这样一则笑话，看似讽刺这个人擅长奉承，但也从另外一个层面说明这个人说话能够看对象，是沟通的高手。

一日请客，客人到齐后他逐一问人家是怎么来的。第一位年轻人说坐出租车来的，他竖起大拇指："潇洒，潇洒。"第二位是位老板，说是自己开车来的，他说："洋气，洋气！"第三位领导模样，说自己骑自行车来的，他把双手一合："廉洁，廉洁！"第四位小老百姓，说自己走路来的，他把人家肩膀一拍，称赞道："健康，健康！"第五位挺另类，说自己是爬起来的，想刁难刁难他，没想到他把双手一击："稳当，稳当!"

校长和不同的对象说话，要根据其知识水平、文化素养、性格特点、习惯爱好的不同而决定使用不同的内容和方式。比如：对性格内向的，说的话应该柔和些；对性格外向的，说的话可以直来直去，一针见血；对文化层次高的，说话可以文雅、含蓄；对文化层次较低的，语言应尽力简洁、朴实。

俗话说："到什么山上唱什么歌。"校长在说话时，还应分清场合，同一句话，在有些场合合适，但是在另外的场合就可能不妥当。场合对于沟通有直接的制约作用，说话时要根据场合来决定怎样说话。

著名作家李存葆说过：在战斗最激烈的时候，宣传鼓动不会是长篇大论，有时面对敌人痛骂一声，回头向战友一招手，喊一声："有种的，跟我上!" "有种的，跟我上!"在战场上这种场合就很适合，而且特别具有宣传鼓动效果。如果换在日常的生活场景，就不合适，也就没有这种效果了。

说话避免恶语伤人

校长要懂得，真正伤害人的不是刀子，而是比刀子更厉害的东西——语言。

校长要明白，良言一句三冬暖，恶语伤人六月寒。一句抚慰人心的话，能够温暖人的心灵，甚至会影响一个人的人生，而一句恶语会在一个人的心灵留下永久的疤痕。

一个迷路的樵夫遇见了一头母熊，母熊出于好心，安排他住宿，还设宴款待了他。第二天樵夫对母熊说："你太热情了，但我最不喜欢的是你身上的那股臭味。"母熊心里闷闷不乐，拿出刀朝自己头上狠狠地砍去。若干年后，樵夫又遇到了母熊，问及头上的伤口好了没有，母熊说："伤口早就愈合了，但那次你说的话，我一辈子也忘不了。"

校长说话，千万不要说挖苦别人的话，不要说伤害他人的话，不要说刻薄尖酸的话，不要说刺激难听的话。

恶语伤人，让他人难受，更让自己难堪。恶语伤人，伤害的不仅是对方，而且伤害的更是自己。

说得漂亮比长得漂亮更重要。把话说好，说漂亮，可谓是一门难得的艺术。一个浅薄无知的人，绝对是说话放荡不羁，满口脏话。而只有多读书、多学习，做一个有内涵的人，才能把话说得好听、动听！

说话要像领导者一样表达

校长作为领导者，说话能力和水平，不仅决定着沟通的效果，而且影响着领导形象和权威的树立。

斯坦利·菲什说："如果你不能用一两句话表明你的想法和观点，那么这个观点就不是你的；如果这不是你的观点，你就无法让别人信服或让别人了解你的想法。"

我所认识的一个校长，说话时很喜欢用"我"表达，有一次听他和一个教师沟通，几分钟时间内，竟然用了这么多"我"：我了解到……我确信……；我知道……我明白……；我相信……我确信……；我认为……我以为……；我希望……我更希望……；我强调……我重申……；我强烈要求……我再次要求……；我不能理解……我感到不可思议……；我向你保证……我郑重承诺……；我奉劝你……我警告你……。

你看，任何一个"我"的表述都没有出错，或许也构不成什么伤害，但是这么多"我"放在一起，不能达到沟通效果，甚至还会让对方产生逆反心理。当然，这更影响到校长的威信。

还有一个校长，在同老师沟通时，喜欢用"你""你们"，动不动就是"你这种人""你们这些人""你们知道什么""你们想怎样"……这同样会让大家听着不舒服，听了会很反感。

相反，如果变"我""你""你们"为"我们"，这样表达和沟通效果会更好。

第二次世界大战，德国即将入侵英国的时候，丘吉尔发表了一段广播演讲："我们将坚持到底，我们将在法国作战，我们将在海上作战，我们将用更大的信心和更大的力量在空中作战……"如果将"我们"换成"我""你们"，还会有人去追随这样的领导者吗？

布莱尔的演讲词中，有这样的片断"你们有过出色的记录……""我们的工作""……我的国家见证者你们的成长，曾经与你们并肩作战，而现在依旧与你们一起并肩作战……"其语言运用和说话的艺术，值得我们琢磨和借鉴。

"会说"不如"会听"

倾听在沟通中常常是被人遗忘的角落。很多人认为,沟通就是说,就是自己说得越多越好,这其实是一种误解。

真正的沟通,不是"我说了什么",而是"我听到了什么";不是"我如何把自己的意见、观点说出来",而是"我如何听出别人的心声"。

鲍尔曼说:"上帝赐予我们两只耳朵,却只给我们一张嘴,用意甚佳,就是让我们多听少说。"

善于倾听,会让教职工感到自己的话语受到重视,从而满足他们的自尊,增强他们的自信,无形之中也就激励了教职工的工作热情;善于倾听,不仅可以更好地与教职工沟通,而且能表现校长的胸怀与修养,展示校长的个人风度;善于倾听,是一个成熟校长最基本的素质,也是校长实现无障碍沟通的一个重要途径。可以说,没有倾听,就没有沟通。善于倾听,是达成高校管理的通行证。

倾听是校长的重要工作,校长尤其要懂得如何倾听。

不要中断话题

对方在没有把话说完时,校长不要随便插话,不要打断别人的话题,也不要过早地下结论,更不要急于反驳。随便插话,随意打断话题,肯定会招致对方的反感,让后面的交流难以为继。话没听完,就过早地下结论,可能会断章取义,导致交流失真,甚至出现不必要的误解。

要细心地听取

很多人把听和倾听混为一谈,"倾听"在《现代汉语词典》中的解释是

"细心地听取"。这说明倾听并不是机械的身体反应过程，它需要用心，需要思考，需要付出智慧和情感。

好的倾听者，用耳朵听内容，更用心聆听情感。校长在与教职工沟通时，要全神贯注，精力集中地倾听对方的说话，绝不能一边听，一边玩手机，或者处理其他事情，甚至心神不定，东张西望。当然更不能在对方没有把话说完时，在那个地方催促：我忙得很，快点说，怎么这么啰唆？

如果校长在听别人交流时，不用心，缺乏耐心，对方会看出你在忽悠他，他不可能对你说真话，他也会表现出对你的敷衍了事，这种沟通显然是没有多少效果的。

要做出积极的回应

倾听并不等于校长一言不发，倘若校长金口不开，一味沉默，肯定会冷场，气氛必然沉闷，让人尴尬。教职工也会因校长的不冷不热而投入不了，再想交流也交流不下去。

因此，校长在倾听教职工谈话时，要主动、恰当，不失时机地对教职工的谈话做出反应，或者点头以示肯定认可，或者以适宜的表情给予配合，或者投去赞许的目光加以鼓励，或者适当穿插"嗯""对""可以""是的""应该这样"等短语，以表明你的态度，表示你对对方的话题很感兴趣，也使教职工感觉到你是在诚心诚意地倾听他们的见解，这样就会让交流气氛融洽愉悦，让对方不设防，始终保持一种积极的状态，毫不保留地把真实想法说出来。更重要的是，你更能赢得对方的尊敬与爱戴。

"红顶商人"胡雪岩很善于倾听他人说话，不管那人是如何言语无味，他都能一本正经、全神贯注、两眼注视，仿佛听得极感兴趣似的。在听到关键之处，还要补充一两句，引申其义，使得说话者滔滔不绝、一吐为快，大家都觉得这样的人值得信赖。

要善于聆听弦外之音

明洪武初年，浙江嘉定安亭有一个叫万二的人，他是元朝的遗民，在安亭郡堪称首富。一次，一个人从京城办事归来，万二问他在京城的见闻。这人说:"其他倒没什么,只是听说皇帝最近作了一首诗。"于是摇头晃脑吟诵起来:"百僚未起朕先起,百僚已睡朕未睡。不如江南富足翁,日高丈五犹披被。"万二一听,叹了一口气。随后他马上将家产作了处置,自己买了一艘船,载着妻子,泛舟而去。两年不到,江南大族富户都分别被收缴了财产,门庭破落,唯有万二躲开了这场灾难。

万二可真是太聪明了,从皇帝的诗中竟嗅到了皇帝的心思和将要采取的行动。

在平时的沟通交流中,许多情况下人们碍于情面,一些话不是竹筒里面倒豆子——直来直去,而是说得较为委婉含蓄,也就是话中有话。

俗话说:"锣鼓听音,说话听声。"这个时候,你就要透过表象言语,去研究他的语气、语调,去感悟他的眼神、表情,去观察他的动作、姿态,去找出他隐藏的感觉、情绪,去领会他的弦外之音、言外之意,去读懂他所要表达的真正意思。

只有如此,你便可以从谈话中了解别人的内心世界,知道别人的真实想法,然后给以巧妙地回应,避免伤害别人。

一农村学校的锅炉坏了,校长从县城请来师傅把锅炉给修好了,师傅对校长说,从县城到这儿这么远的距离,维修这么点活儿,其他的人是不愿意来的。言下之意,师傅就是想多收点维修费用,校长听出了他的话外之音。回答说:倒也是,路程确实有点远,这更体现了您的职业道德,还有你对教育特别是乡村教育的支持,以后其他学校需要维修保养锅炉,我再给他们推荐。

你看,机智的校长主动出击,先是赞美对方,再说后续给介绍新客户,既堵住了师傅想多收钱的嘴,又有理有节,保住了师傅的面子,避免了伤害和难堪。

要本着包容而听

在我们的交流对象中,有时候会遇到敢说话、敢说真话的,他们会把自己的想法和盘托出、不加掩饰,甚至有时候难免会有一些偏激的情绪和过头话甚至是错话。这就需要校长控制住自己的情绪,用宽容之心对待,以大肚之怀容纳，虚心听取那些不同的声音，正确引导那些偏激的看法和意见。

　　对对方说的话，不论是和风细雨的，还是忠言逆耳的，我们都要认真听取和研究，只要对工作有利，都要认真采纳，即或有些过激或者偏颇，也要做好说服解释，以免堵塞言路，挫伤他们的积极性。

让"问"助推沟通

有人说，世界上最会沟通的人，是会"问"的人。

问，是为了准确地把握对方的需求。在沟通中，校长有效的提问，不仅可以控制沟通的方向和进程，提高沟通的效能，而且可以获取大量的信息，有助于科学的决策和工作的推动，还可以使校长对对方有更深入更全面的了解，增进彼此的情感。

韦尔奇曾说："领导者的分内工作是提各种问题。"提各种问题，也应该是校长的重要工作之一，校长必须具备一定的"问"的能力。那么，校长怎样把握"问"的技巧呢？

善提引导性问题

有一则故事是，有两家卖粥的小店，左边店和右边店每天的顾客差不多，都是川流不息，人进人出。然而，每天卖下来，左边店的收入每天总要比右边店多一些。

细心的人发现，每当客人走进右边粥店时，服务小姐便微笑着迎上去，先盛一碗粥，然后问道："加不加鸡蛋？"有的客人说"加"，有的说"不加"，加与不加大致各占一半。

而当客人走进左边粥店时，服务小姐同样微笑着迎上前，同样先盛上一碗粥，不同的是服务小姐问的不是"加不加鸡蛋"，而问的是："加一个鸡蛋还是加两个鸡蛋？"有的客人说"加一个"，还有些客人说"加两个"，只有特别不爱吃鸡蛋的说"不加"，但是很少。一天下来，左边这个店就总比右边那个店卖出很多个鸡蛋，自然营业收入就会多一截。

原来是左边店的服务小姐的"引导性"提问起了作用。

校长同教职工沟通，特别是与有意见分歧的教职工，总希望通过沟通，能够消除分歧，达成与校长一致的想法和愿望。那么校长在提问时，就应该设计一些具有引导性的问题，就像挖水渠把水引到某个目的地一样，通过问题的引导和主导，因"问"利导，将教职工的看法和认知引导到校长所期待的路上去。

值得注意的是，引导性问题的设计要自然巧妙，不露痕迹。不然的话，让教积工感觉是个"套"，则有可能弄巧成拙，让教职工对你产生信任危机。

多用一般疑问句

校长提问要少用反问句，多用疑问句。疑问句带给人一种亲切感，让人们容易接受。而反问句很有气势，有居高临下的姿态，还有咄咄逼人，不可一世之感。如果在沟通中，不断反问，会让整个沟通气氛变得异常复杂和紧张。

大家可以体会一下这样一组反问句，"难道你认为这样不对吗？""难道你不明白该这样做吗？""难道你不能对自己的行为负责吗？""事情真的是你说的这样子吗？"然后把反问句转换成疑问句，再对比玩味一下，看是不是这种情况。

少问多重问题

有的校长在沟通中像放连珠炮似的，一口气问了很多问题。比如问："这次工作你能不能完成？估计完成中会有什么困难？不能完成，还需要延长多长时间？这项工作任务完成后，你以后还有什么打算……"面对这样的多个问题，对方将不知道如何去答，也容易使回答含糊不清，这同样不利于沟通的顺利进行。

不问带有暗示性的问题

校长在沟通中，要想掌握到真实的情况，了解到真实意图，提问时还要注意不要提一些带有暗示性的问题，也就是要避免所提的问题就暗示着对方回答你想要的答案，现实中的许多人会极力顺着你的想法去应答。

比如校长问一教师："高三学生的心理素质教育亟待加强，我打算请心理学专家给他们做一场报告，你觉得怎样？"这个老师肯定会不假思索地附和你的想法："可以，这当然是好办法。"但你要了解真实的情况，就要这样提出问题："在加强高三学生心理素质方面，你有什么打算？"教师就会认真思考，谈出他的看法，而不是随口而出。

在问中要善于发现问题

提问要有方向性和目的性，要通过提问，捕捉一些线索，找到一些端倪，发现一些问题。只有如此，"问"才有价值和意义。校长应该具有从"问"中发现问题的能力。

有甲乙丙丁四位学生吸烟成瘾，有一天，校长分别把他们叫到办公室。

甲先进去，校长问："抽烟吗？"甲答："不抽。"校长说："那吃根薯条吧！"甲抽出两根手指夹住了薯条。校长盯着甲反问："不抽？"甲低下了头。

乙到了办公室，校长同样问："抽烟吗？"乙说："不抽。"校长递给乙一根薯条，并叫乙蘸点番茄酱，乙"啊"了一声说："蘸多了。"接着像弹烟灰那样弹掉多余的番茄酱。校长盯着乙的双指，乙也低下了头。

丙进了办公室，吃完了校长给的薯条，校长问："不给同学带根吗？"丙爽快地拿过校长递上的一根薯条，把它夹在耳朵上。校长盯着丙的耳朵，丙的脸一下子红了。

最后丁来了，他吃完薯条后，把校长给他的带给同学的薯条放在了包里，校长突然喊："班主任来了。"丁连忙从包里掏出薯条，丢在地上用脚使劲地踩……

你看，校长的这一番"问"，便把一切弄了个水落石出。

将"蜂舞"糅合到沟通艺术中

奥地利生物学家弗里茨经过长时间的潜心研究，发现了蜜蜂"舞蹈"的秘密。

蜜蜂的舞蹈有"圆舞"和"镰舞"两种形式，如果工蜂飞回来后，跳圆舞，就是告诉同伴蜜源与蜂房相距不远，大概在 100 米左右。如果工蜂飞回来跳的是镰舞，则是告知同伴蜜源离蜂房较远。一般路程越远，工蜂跳的圈数越多，频率也越快。如果跳的是 8 字形舞，并摇摆其腹部，舞蹈的中轴线跟巢顶的夹角，正好表示蜜源方向和太阳方向的夹角。

这就是管理学中的著名"蜂舞"法则。它告诉我们，要想收到良好的沟通效果，就必须有针对性地采取不同的沟通方式。

所谓沟通方式，就是既要把信息准确无误地表达出来，又易于让对方接受的一种技巧。沟通方式体现了校长的沟通能力和沟通艺术。

校长在沟通中不能采取单一的沟通方式，要灵活运用多样化的沟通方式。最常见的沟通方式有以下几种。

直接的沟通

校长可以与教职工面对面的交流，面对面的谈心；校长也可以与教职工代表座谈的形式，听取他们意见和建议、呼声和意愿；校长还可以通过定期或不定期到各部门、各教研组和师生中，调研指导，了解情况，与大家沟通交流。

除此之外，校长的直接沟通，还可以通过召开教职工大会，听取工作汇报、布置安排工作等形式来进行沟通。

这种直接的沟通方式，可以让校长在第一时间掌握队伍的状态、工作的进程和学习的需求，从而实现快速有效的沟通。

在活动中沟通

活动是最好的教育，也是最好的沟通。多开展一些积极向上的活动，寓沟通于各种有益的活动中。比如举办各种论坛、沙龙、运动会、文艺晚会、开展有益的阅读活动、各种比赛竞赛活动等。

活动的开展既能丰富教职工的业余文化生活，使学校生机勃勃，具有活力，又为包括校长在内的学校领导班子与教职工之间、教师与学生之间构筑了轻松的沟通渠道，在积极的沟通中融洽干群关系、师生关系、生生关系。

学校的发展，不仅需要上下级之间的纵向沟通，也需要教职工与教职工、部门与部门之间、学生与学生之间的横向沟通，否则，就谈不上团结合作，也难以形成合力。

运用现代科技手段沟通

随着社会的发展、科技的进步，有了电话、手机和网络，通过电子邮件、电话、微信、QQ可以方便校长的沟通，校长足不出户就可以统帅"千军万马"，随时与师生保持方便、快捷、畅通的联系。

然而这种沟通方式只能起到辅助作用，对于情感交流却远远无法与面对面地交流相提并论，真正有效的沟通是校长与师生坐下来面对面地谈话，而不是拿起手机或移动鼠标。

学校内部信息载体沟通

自办的校报、校刊、简报、黑板报、校园广播站、校园电视台，这些都是学校内部重要的信息载体。通过这些载体，及时刊播学校的重大活动、重大决策，学校的工作动态、发展情况、师生中的先进典型和事迹，以达到畅通信息、凝聚人心、振奋精神、鼓舞士气之目的，也能起到很好的沟通作用。

非正式渠道沟通

许多优秀的校长在加强正式沟通的同时，非常重视非正式渠道的沟通。比如，校长与教职工共进午餐、晚餐，在餐桌上进行沟通；与教职工在林荫小道上散步，在闲聊中沟通；还有的校长在与教职工个人交往中，不失时机地进行沟通。这些沟通虽是非正式的，但效果往往比正式沟通效果还好。

使用非语言沟通

非语言，是一种"无声的语言"，它是现代学校校长必须掌握的一门交流语言。

在管理中，当你面对师生时，你的姿势、表情、眼神，你的肢体语言，就已经悄然地在和师生交流。你也许没有张口说话，但你的一些非语言，就已经将你的内心世界、真实情感表达给对方了。

某些时候，非语言的沟通胜过语言的沟通，因为非语言的表情达意，所揭示的人的内在世界比语言表达更真实、含蓄、微妙、可信，更富有感染力。

有研究认为，在人们沟通中所发送的全部信息中仅有 7% 是由语言来表达的，而 93% 的信息是用非语言来表达的。

因此校长必须注意自己的非语言在沟通中的得体而恰当地运用，最大限度地跨越言语沟通本身固有的一些障碍，以提高沟通效率。

追求无障碍沟通

在沟通中，存在着沟通的障碍，这些障碍的存在，将降低沟通的效果。一个成功的校长必须识别和知晓这些障碍，并尽可能在沟通中加以克服与突破。

情绪上的障碍

校长在沟通时，最容易受到情绪上的影响。每个人都会有喜怒哀乐，都会有心情不好的时候，尤其是校长面临工作头绪多、压力大、责任重等问题，遇到的烦心事有可能不少。

情绪能使我们无法进行客观理性的思维活动，而代之以情绪化的判断。不良的情绪不仅影响校长准确的判断，而且会影响到校长有效的沟通。

人有情绪不可怕，怕就怕在校长不能控制并处理好情绪。一个优秀的校长，往往也是一个情绪控制的高手。他们会不以物喜，不以己悲，不会把情绪带到工作上，带到沟通中。他们既能控制自己的情绪，又能调控好教职工的情绪，从而确保与他人的沟通畅通无阻。

因此校长在沟通时，应该尽量保持理性和克制，如果情绪出现失控，就应当暂停进一步沟通，直至恢复平静。

魏徵每次进完谏之后，唐太宗都要出去散步。有人问他："为什么魏徵每次进谏完后，你都要出去散步？"唐太宗说得很简单："我怕我会杀了他。"李世民用散步的方式来克服情绪上的障碍，使得与大臣们的沟通能正常进行，因而使他成了大唐盛世的明君。

信任上的障碍

人与人之间，尤其是校长与教职工之间关系融洽，相互信任，彼此就容易沟通，不说话也能心领神会，即或说错了话，大家都能接受和原谅。

如果校长与教职工关系紧张，相互猜忌，恶意攻击，彼此伤害，你视我为眼中钉，我看你为肉中刺，总是鸡犬不相往来，这种信任上的危机将会带来沟通上的极大障碍，即或是好心也会当成驴肝肺，好言也会当成恶语。

要克服这种障碍，改善交流和沟通效果，大家就应以和为贵，求同存异，相互包容，相互理解，相互支持，共同营造一个温馨和谐的工作、学习和生活的环境。

态度上的障碍

有的校长对教职工傲慢无礼，桀骜不驯；有的校长对教职工态度冷漠，表情麻木；有的校长对教职工吆三喝六，任意责骂，缺乏应有的尊重；还有的校长对教职工虚情假意、言不由衷、敷衍塞责。这些态度上的障碍会挫伤教职工在校长那儿获得帮助与指导的积极性，对自我的封闭性与依赖性让教职工不敢轻易与校长接近，即或有机会接近，对校长的排斥和不信任，又使教职工不可能同校长推心置腹，畅所欲言。这种沟通上的障碍有可能衍生成为学校发展的障碍。

性格上的障碍

沟通在很大程度上受到校长性格特征的制约。校长性格开朗、豪爽、健谈，容易同教职工接近，发出的信息教职工容易接受。如果校长内向、孤僻、寡言少语，给教职工的感觉是不好接近，只会导致大家对校长的疏远和孤立，因为谁也不愿意同一个表面上熟悉但骨子里陌生，不易接近的人打交道。

一个优秀的校长往往会克服性格上的局限性，会尽力让沟通不受性格特征影响。

当然，教职工也有不同的性格特点，校长只有针对不同性格的下属，采取不同的沟通方式，也才会达到应有的效果。

空间上的障碍

由于物理距离的存在，有可能让校长与教职工面对面的沟通机会减少。一般来说，面对面的零距离交流，效果最好，能把很多不清楚的问题说清楚，很多搞不明白的问题搞明白，而间接的交流则很难达到这个效果。

学校规模小，校长同教职工直接接触和交流的机会多，能有效克服空间上的障碍。学校规模大，人员多，校长和教职工接触和交流的机会相对少。又特别是许多学校，人员设置复杂，机构臃肿，信息传递需要跨越很多中间环节和人员，才能到达终点，这给沟通更带来了一些空间上的障碍。

为有效解决空间距离而产生的沟通障碍问题，校长应精简机构，减少交流层级，建立健全交流网络，积极改善组织结构，加强组织文化建议，尽可能多地同教职工直接交流。

语言上的障碍

语言是沟通的媒介，然而因表达有误、表达不当或者对语义的不同理解也往往成为沟通的障碍。

有这样一则笑话，人事部的小王在轮岗中被调到后勤部去了。一天，他的好友打电话到人事部："请问小王在吗？"人事部的小张很有礼貌地回答："很抱歉，他已经不在人事了！"小王的好友一听，急了："前几天我才跟他通过电话，怎么现在他就不在'人世'了呢？你告诉我，究竟发生了什么事？"

看来，沟通语言上的障碍是最大的障碍，校长一定要用语准确，力求明白无误，不产生歧义，不造成误解。

把握好沟通的时机

干任何事，都有一个时机把握的问题，时机把握得好，一顺百顺，时机把握得不当，有可能麻烦不断，事事难成。不仅是干事，校长在沟通上，也有个时机的把握问题。

该及时则及时

有这样一则故事，小明参加"六一"庆祝活动，妈妈给他买了条新裤子，吃晚饭时，小明试穿了一下，说裤腿长了两寸，在场的妈妈、姐姐、奶奶当时听了没有任何反应。

睡到半夜，妈妈突然记起，于是起来把裤子剪了两寸，缝好后放回原处。一会儿姐姐也记起了，又把裤腿剪了两寸，缝好了又放回原地方。

一大早奶奶起床做饭，才记起孙孙的裤子长了，又剪了两寸，小心翼翼地放回原处。

小明高高兴兴穿上新裤子，才发现裤子根本无法穿。

这就是彼此沟通不及时造成的。

校长在管理中，对于出现的一些不正常的情况和现象，比如，彼此间的误会、相互间的不理解、工作上的明显失误等，就应该与班子成员或者与教职工在第一时间及时沟通，在沟通中消除隔阂，增进了解，交流思想，融洽感情。

如果都藏着掖着，打肚皮官司，不及时沟通，就有可能使误解越来越大，裂痕越来越深，以至于影响团结，耽搁工作，贻误学校发展，给事业带来不可弥补的损失。

该缓则缓

并不是所有沟通都要及时进行，有的时候，如果沟通时机不成熟，或者校长不宜主动去沟通，则可采用"冷却"的办法，放一放，等一等，缓一缓，待时机成熟时再去沟通，其效果有可能会更好。

比如，你一大早刚在办公室坐定，一个女老师就怒气冲天地冲进你办公室，把一摞印刷品摔在你办公室桌上，并大声嚷道："看看这些东西，印得一点也看不清，为了赶上学生测试，我五点多钟就过来开印，这台报废的机子早该淘汰，你们当校长的就是不管，叫我们怎样去工作？"

这个时候假如你去作解释，她有可能变得更加愤怒，如果你把她批评一通，这么敬业的老师，你不忍，老师更冤，结果也许会更糟。如果你保持冷静，就此缓一缓，待这位老师情绪稳定下来，你再去与她沟通，效果就可能好多了。

再如，当教职工之间发生摩擦时，又特别是冲突双方特别对立，情绪比较过激，大有剑拔弩张的架势，校长这个时候就不应急于介入，如果心急火燎，以为自己是校长，忙于掺和，急于调和，不但不利于矛盾的化解，相反还有可能使双方火上加油，使矛盾激化。

如果来个缓冲，静观其变，查明真相，相信经过一段时间的冷处理，让双方有所反思，你再去作一些沟通，化干戈为玉帛，一切便在水到渠成之中。

该铺垫则铺垫

与教职工进行沟通，选择沟通的"切入点"很重要。有经验的校长，大都不会直接入题，他们会从双方共同感兴趣的话题谈起，或者从地域及心理上拉近距离，或者以平和的语气和态度打开话题，这样会使沟通很自然顺畅地进行下去，最终达到增进了解，促进友谊，推动工作的目的。

比如，一位新参加工作的年轻教师，来到办公室向你报到，年轻教师第一次见到你很拘谨，在沟通时，你可作些铺垫，问他是哪里人，父母在干什么？有什么业余爱好？来到学校，对这里感觉如何？有了这样一些铺垫，一下子就拉近了彼此的距离，消除了对方的拘谨感，更能轻轻松松地打开对方的话匣子。

该择时则择时

校长在向上沟通时，一定要选择合适的时机。虽然从上到下都在要求各级领导干部要避免工作的情绪化，要增强服务意识，对下属态度要和蔼，但人总有心情不好，也有工作特别忙的时候。如果校长找上级汇报工作，选在对方心情不好或忙得不可开交的时候，有可能不但不会达到应有目的，还会碰上一鼻子灰，弄得彼此都难堪。

我过去从事区域教育管理工作，要找领导沟通、汇报工作的事自然不少，在去之前，我都要问问他们身边的工作人员，相关领导这几天忙不忙，心情咋样，然后根据情况再选择时机去汇报工作，往往要争取解决的问题，便十拿九稳。

该沉默时则沉默

人和人的交流和沟通，主要靠嘴巴，嘴巴可以帮你成事，也可以为你惹是生非，有句话叫"病从口入，祸从口出"。一个人必须明白什么时候该张嘴，什么时候该闭嘴，该说话时则理直气壮地说，不该说话的时候就紧闭嘴巴，保持沉默。这里面也有个时机把握的问题，时机不成熟，说反而不如不说。

有人常说："沉默是金。"你只要惜字如金，也就是每说一句话就像在花自己的金钱一样谨慎，这就对了，就能达到有效沟通的目的。著名哲学家维特根斯坦曾说过："一定要清楚地表达你想说的东西，如果做不到，那就保持沉默。"

北美有两个印第安部落，由于争夺一个小岛的狩猎权而发生了争执。为了避免武力冲突，两个部落决定以和谈的方式解决争端。

多年的争斗使他们在会面后，都表现得不自然，同时又都言行比较傲慢，因为他们担心谁先表现出和解的态度，就会被人误以为懦弱。

于是，两个部落首领都选择了沉默的策略，这样的僵局一直持续着。

后来，一位首领点燃了烟管，另一位首领也点燃了烟管。随后，两位首领就抽烟这个话题攀谈起来。本来剑拔弩张的局面，便慢慢地缓和了下来。

你看，这就是把沟通中的"沉默"艺术用得淋漓尽致，为沟通添了很多情趣和魅力。

给沟通加点调料

沟通需要简单明了，直来直去，但沟通也不能完全局限于此。在特定的条件和环境里，给它加点调料，用委婉曲折、含蓄优雅的手段进行表达，则更容易实现有效沟通，从而收到曲径通幽的效果。

借助讲故事实现沟通

讲故事是一个提高沟通效率的不错方法，故事是人类经验与智慧的总结和艺术化，我们今天遇到的各种管理问题，都能在那些或古老或新鲜的故事里找到答案。

在沟通中，恰如其分地引入故事，特别是一些心灵故事，既能够使深奥的道理通俗化，又能够让人们从中受到深深的启迪，获得心灵上的顿悟和智慧上的升华，还能使沟通变得有趣、有意思，容易集中大家的注意力。

过去无论是各种会议，还是一些沟通交流场合，在关键处，我都会援引相关的故事，通过故事阐释一些道理，给大家带去一些思考，这已成了我的一种风格。

幽默在沟通中必不可少

幽默在沟通中的作用是不可低估的，恰当地运用幽默，可以摆脱窘境，调节沟通气氛，使沟通产生轻松、愉快的效果；可以缓解教职工的身心疲惫，消除他们的工作压力，有益于身体健康；还可以体现与彰显校长超强的沟通艺术与领导魅力。

相比之下，诙谐幽默的校长比古板正经的校长更易于与教职工打成一片，更容易集聚人脉和人气，更能使沟通变得轻松愉快。

在高考庆功会上，一位年轻教师在斟酒时，不慎将酒泼洒在了校长的秃头上，年轻教师当时很不自在，在场的人也都面面相觑。校长却表情轻松，他轻轻地拍了拍年轻教师的肩说："老弟，你以为这种治疗方法管用吗？"话音一落，全场立即爆发出一阵响亮的笑声。

此时校长如果勃然大怒，在场所有人都会觉得尴尬，整个氛围一下子就没有了，"庆祝宴"成了"扫兴宴"，而校长的一句幽默语言却缓解了紧张气氛，让人们感觉到了校长的宽容、大度与机智，这就是幽默在沟通中的力量。

迂回沟通更显奇效

校长在沟通中，看似最直接、最便捷的线路未必是最"短"、最有效的线路，有时可能恰恰相反，特别是校长遇到一些棘手的问题，如果从正面入手，往往会很难奏效，有时还会让对方产生抵触情绪，如果采用迂回战术，从侧面打开一个缺口，便可能成为沟通的一条最佳途径。

十月革命胜利后，象征沙皇反动统治的皇宫被革命军占领了。愤怒的俄国群众拿起火把准备点燃这座举世闻名的建筑，以表达对沙皇的仇恨。在场的一些有识之士都站出来劝阻，却无济于事。

列宁知道情况后立即赶到现场，用十分委婉的口气对大家说："同胞们，象征沙皇的皇宫是可以烧的，不过，在烧之前，听我说几句话，可以吗？"在场的群众认为列宁并不反对他们烧，便异口同声地说："当然可以。"

接下来便是一段精彩的对话：

"请问，以前是谁住在这座房子里的？"

"是万恶的沙皇统治者。"

"那房子又是谁修建起来的呢？"

"是我们人民群众。"

"既然是人民群众修的，现在就让我们的人民代表住，你们说，可不可以呀？"

"可以。"

"那你们还要烧掉人民群众住的房子吗?"

"不烧了。"

列宁的一番话,巧妙迂回,曲径通幽,说服了激愤的群众,保住了皇宫。这种沟通技巧,值得我们学习借鉴。

用类比沟通备受青睐

在沟通中,遇到一些抽象的东西,如果直接使用一些术语讲出来,可能对方理解不进去,但如果用类比的方式讲出来,将其直白化、形象化、通俗化,即使再抽象的概念,再复杂的问题,也认人一听就懂。

爱因斯坦有一次参加一个晚会,紧靠他而坐的一位 70 多岁的老太太对他说:"先生,你真了不起,听说你的相对论,得了诺贝尔奖。不过,什么是相对论,我却弄不清楚。"

爱因斯坦这时用深奥的语言去讲述深奥的问题,老太太肯定听不懂,善于沟通的爱因斯坦便用类比的方法告诉她:"亲爱的太太,到了晚上十二点钟,你心爱的女儿还没回家,你在家等了十分钟,十分钟久不久?"

"当然太久了。"

"那么亲爱的太太,如果你在纽约大都会歌剧院听歌剧《卡门》,十分钟久不久?"

"当然不久,时间肯定会过得很快!"

"亲爱的太太,两个十分钟是同样的,而给人的感觉却相对不同,这就叫作相对论。"

"哦,我明白了。"

春江水暖抱怨知

抱怨，在心理学上被称为一种宣泄，抱怨作为一种正常现象，在任何组织里都会存在，任何一个管理者都会被下属抱怨，校长亦然。

在校园内外，校长只要走上一圈，就有可能会听到种种抱怨。

教师：天气炎热，办公室里拥挤，又没空调，就像在火炉子里上班，这样的办公条件真是太差了，这哪里是人办公的地方啊！

学生：教室里人多，气温又高，还戴着口罩上课，本该我们休息的周末还上课，学校简直不顾我们死活！

家长：忙一天，身心疲惫，老师却叫家长天天"陪作业"到深夜，而如今小学生有的学习内容，我们又搞不懂，还有一些手工制作也叫我们完成，老师们完全是推卸责任。

……

很多校长听到这些抱怨，便顿时色变。

其实，抱怨，是一种很正常的现象，也是一种最常见、破坏性最小的一种发泄形式。

其实，抱怨，是因为沟通不畅。抱怨的根本原因是组织存在问题，人们习惯于进行横向、纵向比较，因而会产生抱怨。

其实，抱怨，并不意味着不忠，也并不意味着缺乏责任，而恰恰是主人翁意识强，对工作认真负责的体现。这如同爱一个人，才会恨一个人，爱之越深，恨之越切，也才会在乎一个人一样，那些常常爱抱怨学校、校长或老师的人，更关心学校的发展，孩子的成长，恰恰是真正有责任感的人。

其实，抱怨之声，正是民心之所在，那些爱抱怨的人，往往身处一线，见证并经历着教育生活的每一个过程。"春江水暖鸭先知",他们最知晓情况,最有发言权。"不识庐山真面目,只缘身在此山中",很多意见和真实的东西,校长不一定清楚,校长之外的其他人最了解,来自方方面面的抱怨声,便是校长获取这一切的最佳渠道和窗口。

其实,抱怨之声,正是学校发展的希望所在,因为,抱怨是一种呼唤,是一种良知,是一种责任,是一种对发展的渴望,是一种生机与活力的展现,没有抱怨的学校,必定是死水一潭。

其实,随着教育理念的不断更新,新的教育思想逐渐渗透,课程改革的强力推进,正在逐步改变原来的传统教育秩序,抱怨声四起,这是必然;随着社会的发展与进步,国民素质的整体提高,人们对学校的办学条件和办学水平要求越来越高,各级党政及社会各界对办人民满意教育的愿望越来越迫切,有抱怨声,这也自然;加之随着改革的深入,新旧体制的交替,不同价值观念的碰撞,各种社会现象对学校及教师产生冲击和影响,有教师的抱怨声,这更是正常。

有了抱怨声不可怕,怕就怕在我们校长对抱怨声给以打压、限制、阻塞。

大家知道,大禹是中国历史上的著名人物,他凭治理洪水的功绩,继承了舜的王位而拥有了天下。禹的父亲鲧也是治水专家,但他治水采取的是全力围堵,用土填埋的方法,结果功败身亡。

大禹接任唐尧以后,汲取了父亲的教训,顺应水的本性,采用疏导的办法,疏浚水道,测量山川走向,引导九川入海,仅用了13年时间便完成了治水大业,使百姓能够安居乐业。

有句话叫"防民之口甚于防川",大家内心有不满,就让他们尽情发泄,有时候他们的抱怨可能是一时之气,跟你发泄后心理就平衡了,就好受了。校长只需要因势利导,顺着他们的抱怨作一些关注和改进,有可能抱怨就会烟消云散。

如果不及时疏导,而是一味采取打压、限制、阻塞的方式,人们内心的不满,无处发泄,抱怨逐渐积淀,就像滔滔洪水受阻,一旦决堤,其后果则不堪设想。

有了抱怨声不可怕,怕就怕在我们校长对抱怨声置之不理,漠然视之。

如果我们校长对抱怨持无所谓、漫不经心的态度，没有觉察到这种抱怨，或者对抱怨反应迟缓，或者忽视来自不同渠道的抱怨声，让抱怨的情绪无限地蔓延下去，最后有可能导致问题成堆，小问题酿成大问题。

有了抱怨声不可怕，怕就怕在我们校长，面对抱怨声而不去做出改变。

正因为有了抱怨声，我们才需要正确面对；有了正确面对，我们才需要及时改变；有了及时改变，工作才有起色，学校才会有发展。

校长就要有透过现象之力，就要有洞察抱怨声之功。要对抱怨进行详细了解，辨识真相，弄清实质，然后分门别类做出处理。

如果是一时误会，就要耐心解释，求得理解；如果是工作的疏忽，就要态度诚恳，做出道歉；如果是学校管理上的问题，或者学校制度的不健全，机制不完善，就应寻求革新，改变策略，及时修订弥补；如果是一些带共性的社会现象，暂时还得不到根本性解决，也要不厌其烦，向大家做出说明，给出说法。

重视而不回避抱怨，拥抱抱怨而不惧怕抱怨，一个优秀的校长应该有这样的觉悟和智慧。

让学校多一些"星巴克"

凡是去过星巴克的人都知道，所有的星巴克都按照其模式摆放着舒适的沙发和考究的茶几，陈列着精美的艺术品和古董，墙上挂着富有创意的图片，各种花草巧加点缀，舒缓、幽雅的音乐伴随着浓浓的咖啡飘逸其间。

人们置身其中，难道品尝的仅是咖啡吗？不，咖啡似乎成了一种纽带，被赋予了一种文化的味道，它代表着自由、宽松、温馨、祥和、宁静。星巴克也就成了放松身心的地方，成了无障碍的沟通平台。

在这样的氛围里，人们可以无拘无束，自由自在，尽情享受，可以畅所欲言，轻松交流，放松沟通。许多误会和摩擦会在这种柔和的氛围中化解，许多思想和智慧会在这种和谐的环境里迸发，很多灵感和创意会在身心压力的缓解、疲劳的消除、思维的活跃状态下被激活。

身心的调节、情绪的释放、情感的交流、思想的沟通需要良好的氛围，需要幽雅的环境。校长在学校里为什么不建立类似的"星巴克"？

相反，这些年来，一些校长想方设法，斥巨资把学校的楼房修得越来越高大，越来越漂亮，校长的办公室也布置得豪华而又气派，然而校园内却没有供老师们享用的一个"星巴克"。

取而代之的是老师们的辛苦劳碌、任劳任怨、不知疲倦，是学校对他们随时的考核检查评比、没完没了的事事留痕、永无休止的干扰和折腾，是校长成天板着面孔的发号施令、呵斥教训，是各种冰冷制度的无形管束、绳捆索绑，是各种现代化手段诸如指纹签到、刷脸卡的所谓精细化管理，是老师们在被监控器监视下教书育人的循规蹈矩，不敢越雷池半步。

这样一来，校园越来越大，教师的自主空间却越来越小；楼房修得越来越壮观，教师的活动场所却越来越受限；学校办学条件越来越好，教师各方面的待遇却越来越差；学校管理措施越来越多，教师的心与校长却离得越来越远；学校领导岗位配得越来越齐，而教师与校长见面沟通的机会却越来越少。

由于缺乏沟通的环境、沟通的氛围、沟通的渠道，教职员工便对学校逐渐失去了"家"的感觉，相应的摩擦、矛盾、冲突、误解、怨恨四起。这将直接影响到学校里人与人之间的关系，影响到教职员工的精神状态，影响到凝聚力、向心力、工作合力的形成，影响到学校的发展。

校长管理学校，主要是对人、财、物进行管理，这其中对人的管理最关键。管人必须管心，如何管心？其中一个重要的方面，就是做好与教职员工的沟通。

沟通是一座桥，是一座在校长与教职工之间架起的一座"零距离"的连心桥。

沟通是一块绿洲，是一块防止学校"沙漠化"，将教职工永远庇护在绿荫之下的绿洲。

当然，良好的沟通不是枯燥的形式，空洞的说教，而需要平等的对话，轻松的交流，这就决定着沟通的环境，至关重要。

那种空间狭窄、闭气闷热、嘈杂刺耳的场所会使人烦躁焦虑，难以达到沟通效果。而安静优雅、音乐柔和、气味芬芳、充满诗情画意的环境，却让人心旷神怡，自然容易放松身心，人在身心放松的状态下，容易接受新的信息和观点，也容易进行交流和沟通。

校长应该根据新形势下学校工作的特点，本着以人为本，人文关怀的原则，在校园中建一些"星巴克"，给教师充分的活动与对话空间，给教师忙碌的身姿以一个停泊的港湾，给教师的心灵以更多的栖息之地，也给教师与校长搭建一个温馨的沟通交流、谈心交心的平台。这比校长给教师的任何待遇都重要，也比校长搞这样建设那样建设重要得多。

我所去过的不少学校，校园中建设的类似"星巴克"的"阅读吧""咖啡书屋""休闲阁""心灵屋"等，深受老师们的喜爱，成了校园中的精神高地，课余饭后，一有时间，老师们都会聚在这里喝喝茶（咖啡），看看书，聊聊天，探讨教学，交流思想。也成为校长和教职工，教师和学生沟通的一个平台。在这里，彼此都以一种积极的情绪，一种放松的状态，一种温馨而宁静的氛围，谈谈心，推心置腹，以心换心，一下拉近了彼此的距离，再多的困扰在这里得到释然，再大的矛盾和误会，也在这里释怀。

但愿更多的学校让教师拥有自己的"星巴克"，让教师拥有自己的精神高地！

第七章

挖掘潜能的校长激励力

每个领导者都希望自己带领的团队是一个高效的团队，而恰到好处的激励方式，是让下属从平庸走向优秀，从优秀走向杰出的最好武器。

一个小男孩问迪士尼公司创办人沃尔特："你是画米老鼠的吗?"沃尔特回答道："我不是画米老鼠的。"小男孩又问："米老鼠里的笑话和那些人们特别喜欢的点子都是你想的吗?""不，这些都不是我想的。""那你是干什么的?"小男孩不解地追问。沃尔特笑着回答说："我就像一只小蜜蜂，从迪士尼工厂的一角飞到另一角，采集花蜜，给每个人打打气，我想这就是我的工作。"

教师是学校里第一重要的群体，也是学校发展的第一重要的力量，其精神状态和工作态度将决定学校组织的兴衰成败。学校发展的生命力来自教师对教育事业的忠诚，对本职工作的热忱，以及对教书育人的激情。

校长的职责，不是陷于具体的事物，而是通过一定的激励方式和手段，让教师做你希望做的事情，达到你想要的工作状态和效果，成为你所希望和期盼的那种人。

校长的工作过程就是通过激励每一位教师实现学校共同愿景的过程。激励而不是控制，是"领导"与"管理"标志性的区别之一。

校长的激励力是校长必备的基本能力，是衡量校长领导才能和效能的一个重要尺度。

一个校长有了激励力，就能用思想引领思想，用热情点燃热情，用激情迸发激情，自己就能成为那只快乐自己、成就教师、发展学校的小蜜蜂。

没有激励力，就没有管理

什么叫激励？激励一词从字面上看是激发鼓励的意思。它含有激发动机、鼓励行为、形成动力的意义。激励作为心理学术语，是指激发人的动机的心理过程，通过激励使人在某种内部或外部环境的影响下，始终维持在一个兴奋的、积极的状态中。

而激励在管理学中指的是一种精神力量或状态，它通过加强、激发、鼓励、推动、指导和引导行为指向目标。也就是通常所说的调动人的积极性。

行为科学家做了许多试验，证明经过激励的行为与未经激励的行为效果大不相同。研究发现，按时计酬的职工一般仅需发挥 20%～30% 的能力，即可保住职业而不被解雇。如果受到充分的激励，则职工的能力可以发挥 80%～90%，其中 50%～60% 的差距系激励的作用所致。

如果说管理是一门艺术的话，那么激励就是这门艺术的核心了，没有激励，就没有管理，至少没有高效的管理。不懂得激励，团队就无法运行，至少无法高效地运行。

激励很重要，任何管理都离不开激励，校长管理更离不开激励。

马云说："如果老师是教练，校长的责任是帮助、支持、发掘、激励老师。"

激励能挖掘教职工潜能

行为科学家认为，能力相等的人会做出不同的成绩，甚至能力差的人比能力强的人工作得更好。发生这种现象的原因，就是人的动机激发程度不同。动机又取决于人的各种需要，而激励可以通过满足一部分人的需要激发另一部分人的需要，通过满足低层次人的需要去激发高层次人的需要。

当教职工被激励，处于积极高涨的能动状态时，由于个人的思想被浓厚的情感所感染，由此引发积极地注意、记忆、思考，并能克服一切困难，产生强烈的工作动机和持续的工作动力，每个教职工所蕴含的潜能可以得到充分挖掘。

激励能激发教职工的创造欲望

当教职工处于积极状态时，他的情感往往丰富而愉快，这种情感体验直接引起中枢神经系统的活跃与兴奋，从而影响人的认知过程，使人的思路开阔，思维特别敏捷，富有创造性。

伟大的波兰科学家哥白尼曾说，他对于天文的深思产生于"不可思议的情感的高涨和鼓舞"，正是这种情感，才使他创立了"日心"说。

显然，没有对教职工的激励，就没有教职工高昂的工作热情和高涨的积极性，也就没有强烈的工作责任心和事业心，自然就没有创造的欲望，创新的精神了。

教育是富有创造性的活动，如果教师缺乏对创造性、创新性教育工作的追寻，把教育教学改变成日复一日单调性重复乏味的劳动，每天带着厌倦的情绪走进教室，无法在教育教学中体验到只有创造和创新才可能带来的幸福和快乐，教师对职业的懈怠，便在所难免。

激励能提升教职工素质

教职工在缺乏动力的环境下很难有饱满的热情，也很难有积极进取的工作状态，更难做到去主动地提升自己的素质，去提高自身的教学能力。

然而在激励的状态下，教职工很有可能将自己的工作能力发挥到接近全力的程度。能力上的恐慌，会促使教职工不断地进行自我反思、自我完善，由此充分认识到自己在素质与能力上的差异，然后孜孜以求，不断思考，不断学习，从而不断提升自己的业务素质和工作能力。

激励能增强学校的凝聚力

有研究表明，对一种个体行为的激励，往往会加强或消除某种群体行为的产生。有效的激励，不仅直接作用于一个人，而且还直接、间接地影响周围的所有人。

校长在学校管理中的有效激励，让学校中的每个人都感受到了被认可、被理解、被重视，这不仅对教职工会产生巨大的激励作用，而且有助于营造出一种积极向上、崇尚实干、比学赶超的工作氛围，促进教师之间的携手同行、团结互助、和衷共济，从而增强学校这个大家庭的凝聚力和战斗力。

激励在学校管理中的作用这么大，但并不是所有校长都重视激励，即或是都重视激励，也并不是所有校长都善于激励，即或是都善于激励，也并不是都能收到好的效果。说到底，这就是与这个校长的激励力相关的问题。

校长书教得好，并不等于校长做得好。校长的主要工作是吸引老师、留住老师、激励老师，一个优秀的校长书未必教得好，但他一定懂得激励，他一定能把老师组织起来，激励起来，把老师的积极性调动起来，工作潜力激发起来。也就是说，一个优秀的校长一定有激励力。

所谓校长激励力，指的就是校长激励的强度和效果，也就是校长运用激励手段对个体积极性和热情激发的程度和力度。

校长管理的奥妙就在于激发教职工，让他们自动自发地完成任务，校长管理的最高境界就是提升自己的激励力，使教职工为学校发展而不懈工作。

激励个性化，效果最大化

人的行为从深层次来讲，都是需要和动机的满足，都是自身价值的追求和实现。但是人的行为又有其明显的差异性，这主要表现在价值观的差异——价值观是决定人的行为的心理基础，不同的价值观决定人在同样的状态和情景中会有不同的行为；人的个性的差异——人有不同的个性，不同个性的人，他们在工作、生活中的表现和行为是不一样的；人的能力有差异，包括能力的早晚差异，能力的类型差异，能力的强弱差异。除此之外，还有人的受教育程度的不同，家庭背景的不同，兴趣爱好的不同，个人经历的不同等。

众多的差异，造就了一个个独特的个体，一个个独特的个体，也就有了不同的需求差异。

在学校管理中往往存在许多激励结果与期望相悖的现象。经济学上有一个非常典型的例子，同样价格的游艇与房子，对不同偏好的人来说价值是不一样的。

比如，对经济条件好、上进心强的教师，给予及时的精神激励比给他物质上的激励更有吸引力；对那些家庭经济条件差、困难多的教师，给予物质上的激励有可能是他们最大的愿望；对刚参加工作的年轻教师，他们要急着买房或者要结婚成家，你用安排外出学习的方式去激励，他对此会不以为然；对比较自信，平时显得清高的教师，你对他激励的最好方式就是放低姿态，给他认可，以示对他的尊重，他就会觉得特别有尊严；对那些缺乏自信的教师，你给他充分的信任，他一下子就打起了精神。

哪怕是针对同一个人，由于人的行为随时在发生变化，在几年前适用的激励方式，有可能现在就不起作用了，现在适用的激励方式，也有可能在今后就不见效了。同时，对于同一个人，由于时间段的不同，激励的手段也应有所不同。在平时，一般性的激励就管用；在忙碌紧张的时候，工作压力的增加，情绪上的波动，仅一般性激励还不行；而在危急时刻、关键阶段，有可能"唯有重赏"，激励才会见效，这时校长就不能太吝啬了。

因此，校长对教职工的激励，必须因人而异，要针对不同的对象设计个性化的激励方案，有区别地对待每一位教职工，切忌不可"一套模式""一刀切"。例如，年长的老师更注重安全的保障以及看中学校对于自己的认可肯定，那么学校就应该采取有关荣誉以及情感方面的激励机制。而对于年轻的老师来说，更多地采取一些有关理想以及目标激励的途径来鼓励他们的发展，增强他们奋斗的决心。

针对教职工的不同需求，有针对性地采用个性化激励，应成为校长激励管理的一个重要策略。

北京十一学校原校长李希贵非常注重组织成员的参与，强调唤醒组织成员的主体性，构建了一套多元的且针对不同层面成员的激励机制，充分调动了每一个人的潜能和主观能动性。

比如，为了激励年轻教师的成长，学校专门为35岁以下的青年教师设置了"青年才俊"展示窗口。通过"展示风貌、关注成长、建设团队"，鼓励他们不断刷新自我，追求卓越，争做师德的表率、育人的模范、教学的专家。

比如，为了充分发挥党员教师的模范带头作用，学校设置了"党员风采"展示平台，展示那些在自己的岗位上，以一名共产党员的身份带头工作的教职员工，以激励党员教师争做师德的表率、育人的模范、教学的专家。

比如，为了激励退休教师老有所为，老有所乐，每年退休的老师都会收到一份"退休纪念册"，其中展示的是他们在学校闪光的业绩和辉煌的历史。

比如，为了激励教职工子女追求卓越的人生目标，学校专门制定了《北京十一学校教职工子女升学奖励办法》。学校对品学兼优的教职工子女进行一年一次的奖励，颁奖典礼邀请教职工和他们的子女一同出席。奖励名单以大幅海报张贴在学校的显著位置。学校通过奖励他们的孩子，让教职工感受到学校对他们个人幸福家庭的关心，并因此备受激励。

没有个性化的教育，就没有真正的教育。同样，没有个性化的激励，就没有真正的激励。

让激励更个性化，校长的激励效果就能够实现最大化。

不断认可，零成本激励

金钱与物质固然能够起到激励作用，但这并不是唯一的办法，在很多时候也有其局限性。

管理大师彼德·德鲁克曾指出："经理人必须真正地降低物质奖励的必要性，而不是把它们当作诱饵。如果物质奖励只在大幅提高的情况下才产生激励的效果，那么采用物质奖励就会适得其反。物质奖励的大幅增加，虽然可以获得所期待的激励效果，但付出的代价实在太大，以至于超过激励所带来的回报。"

人人都希望得到认可，渴望被认可，这是人的本性，也是人性的特点和优点。

美国著名管理顾问史密斯曾指出："每名员工再不显眼的好表现，若能得到领导的认可，都能对他产生激励作用。"

一个人一旦被认可，就会自然而然地生发一种自豪感和成就感，一种崇高的使命感和责任感。

一个智慧的校长，他会抓住"人人都希望得到认可"这一点，适时地对教职工给予激励。

当教职工在工作中取得了成绩或者在某些方面做出了贡献时，校长的一个手势、一个拍拍肩膀的举动、一个肯定的眼光、一个祝贺电话、一则祝福短信、一束送去的鲜花，所表达的认可，所收到的激励效果，远比重金奖赏管用得多。

然而不少校长对这种低成本而高回报的激励却十分吝啬，当然压根儿不排除一些校长根本就不会运用，他们对教职工所取得的成绩、所做出的贡献，充耳不闻，视而不见，似乎这一切都是天经地义，都是教职工应该的，殊不知，校长的这种态度会对教职工的工作热情带来极大的伤害。

有这样一个故事：一个乡村家庭，一家人忙碌了一天，晚上待在一起吃饭时，饭桌上竟然放了一堆干草。男主人大怒，指着老婆的鼻子大骂："你是不是发疯了，把干草放在饭桌上。"老婆也不示弱，理直气壮地反驳道："饭桌上放草，你们就注意到了，这20年来，我一直不辞辛劳地为你们做饭，为你们操持家务，却没有任何人在意我，也没有任何人告诉我，你们吃的是饭而不是草。"

女主妇20多年的辛劳没有得到家人的认可，忍无可忍，便用这种方式表示抗议，也表明自己存在的价值，可谓太绝了！

如果教职工的工作长期得不到认可，那么最后校长遭到教职工的抗议，也就在所难免了。

现实中还有个别校长对教职工的辛勤劳动和成绩，不但不认可，相反还连挖苦带训斥，这更令教职工寒心了。

有一个教师利用课余时间，勤于笔耕，他的一篇教改论文在一本权威教育杂志上发表，这个老师拿着样刊，很兴奋地来到校长办公室对校长说："校长，告诉你一个好消息，我的一篇文章发表了。"

校长却冷冷地说："这有什么，不就是发表了一篇文章吗？"老师碰了一鼻子灰，正准备离去，校长继续严厉地说："以后要把精力用在正道上，用在提升教学质量上，大家如果都去写文章，学生又让谁去教？"

这个老师一脸沮丧地走出校长办公室，把刊有自己用心血写的文章的杂志，撕了个粉碎，然后使劲地抛向空中，天女散花般的碎片连同控制不住的泪珠一齐掉落在地上。

可以想象，这会给这位老师带来多大的打击，对他的工作积极性和写作热情会带来多么大的影响！

教职工在一些方面获得成功后，强烈期待得到认可的欲望，是校长手中最有价值的资源，校长要好好利用，不能不在意，更不能随意打击！

士为赞美者死

人的本性中有一个重要方面：对赞美的渴求。每个人都喜欢得到别人的赞美，你、我、他，都不例外。

不信你去试试，你在大街上碰到一个不认识的漂亮女士，你对她说"你长得真好看"，她即使恶狠狠地骂你一句"臭流氓"，其心里也是乐滋滋的。

有位日本社会心理学家说过："人们对你表示赞誉、佩服或敬意时，除非显而易见地是溜须拍马，否则即使是应酬话，你也许还是觉得舒坦。相反，听到别人对你不中听的批评言语时，即使他没有恶意，甚至还基本符合事实，你也可能对他抱有反感。"

赞美别人，表达的是你的一片善心和好意，传递的是你的信任和情感，其实质是尊重和信任别人，也是送给别人最好的礼物和报酬。

有一个"掌声与赞美"的故事，更形象地说明了赞美的重要。

古时候有一位王爷对下属特别习钻苛刻，他家里的厨师很会做烤鸭，却经常受批评，厨师就想收拾一下王爷。

有一天，王爷家招待重要客人，厨师就把烤鸭的一条腿卷起来，只露出一条腿。王爷就问："怎么只有一条腿？"厨师说："我们家的鸭子都只有一条腿，不信你亲自去看。"

当晚半夜，王爷来到自家鸭舍，看到睡觉的鸭子果然都只伸出一条腿，王爷很纳闷，于是就拍了几次掌，鸭子被惊醒，纷纷站了起来。王爷说："你说鸭子只有一条腿，那现在为什么又都是两条腿？"厨师说："我们家的鸭子是在听到掌声后才露出两条腿的。"

用掌声表达赞美，让赞美独具魅力。

从管理的角度来看，赞美是一种有效的激励，一种零成本激励。管理大师洛克菲勒曾说："要想充分发挥员工的才能，方法是赞美和鼓励。"

一所规模较大的中学里，有一个清洁工，本来是一个被人瞧不起的角色。但在一天晚上学校后勤处的保险柜被盗时，她凭柔弱的身躯与盗贼展开了殊死搏斗，使学校财产免遭损失。事后有人问她为什么要这样做时，她说，校长每次在她扫地从她身边经过时，总是赞美她"你扫的地真干净"。

就这么一句简单的赞美，就让清洁工"以心相随"，在关键时候，真正做到了"士为赞美者死"。

你看，这就是用赞美激励所产生的神奇力量。作为校长，千万不要吝惜你的赞美！

因为赞美对于教职工来说，就像兴奋剂，它会使教职工受到振奋和鼓舞，会让教职工热情似火，激情澎湃，充满活力，一直保持着一种奋发的姿态，一种不断进取的状态。

因为赞美对于校长来说，就像催化剂，它不用花任何代价就能够为自己赢得人心，赢得教职工对自己的信任与支持，赢得教职工对自己的死心塌地地追随和心甘情愿、默默无闻地工作。

因为赞美对于学校来说，就像润滑剂，它不费任何力气就能消除人们之间的怨恨，化解人们之间的隔阂，缩短人们之间心理及情感上的距离，拉近人与人之间的关系，使学校这个团队有着如家一样的温馨与和睦。

现实中，不少校长却不善于利用这个管理的"法宝"，有的不重视对教职工的赞美，要么没有认识到赞美在激励中的作用；要么认为自己能力强，教职工没有什么可赞美的；要么认为自己是校长，是领导，我凭什么去赞美一个普普通通的教职工；要么以为到时候表彰表彰、奖励奖励，赞美值什么钱。

有的校长尝试着赞美，但是不懂得赞美的技巧，要么随便夸夸，言不由衷，抽象笼统，含糊其辞，缺乏必要的真诚；要么赞美不及时，贻误时机，雨后送伞，失去作用；要么言过其实，有些夸大，过分赞美，既不能服众，又助长傲慢，还可能遭受周围人的妒忌，因而不能很好地把握"度"；还有的为了贬损一个人，故意赞美某个人，或者拿双方作比较，弄得彼此都没有颜面，都难受，甚至都难以面对。

曾有一位美国企业家这样评价卡耐基："他是一位会握着你的手，鼓励你、赞美你的人。在我的生活经验中，还没有碰到一个能赶得上他的人。有许多人，虽然拥有职权，但他们没有嘉许人的雅量，只会讥讽别人，这样怎么能成就更伟大的功业呢？"

在我们身边的确也有这样的校长，"没有嘉许人的雅量，只会讥讽别人"。你想想，对教职工该赞美的时候不但不赞美，还要去讥讽挖苦，教职工会怎样对你，怎样对待工作呢？

现代心理学研究表明，当人们意识到自己的行为受到他人重视，自己的行为受到他人的赞美，自己的行为被认为有特殊的重大意义时，人的主观能动性便能够被充分激发，潜在的能量才能够得到淋漓尽致地挖掘与发挥。

士为知己者死。赴汤蹈火，在所不辞。皆是很好的例证。

学会把赞美的阳光洒向教职工的心灵，让赞美为学校管理助力！

用目标鼓舞人心

有个典故叫"望梅止渴"：

一个骄阳似火的夏日，曹操率兵讨伐张绣，几万人马由于天热难行，再加之路途没有水源，将士们已经无力行走，有的还晕倒在路上。曹操知道要找到水源，还必须翻山越岭，走很远的路程。这时仅凭下达命令加速前行，也有可能无济于事。

曹操脑筋一转，夹马扬鞭，赶到部队前面，指着前方对将士们说："弟兄们，我知道你们已挺不住了，但我们坚持一下，绕过这个山丘，前面就是一大片梅林，那里的梅子又大又甜。"

士兵们一听，个个精神抖擞，急步前行，在曹操的带领下，最终找到了水源。

这是一个典型的目标激励的例子，正是由于有了"梅林"的目标激励，才使将士们精神大振，拼命前行，如期赶到了目的地。

一个人最大的动力，不是仅来自于物质上的满足，而更重要的是来自精神上的执着追求，这种精神动因，包括人的信仰、宏伟的目标。

从人们的需要动机和行为联系的过程来看，只有人的需要指向一个明确的目标时，才能推动人产生行为。

目标是一种刺激，也是一种最好的管理、最大的激励。

马云曾说：不能统一人的思想，但可以统一人的目标。千万不要相信你能统一人的思想，那是不可能的。30%的人永远不可能相信你，不要让你的同事为你干活，而要让他们为我们的共同目标干活。团结在一个共同的目标下，要比团结在一个人周围容易得多。

人的思维和行动都具有一定的目的性，加之目标本身就可以告诉人们需要做什么以及需要做出多大的努力。因此，在学校管理中，校长设定一个全体成员共同认可的学校发展目标，就可以有效地激发教职工的动机和斗志，鼓舞教职工的热情和士气，让教职工以积极的态度去出色地完成自己的工作。

其实，科学合理的目标，不仅对教职工个体起着激励作用，由于目标能够把全体教职工的需求与学校发展的需要结合起来，能够把全体教职工有机地组织起来为学校发展的整体目标而奋斗，因而能调动和激发学校整个团队的积极性，对整个团队都能产生强大的激励。

卓越的领导者都是一个愿景和目标的布道者，他们会用目标凝聚人心，积聚力量，引领发展，让员工永远怀揣梦想，充满希望。

在企业界，"华为阳台"的故事家喻户晓，说的就是华为总裁任正非在创业初期曾说："我们以后一定要建造大阳台的房子，这样如果我们的钱发霉了，就可以把钱放在阳台上面晒一晒。"这其实就是一种目标激励。

校长可以通过目标制定，尝试目标管理、目标激励。校长在运用目标管理和激励时，必须注意以下几点。

目标要具体清晰

目标应有定量的规定，定性的描述，如果提出的目标过于抽象概括，仅停留于文字游戏，仅表达一种"意象"或"意愿"，这样的目标将形同废纸，虚无缥缈，没有任何价值。

真正有效的目标，是具体的、明确的、清晰的、可以测度的，是能够转化为各项工作的，是通过努力能够转化成现实成果的。

目标要难易适当

校长制定的目标过低，轻而易举，不费一点力气就可完成，这样的目标难以催人奋进，也难以调动积极性。如果校长制定的目标过高，实施难度太大，让人们感到可望而不可即，大家就会因高不可攀而主动放弃，这同样达不到激励效果。

最好的目标就是"篮球架高度",跳一跳,够得着。躺着不行,坐着不行,站着也不行,必须跳一跳,这样的目标才具有挑战性和激励性。

有经验的老农用草料喂牛,他不会把草料直接放在地上,而会把草料放到一个牛能够勉强够得着的屋檐上。直接放在地上,太容易得手,老牛可能不屑一顾。放得太高,老牛吃不到,只有放弃。而放到一个勉强够得着的高度,老牛就会努力地去吃,直到把草料吃个精光,这也是同样的道理。

目标要远近结合

只有近期目标,难免鼠目寸光,急功近利,不利于学校全局工作的谋划,未来事业的发展。只有远期目标,难免让人觉得相隔甚远,遥遥无期,空中楼阁,可有可无。所以,学校制定的目标既要有近期目标,又要有中长期目标,力求做到整体考虑,长远结合,统筹推进,步步为营。

目标要体现组织目标与个人目标相匹配

学校既要设置组织目标,又要在校长的指导下,让教职工确立个人目标,个人目标既遵从于组织目标,又体现个人的发展意愿和努力方向。个人目标的实现既有助于体现教职工的自身价值,又有助于学校整体目标的实现,组织目标与个人目标的有效统一与匹配,使目标的达成与每个成员的切身利益息息相关,更能激发全体成员团结协作的内驱力,也更能激发教职工的工作热忱和实现目标的愿望。

目标要转化成共同愿景

目标是努力的方向,愿景是人们心中或脑海中所持有的意象或景象,是一种对未来的期许或愿望,也就是一个组织要去哪里,而共同愿景是组织中全体成员深度分享的共同目标、共同价值观和使命感。

校长确定学校发展目标,只是校长工作责任的一小部分,或者说只是管理的开始。而校长的主要职责和任务,就是通过宣传发动、文化营建、环境创设、沟通修正,对目标达成共识,将目标转化为共同愿景。

一个优秀的校长的职责和使命是什么？我以为，绝不是给教职工一味地发奖金，也绝不是用一些条条框框把教职工盯紧管死，而是善于将目标转化为教职工的一种信念，也就是共同愿景。

一旦将目标转化成共同愿景，每一位教职工都会把目标落实为共同的行动，都会把普通的职业演绎成神圣的事业、志业乃至命业，都会把平凡的工作变成自己的一种价值取向，一种人生追求，都会为愿景的实现发挥和贡献自己最大的力量。

给些荣誉，添些激励

在学校管理中，靠行政命令、规章制度，靠物质、奖金激励，无疑是必要的，但是仅靠这些，是无法达到连续而持久地调动教职工积极性的目的。因为教师的文化素质、心理特征、工作特点决定了教师并不是那种仅停留于物质层面的人，对教职工运用荣誉激励往往会达到比其他激励诸如物质激励还好的效果。

荣誉激励是指校长对教职工工作态度和工作业绩给予荣誉称号或头衔。通过荣誉称号或头衔的颁发及授予，加强对他们工作的认可，增强他们的荣誉感和尊严感。

运用荣誉激励，可以让获得荣誉的教职工知道自己在某个方面是出类拔萃的，感觉到自己在学校里的存在价值，并以此为台阶，再接再厉，再创新的业绩，再写新的辉煌，为此带来源源不断的工作激情和动力。

对于其他教职工，无异于给他们提供了学习标杆，他们会通过反思，找出差距，看到不足，并竭尽全力，努力工作，迎头赶上，这就是荣誉激励的效用。

不过，荣誉激励看似简单，但使用起来也很有窍门。校长怎样让荣誉激励产生更大的激励效果呢？

首先，荣誉激励的授予，需要基于一个清晰可见的、合理的且被大家普遍认同的规则、标准和程序。也就是说，当学校中的个体被授予荣誉激励时，授予规则必须明确，标准必须透明，程序必须合法，整个过程必须体现公正、公平、公开的原则。

有的学校运用荣誉激励，在人选的确定上，要么校长一个人说了算，根据亲疏定取舍，要么暗箱操作，要么轮流坐庄，甚至采用抓阄的办法。这样产生的人选，不可能服众，大家从内心深处并不认可，当然也就难以真正认同这些荣誉性称号的价值。久而久之，荣誉激励也就失去了它应有的功效和吸引力。

其次，荣誉激励需要用仪式感来强化其在团队中的价值认同。仪式感让人们在庄严、庄重的氛围中，产生一种敬畏、敬重与崇拜之情。荣誉激励必须通过特定的仪式，让"荣誉"有它应有的高贵和分量，让荣誉的授予者享有崇高的荣誉感，让其他教职工产生发自于内心的价值感。

学校在针对荣誉激励的仪式感设计上，可以为相应的荣誉激励设计一些徽章、图案或奖杯、奖牌等，上面可以有荣誉称号获得者的姓名以及获得年份，在材质、设计细节上尽可能体现出精致；可以在荣誉授予大会上邀请荣誉称号获得者的家属或亲朋好友参与见证；可以用文字、照片及影像形式予以记录并保存在学校的历史文件或陈列室中。

最后，荣誉激励应以奖项的广泛性、数量的相对稀缺性来强化荣誉激励的效果。需要什么，就去激励什么。学校在进行荣誉激励时，奖项可以涉及方方面面，力求全覆盖，让学校各个领域、各个层面、各个方面的工作都受到重视，都不被落下，从而确保学校整体工作齐头并进。

但是在每一个奖项数量的确定上，则不宜多，不宜滥，荣誉的稀缺性往往是通过数量来体现的。

电影界的奥斯卡金像奖，是世界电影最高奖，它的奖项设置和每个奖项的数量控制，应该带给我们很好的启示。

奥斯卡金像奖奖项，涉及各个方面、各个层面，可以说是应有尽有、包罗万象。诸如最佳影片、最佳导演、最佳原创剧本、最佳改编剧本、最佳男主角、最佳女主角、最佳男配角、最佳女配角、最佳摄影、最佳灯光、最佳美工、最佳音乐、最佳剪辑、最佳化妆、最佳道具、最佳视觉效果、最佳服装设计、最佳动画长片、最佳动画短片、最佳纪录长片、最佳纪录短片……

不管是哪种工作，也不管是谁，只要有亮点，有艺术成就和卓越成就，就有可能与奥斯卡结缘。

每一位获奖者，都能够自豪地从红地毯上走上台去，发表一番获奖感言，然后激动地捧回一个小金人。

但是每个奖项的获奖人次却有严格的数量控制,数量的稀缺性加之颁奖典礼那种隆重的仪式感,各国电影届精英身着华服,欢聚一堂,在霓虹灯耀眼的灯光闪烁中,让小金人花落各自家门,从而使奥斯卡金像奖更加神圣,更具神秘性,受到全世界的注目。

校长也可向奥斯卡金像奖学习,在一年一度的总结大会上,也可以举行隆重的颁奖仪式,奖项设置力求做到方方面面皆有,条条块块兼顾。比如:"优秀中层干部""优秀教师""优秀班主任""优秀保安""优秀后勤工作者""十佳师德标兵""十佳班主任""先进教研组""先进年级组""先进班集体""安全工作先进个人""政工工作先进个人""德育工作先进个人""艺体工作先进个人"……

伴随着灯光、音乐和掌声,在主持人的深情介绍和礼仪人员的引导下,他们依次登台领奖,接受颁奖嘉宾的颁奖,而且他们还像奥斯卡金像奖获得者一样,也来个获奖感言,那种神圣感和庄重感,是难以言表的。

虽然奖项不一样,但他们的成就感一样,由此激发的荣誉感一样。可以想象,他们的自我潜能、个人价值、职业尊严、工作热情和学校发展责任将像孪生兄弟一样在那一瞬间一并产生,一同点燃,一起迸发。

其实,这不仅仅停留于教职工层面。学校还可举行学生层面的颁奖典礼,"学习标兵""体育健儿""读书人物""道德楷模""艺术花朵""劳动模范""文明使者""爱心天使"等个性化的奖项。荣誉的百花园,将会使每个学生都找到努力的方向,从而激励学生个性化发展,促进教育的全面发展。

竞争激励，倍增活力

人人都有争强好胜、不甘落后的心理，由此而形成的竞争能够激起无穷的力量。有研究表明，竞争可以增加一个人50%或更多的创造力。

号称美国第一师的第82空降师和因一部《兄弟道》电视剧而扬名的第101空降师是美军中一对著名的冤家。自101师成立之日起，两支部队之间就为谁是最好的空降师而竞争不止，其竞争激烈程度后来发展到美军总部公开发布命令，严禁这两个师在同一时间驻扎在同一个地方。正是由于有了这种看似残酷的竞争，才使得两支部队都成了钢铁之师。

正因为竞争有这么大的魔力，所以无论是国际还是国内，无论是组织还是个人，都在想尽办法鼓励竞争。

世界乒联将乒乓球由小球换成大球，将21分制改成11分制，这都是为了鼓励竞争，因为乒乓球如果没有中国以外的其他国家参与竞争，中国乒乓球的竞技水平也很难有跨越性的提高。

英国少年足球赛规定，如果上半场一队落后另一队达到5分，两队比分就要修正为0比0；如果比分差距继续拉大，弱队就要增加两名队员。这是通过对弱者的扶持让竞争双方势均力敌，从而鼓励竞争。

竞争是发展的源泉，没有竞争就没有发展。教学也需要竞争，良性的竞争能够有效地发挥教师潜在的能力，激励教师在教学工作中更加努力做出更出色的业绩。

竞争是大自然的法则，也是校长在管理中必须重视和运用的一条重要的激励原则。

在学校内部，如果有一种蓬勃向上、你追我赶的竞争氛围，教职工的创造力和所蕴藏的潜能就能极大地被激发，校长的管理就会轻轻松松、左右逢源，达到不管而管、不为而为的最高境界。

培养竞争对手

看过《三国演义》的人都知道，司马懿兵临城下，在万分紧急的情况下，诸葛亮唱了一出空城计。按常人理解，司马懿果然中计，急忙撤兵。是不是司马懿就这样轻而易举地真正中了计呢？我看未必这样简单，司马懿从小熟读兵书，对孔明的空城计肯定一眼就识破了，那么他为什么识破之后，不挥兵而上，杀了诸葛亮呢？这正是司马懿的高明之处，如果他当时破城后把诸葛亮杀了，没有了孔明，没有了对手，他就没有发挥作用的地方，就没有被利用的价值，有可能会被魏帝杀掉，所以他只好将计就计。

人，有几个对手，才能引起警醒、催人奋进、发奋图强，也才有学习的对象、工作的动力、存在的价值。如果你没有对手，或者你把对手都干掉了，你离走向没落和衰败就已经不远了。

因此，学校要发展，校长能力要提升，作为校长，就应该设定几个旗鼓相当的学校、不相上下的校长作为学校和自己的对手，一方面取长补短，向他们学习；另一方面让他们为学校、为自己带来一种压力，让压力成为动力，让动力激发活力，永远使自己处于一种时不我待，奋发有为的状态，让自己有一种不进则退，不能掉以轻心的紧迫感。

放上几尾"鲶鱼"

沙丁鱼被从水里捕出后，死得很快。有经验的渔民，会在鱼槽里放上一尾以食鱼为主的活蹦乱跳的鲶鱼，有了鲶鱼，沙丁鱼受到威胁，就会四处躲避，加速游动，于是便能长时间地活下来。

当学校处于一种故步自封、停步不前、一团和气、一潭死水、缺乏动因、没有活力、效率低下的状态时，校长就要充分发挥鲶鱼效应，在学校引入一些"鲶鱼"。这些"鲶鱼"，可以是新鲜血液的补充、富有朝气的人才的引进、学校现有能人的起用、新的管理理念和方法的运用。让"鲶鱼"不停搅动平静的水面，让所有的"沙丁鱼"都自主自发地动起来，整个团队就会一改四平八稳、得过且过的状态，学校就会有了新的生机与活力。

有一所中学，针对高考质量下滑的情况，学校审时度势，对下一届高三年级的任课教师进行了大胆调整，每个班都调换了一些有想法、有冲劲、有活力的年轻教师。这些教师虽然年轻，担任高三毕业班教学或许没有多少经验，但是精力充沛，知识鲜活，思维敏捷，工作主动，敢于创新，教学方法灵活，特别受学生欢迎。他们的加入，打破了原来的那种一直走老路的格局。这些"鲶鱼"，一下就把整个高三年级这潭水搅活了。之后的高考轻轻松松地便取得了好的成绩。

建立良性竞争机制

你听说过这一则关于竞争的故事吗？

一名恶毒的农妇死了，她生前除了拔过一根葱，施舍给一个乞丐，就再也没有做过一件善事，因而死后直接被扔进了火海。

念及她还做过一件善事，上帝就对守护她的天使说，你拿那根葱，到火海去伸给她，让她抓住，拉她上来。如果能从火海里拉上来，就让她上天堂去。如果葱折了，那就只好让她继续待在火海里。

天使跑到农妇那里，把葱伸给了她，叫她抓住，拉她上来。天使小心地拉她，差一点就上来了。火海里的其他罪人，也想上来，他们都拉着葱。农妇这时用脚使劲地踢他们，说："人家是拉我，不是拉你们。"

她话音刚落，葱就断了，女人再次落入火海。

农妇后来才知道，这葱其实是可以拉很多人的，是上帝借此再度考验她，可她并没有经受住考验。

竞争的最高境界不是你死我活，而是良性竞争。

良性竞争是自我生存的必然选择，也是自我成功的必由之路。一个高尚的竞争者在竞争的时候，他会把一种友好和善意传递给对方，走共赢、共同发展之路。

竞争是发展的源泉，没有竞争就没有发展。没有良性竞争就没有共同的发展、更大的发展。

我们鼓励学校建立竞争机制，但是这种竞争不是不择手段，不是置别人的利益而不顾，不是置教育的发展生态而不顾，而是要建立良性的竞争机制。

良性的竞争机制不会把对手当成敌人，而会把他当成队友。

良性竞争机制不是以淘汰为主，而应该是以激励为主，通过竞争机制的建立，创造各种优越的条件让优秀教师脱颖而出，并且承认人与人之间存在的个体差异。对于那些工作能力欠缺者，工作效果不佳者，不应该以淘汰为主，而是本着鼓励与善待的方式，帮助其改进与提升。

良性竞争机制的建立不是以单纯地提高分数，盲目地追求升学率为目的。那种不顾教师的感受，通过不断加大教师的工作压力、采用各种强制性的惩罚手段、以牺牲师生健康为代价的竞争机制，不仅会引起教师的强烈反感，而且还会助推应试教育，让教育在反教育的路上越走越远。

比如，有学校每学期依据学生的考试成绩，把教师分成三个群体，前三分之一受重奖，中间三分之一不受奖，后三分之一受罚。管理者的初衷是鼓励老师们在工作上展开竞争，创造最佳的教学业绩，但实际情况是，没有任何一位教师愿意当后三分之一，而前三分之一又恰恰是个固定数，你能挤进去我就有可能被挤出来，无论怎样死去活来地拼，前三分之一和后三分之一始终存在，于是教师之间的残酷竞争就展开了。

彼此之间相互封闭，天天担心别人超过自己，而且无限度地拼时间、拼分数，死整蛮干，不顾学生的死活，这样既影响了教师之间正常的人际关系，又助推应试教育，让应试教育愈演愈烈，又让教育生态遭受异化和破坏。

我们需要竞争，但需要的是积极的竞争、良性的竞争，而不是恶性的竞争。恶性的竞争比恶性肿瘤更可怕！

搭建阶梯，提供激励

校长们可以留意这两种现象：

一是小孩子打游戏机，不管父母怎样看管，老师怎样要求，他们总会变着法子躲过父母和老师的监管，在手机上打游戏，或者跑到网吧、游戏厅玩游戏机。有的小孩子一玩就着迷、上瘾，哪怕不吃饭、不睡觉、不上学，哪怕受到父母、老师严厉的责罚。玩游戏机哪有这么大的魔力？原来商家把游戏设计成若干个级别，小孩子玩游戏通过过关斩将可以不断升级。

二是中国的科举制度，时间跨度一千多年，无数学子寒灯苦读，乐此不疲，有的熬到头发花白，虽然没有如愿以偿，却也心甘情愿。像范进中举而疯的，也不乏其人。明明知道能够走过独木桥的，可谓凤毛麟角，为什么他们还要不遗余力，搏击考场呢？除了受"学而优则仕"的影响外，更重要的是，这种考试制度为学子们设置了一个长长的阶梯。比如清朝的科举考试，它分院试、乡试、会试、殿试四级。学子们沿着这一阶梯攀爬，便可达到辉煌的顶峰。

不管是小孩子玩的游戏，还是科举考试，都是通过搭建一种阶梯，给众多孩子以及莘莘学子以动力。这种激励力量就是由阶梯产生的，阶梯激励不失为一种重要的认可和激励。

在学校管理中，校长也可为教师设置一些成长与发展的阶梯。

比如，对有管理潜质的教师，可以搭建一个提升的阶梯：班主任——学科组长——年级组长——教研组长——中层副主任——中层主任——副校长——校长。

每迈入的一个阶梯，既是对教师过去工作业绩的肯定，又是向上一级阶梯迈进的一个起点。在一级一级地跨越中，不断给足压力、迸发动力、挖掘潜力，也不断创造新的业绩，不断奋发进取。

比如，对有学术兴趣的教师，可以搭建一个学术成长的阶梯：铜牌级——银牌级——金牌级——皇冠级。实行学术积分制，学术积分包括教师主持或参与课题情况、著述及文章发表情况、教学研究情况等，积分达到一定数量自然晋级，并将晋级情况纳入学校教职工评优获奖、职称晋升的重要依据。学术成长阶梯的搭建，将形成浓厚的学术氛围，推动教师学术能力的提升。

对所有的教师，可以搭建专业发展阶梯。现在中小学所设定的职称等级：三级教师、二级教师、一级教师、高级教师和正高级教师就是一种教师专业发展的阶梯。

这种专业发展阶梯能够促使教师把心思精力全部用在教育教学上，用在自己的专业发展上，用在工作能力的不断提升上。虽然时下人们对教师职称制度颇有微词，但总的来说，中小学教师职称制度还是具有很强的正向激励作用。

除了职称阶梯外，有的校长还根据学校实际情况，借鉴部队和星级酒店的做法，开展星级教师评选。他们把教师设定为一星级、二星级、三星级、四星级、五星级、超五星级。当教师达到下一个星级的条件和要求时，就自然晋升为高一个级别的星级教师。

在每一个教师都有一个星级的时候，其实，竞赛便开始了，激励的效应也就显现出来了。

人只有在不满足于现状的状态下，生命才会永远保持一种最好的状态。教师按设定的阶梯一步步攀爬，盯紧目标，向"星"出发，步步升级，由此带来的激励，会让教师不懈追求，积极向上，不满足于现状，始终保持一种生命最好的状态。

教师有教师的阶梯，学校中的职员也可设定级别，一级、二级、三级、四级、五级。

阶梯激励，成本很低，效果却很好，校长们不妨一试。

赏罚激励，奇异的魔棒

在众多的激励方式中，"赏"与"罚"是最重要，也是最有效，而且是经常使用的激励手段。

诸葛亮在《便宜十六策》中说道："赏以兴功，罚以禁奸。"这是说赏罚的目的。宋朝许洞在所著的《虎钤经》中说："欲谋强兵，先谋赏罚。"它道出了赏罚在管理中的重要作用。

赏罚这么重要，但是在具体的运用上，有的校长却偏离了初衷，没有充分发挥出"赏"与"罚"的激励作用，相反还带来了负面效应。

要真正做好"赏"与"罚"，必须把握以下一些原则。

宜赏则赏

奖赏是校长手中掌握的一种资源，校长可以在职权范围内，充分利用这种资源，但是校长绝不能滥用滥赏，一定要做到赏出有因、赏之有理、赏有所值，大功大赏、小功小赏、无功不赏。

春秋战国时期，韩国有一个叫韩昭侯的官吏。一天，他叫下人为他整理衣物，从中拣出一条旧裤子，韩昭侯不准备再穿了，下人便请求韩昭侯把裤子赏给他，一条旧裤子又有什么舍不得呢？韩昭侯却说："君主固然要善于奖赏，但是任何奖赏都要有依据，一定要奖赏给那些有业绩、值得奖赏的人。"

韩昭侯坚持赏"有依据"，"奖赏给那些有业绩、值得奖赏的人"，这应该值得我们借鉴。

校长对于奖赏，如果把握不好"度"，不但有可能产生不了激励作用，还可能"赏"出问题。

210

宜罚则罚

同奖赏一样，惩罚更要把握条件和尺度，该惩罚的行为，必须惩罚。

如果该惩罚的行为，不但没有受到惩罚，相反，还给予了奖赏，那只会放纵和助长错误行为。

有一则寓言说的是，一个渔夫出海，发现船边游动着一条蛇，蛇的嘴里叼着一只青蛙。渔夫可怜那只青蛙，就俯下身来从蛇口中救出了青蛙。之后，他又可怜这条饥饿的蛇，于是拿出料酒往蛇口中倒了一小杯。

蛇快活地游走了，渔夫正在为自己的善举感到欣慰时，没过两分钟，蛇又游了回来，只见蛇抬着头，嘴里叼着两只青蛙，似乎在等着渔夫给它奖赏料酒。

这就是该惩罚而不惩罚，还奖赏带来的结果。

同样，校长对不该惩罚的行为而进行了惩罚，对该用其他方式惩罚的而进行了经济惩罚，对小惩罚的行为而进行了大惩罚，对需要从重惩罚的行为而进行了从轻处罚，也会带来管理上的被动。

有一家幼儿园，园里的老师希望家长在下午三点之前把孩子领回，但总有部分家长迟迟不来。园长得知这个情况，便做出规定：家长晚来一个小时，扣2元钱。规定一宣布，结果晚来的家长更多了，因为这些家长认为，花2元钱就能让幼儿园老师帮忙照看一个小时孩子，真是太划算！试行了几天，园长发现这一惩罚办法有误，便宣布取消，结果晚来的家长更成倍地增加了。因为他们想：现在幼儿园免费给我们照看孩子，这种好事哪里找呢？

最好的惩罚不是动不动就给处分，动不动就给予经济处罚，而是把惩罚与荣辱尊严联系起来，触及灵魂，让其从内心深处认识到错误或者失误，痛下决心，彻头彻尾地加以改正与弥补。

有一个比较经典的案例，在一次重大战役中，拿破仑的两个团惨败了，这两个团是他的两支劲旅，过去屡建奇功。拿破仑把将士召集起来，用低沉的语气宣布，这两个团因思想麻痹而失败，他们不配当拿破仑的士兵，并叫参谋长在这两个团的团旗上写上"我们不再是拿破仑士兵"的文字。

将士们羞愧难当，个个哭着请求再给他们一次机会，以雪这失败之耻，拿破仑同意了。后来这两个团在战场上英勇顽强，势不可挡，把敌人打得溃不成军，立下了战功，洗刷了耻辱。

赏罚分明

大家知道诸葛亮挥泪斩马谡的例子吧。该赏的必须赏，该罚的也必须要罚。赏罚必须分明，这是赏罚的一个重要法则。赏罚不明不但是兵家大忌，也是学校管理之大忌。

可以想象，学校里有教职工违反了制度，或者工作上拉息摆贷，出现差错，作为校长你却因为心软，或者因为关系好，情感过不去，于是下不为例，该罚不罚。其他教职工都盯着，下次如果出现了类似的情况，你怎么办？如果处罚，人们会问你上次怎么不处罚呢？如果不处罚，制度形同虚设，大家纷纷效尤，学校管理肯定会陷入混乱。

赏罚不明，久而久之，就会带来赏罚失"信"。赏罚不信，校长也就会逐渐失去威信。

学校管理，校长必须坚持赏罚分明。只有赏罚分明，才能惩恶扬善，弘扬正气，才能体现校长的公平公正，树立校长的良好形象，赢得教职工的拥护和尊重。

多赏少罚

虽然我们说赏罚分明，但并不意味着赏和罚必须对半开，因为奖赏和惩罚，毕竟是冰火两重天。

奖赏是对某种行为给予的肯定，它通过正面强化，使人自觉地去行动，容易调动人的积极性。而惩罚是对某种行为给予的否定，它通过反面强化，会让人难堪，不大容易接受，也容易造成对立情绪。

人所有行为的根源都是追求快乐，逃离痛苦。与没有一个人不喜欢奖赏一样，也没有一个人是喜欢受惩罚的。应该说，几乎所有的人都怕被惩罚，更不用说是重罚了。

因此，校长在管理中，对于奖赏和惩罚，不可平均用力，应该根据情况，区分对待。一般地，奖赏应该多一点，惩罚应该少一点；奖赏的气氛应该浓一点，惩罚的气氛应该淡一点；奖赏的场合应该公开一点，惩罚的场合应该隐蔽一点。

而且对于惩罚，必须本着"治病救人"的精神，不能一棍子把人打死，要多给一些教育和改正的机会。

必要时改罚为赏

有时，犯错误者众多，有可能到了法不责众的地步。与其大部分人受处罚，不如改为奖励那些没有犯错误的少部分人，由"罚"变为"赏"，这样也能体现公正。

另一种情况，由于赏与罚是相对的，而赏是一种积极的方式，罚是一种消极的方式，因此，用赏取代罚可能会有更好的效果。

比如学校里对教师师德建立考核档案，基础分每人100分，凡平时有违师德的，查到一起扣10分。虽有效，但容易让教师面子上过不去。比较高明的校长则把扣分改成加分，基础分仍是100分，凡教师师德方面做得好的，有亮点的，事迹突出的，发现一起加10分，然后比较谁的分数高。这样一变化，既强化了师德建设，让教师人人重视师德，又避免了让教师难堪，还有利于校长与教师良好关系的发展。

也可以以赏代罚

有一个喜爱运动的小男孩，在家里玩篮球，不小心打翻了祖传的古董花瓶，瓶口摔掉了一大块。小男孩赶紧找胶水把碎片粘起来。

妈妈回到家，问孩子是你打碎的吗？孩子说，是小花猫从窗户跳进来打翻的。妈妈明白小孩在撒谎，她清楚地记得，她早晨走的时候，是把窗户关好的。

小孩被妈妈叫到房间，他以为要挨一顿打骂，没想到妈妈拿起一盒巧克力，先挑一小块，说："这块奖励给你，是因为你用丰富的想象力杜撰了一只会开窗户的猫，你以后可以写侦探小说。"然后拿出第二块，说："这块奖励你，是因为你有很强的动手能力，能够把花瓶修复好。"妈妈随后拿出第三块巧克力，说："当妈妈的，没有把花瓶放在安全的地方，把你吓着了，妈妈用这一块巧克力向你表达歉意。"孩子被感动得说不出话，以后再也没有撒过谎了。

如果面对孩子的错误，只是一味地批评和惩罚，很难让孩子从"心"深处认识到自己的错误。

当妈妈的出奇招，以奖励的办法代替惩罚，以主动的担当为孩子承担责任，使孩子放下心结，从而认识到自己的错误，并下决心改正。

陶行知的"四颗糖"的故事也类似于此。滴水穿石，胜过暴雨狂袭。平心静气，换位思考，推心置腹，修补孩子心中的"花瓶"，更见和蔼比严厉更有力量，奖赏比惩罚更能激励他人。这便是管理与激励智慧。

赏罚要坚持"罚大赏小"

这是处理赏罚的一个小技巧。所谓"罚大"，也就是擒贼先擒王，杀猴给鸡看，而不是杀鸡给猴看。

孙武训练女兵，在三令五申之后，吴王的两个宠妃仍不以为然，孙武便下令处斩，女兵骇然，至此，没有不听孙武号令的。试想，如果孙武处斩的不是吴王的两个宠妃，而是两个普通女兵，会有这样的效果吗？

校长在处罚人时，也一定要把事实了解清楚，然后一定要把板子打在为首者的屁股上，否则，处罚便不能服众。

而"赏小"，是指要多奖励那些普通教职工，特别是那些任劳任怨、不计报酬、默默无闻、从不张扬的教职员工。这样的奖励，才更有激励作用。

有的校长，大凡有什么奖赏，给的都是身边的人，自己信任的人，学校里那几个关键的人，或者经常表功的人，让学校里的"老实"人、普通人、无名之人，永远与"赏"无缘，让激励的效应大打折扣。

关注赏罚，更要关注内在动机

赏罚是激励的手段，但不是管理的全部。赏罚是校长可以使用的工具，但不是校长任意挥舞的大棒。赏罚只是外部的力量，不是教职工自我改变的内在动机。要使教职工自主自觉，自动自发，敬业精业乐业，始终保持良好的工作状态，就必须把校长的要求内化为教职工的内在要求，把校长的动机转化为教职工的内在动机。否则，一旦离开了校长的赏罚，一切可能又是山河依旧。

一支作风优良、训练有素、纪律严明的军队，如果军营有浓郁的文化氛围，士兵都有集体荣誉感，以能够成为军队的一员而自豪，即使没有赏罚，士兵作战仍会勇猛无比，因为他需要捍卫军队的荣誉和自己作为一个军人的尊严。

如果校长能够通过文化引领让教职工寻求自我实现，通过精神引领和价值观的引领，激发教职工的内在动机，即或没有赏罚，教职工都会始终保持对教育事业的忠诚及其对本职工作的热忱。

当然，校长也自然达到了不管而管、不为而为、出神入化的最高管理境界了。

精神激励，持续的动力

美国经济学家丹·艾瑞里曾做过一个有趣的实验，请人帮忙推陷在土坑里的小汽车。他随机向路过的行人求助，发现半数以上的人都乐于出手相助。

后来他改变了求助策略——他告诉行人，如果有谁帮忙推车，他将给予对方 10 美元作为报酬，这次竟然只有很少几个人愿意帮他，丹·艾瑞里甚至遭到一些人的白眼："我没有时间，你用 10 美元去雇用别人吧……"

第三次，丹·艾瑞里改变了答谢策略——车被推出土坑后，他赠予每个施助者价值一美元的小礼物。这次他发现，施助者不仅愉快地接受了他的小礼物，还反过来对他表示谢意。

由这样的一个有趣现象想到校长对教师的激励。

激励是一门艺术，物质激励与精神激励都是影响人的积极性的重要手段。

教师是人，不是神；教师需要生活，需要过日子，需要养家糊口；教师离不开钱，教师也需要钱，但是教师职业的特性绝对不仅仅是为了钱，而更多地体现的是一种精神的丰盈，一种意义的赋予，一种价值的实现。

教师的职业尊严也更多地体现在他的专业成长、专业发挥以及所享有的应有的公正公平上。这一切就决定了我们对教师的激励，不能仅仅停留于物质层面，也不能仅仅用金钱去定义。

要知道，在这个世界上，有许多东西是不能也无法用钱"定价"的。

很多人总认为金钱可以解决一切问题，于是在管理中，一切与钱挂钩，干一件事多少钱，完成一份工作我给你多少钱，甚至明码标价，以为教师都是在为钱而工作。

殊不知，这不但不会让教师具有持续的动力，而且还会使教师产生抵触反感的情绪。相对于"钱",教师往往更看重的是职业意义与职业尊严。对教师的激励,除了物质激励,教师尤为需要精神激励,他们也特别看重精神激励。

当我们能够唤醒教师的职业意义,激发教师的职业热情,成就教师的职业尊严,作为教师,出于一种职业情怀和操守,他往往不会去考虑报酬,即使报酬低一点甚至没有报酬,他也会不计代价,安贫乐道,无私奉献。

作为校长,应该不失时机地根据环境和对象,适当运用激励手段,特别是要善于运用精神激励。

北京十一学校原校长李希贵,非常注重对教师的精神激励。在有效的精神激励中,唤醒了组织成员的主体意识,调动了教师的潜能和主观能动性。

比如,学校将每个学期在教师教育教学情况调整中,很多学生满怀深情地给老师写下的那些令人感动的评语,汇总在一张新年贺卡上,在新年的第一天,很郑重地交给老师,甚至有时将它们镌刻在笔筒上送给老师。

比如,学校每个月举办一次"生日会",每年有一个主题。工会录制寿星老师的同事、学生对老师的赞美和祝福,生日聚会现场播放,让老师感动不已。

再比如,学校在每年的"功勋奖"颁奖典礼上,都会邀请一些老师们喜爱的、德高望重的名家担任颁奖嘉宾。学校还给一些老师举办教学思想研讨会,邀请业界的学术权威给予点评指导。

千万不要小看这些精神激励的作用,从某种程度上讲,它们给老师们的影响持续而深刻,触及的是内心,升华的是灵魂,昂扬的是精神,是物质所无法替代的。

对教师思想层面上的引领,精神层面的激励,人文层面上的关怀,比什么都重要。

人文激励是最大的激励

不妨看看下面的一则事例：

有一所十分偏远的农村学校，就物质条件来说算是比较差的，但是教师们的精神世界是充实的。他们天天和乡村孩子在一起，把一切心思和精力都用在教学和孩子们身上。

除了给孩子们上好每堂课外，教师们还利用课余时间，开垦荒地、种植蔬菜、培育花苗、美化校园、修理桌凳、翻盖房屋、自制教具、编写校本教材。这里的校风、教风、学风浓厚，教学质量很高，各项工作都走在前面，师生过上了一种快乐而幸福的教育生活。

原来这所学校的校长特别注重人性化管理。每逢节日，他都要抽时间去串串门，给教职工送去节日的祝福；平时哪个教职工有什么困难，他要尽最大努力去帮助解决；他在与教职工同甘共苦的同时，又总是把成功、发展的机会让给教师，使他们教有所成。教职工为此都乐意扎根乡村，做一个幸福的乡村教育人。

这所农村中学的发展，教师们的勤奋工作，靠的是什么？靠的就是校长人性化的管理。

由此可见，校长的人文管理，是多么重要。校长就应该在管理中坚持以人为本，坚持人性化管理。

从人文上关怀

教职工是活生生的人。人，不是机器。机器凭指令和设置的程序，就可以运转，而人是有情感的。情感的力量是无形的、巨大的，它虽柔情似水，却又坚不可摧。用情感维系起来的关系更能深入人心，更能天长地久；用情感俘获的人心，远比刀光剑影、强迫命令大得多。

要能触动人的情感，则必须注重情感投入。这种投入不在于有惊天动地之举，而在于一点一滴，哪怕是一个眼神，一句问候，一次交流，只要是真情的关心、真切的关怀、真心的关爱，都能让教职工感到无比温暖，他们就会萌生"士为知己者死"的念头，就会产生"受人滴水之恩，当以涌泉相报"的情感。

常胜将军吴起曾经亲自用口把一个士兵毒疮口上的脓汁吸掉，士兵的娘听后，大哭不止，人们问她："你儿子遇到了这么好的一位将军，你应该感到高兴才是，为什么还要哭得这么厉害？"老太太说："你们哪里知道啊？我儿子的父亲也曾经由将军亲自吸吮过毒汁，后来，在战场上，儿子的父亲想到将军的恩情，便出生入死，奋勇杀敌，最后战死了。如今，吴起将军又对我儿子这样好，我儿子肯定会用生命做出回报的，估计我儿子活不长了，我是为我儿而哭的呀！"

校长要多用微笑代替严肃，多用关注代替威严，多用倾听代替命令，多用引领代替控制，多用人文关怀代替批评指责。

从人文上理解

理解是人性化管理的基础，理解人才能真正关心人、宽容人、尊重人，没有理解，就没有关心，就没有宽容，就没有尊重。

非洲的一些国家由于存在种族歧视，不允许黑人进入白人的专用公共场所。

一天，一个漂亮的长发白人姑娘在沙滩上晒日光浴，由于过度疲劳，她睡着了。当醒来时，太阳已经下山，她觉得肚子饿，便来到沙滩附近的一家餐馆，她在餐馆椅子上坐了10多分钟，没有人搭理她，餐馆的工作人员都对她投去看不起的眼色，她准备起来去责问服务人员，当她站起身来时，眼前有一面大镜子，她看着镜子中的自己，泪水不由夺眶而出。

原来她已经晒黑了。

此时，她真正体会到了黑人被歧视的滋味。

"己所不欲，勿施于人"，当我们要求教师应怎样做的时候，就应该换位思考，看我们能不能做到；当教师有些过错，我们无法原谅时，我们就要将心比心，我们不也是常犯这样的那样的错误吗？

投之以桃，报之以李。有了校长对他们的理解，就有了他们对你的支持，对你的理解。有了相互的理解，人际关系将变得更加融洽，学校氛围将变得更加和谐。

校长千万不要总埋怨你手下的教职工对你不理解，请扪心自问，你对他们理解了多少？

从人文上尊重

人有年龄上的长幼之分，有智力、学识上的聪愚之别，有财富上的多寡之异，有地位上的尊卑不同。但是人在人格上是平等的，所以人与人之间要相互尊重。

校长是学校历史的书写者，但不是唯一，更不是救世主，是所有教职工推动了学校发展，因此，校长对教职工，应该充分尊重，要尊重他们的人格，尊重他们的隐私，尊重他们的个性差异，尊重他们的每一分劳动。

校长对教职工的尊重，应是发自内心的、真诚的、融入校长自身品性的本质的东西，是骨子里面对教职工的一种认可和敬仰。

有一位教育家说得好："教师是否真心实意与校长合作，关键取决于校长是俯视教师还是平视教师。"还有一位哲人说："有人站在山头，有人站在山下，所处的地位不同，眼中所看到的都是同样大小。"

明白了这一点，校长一方面必须要把教职工当人、当战友、当朋友。是人，就有人的尊严，是战友，就有战友的缘分，是朋友，就有朋友的情谊。

校长要善待每一个教职工，学校的发展，失败的原因或许各有不同，但成功的关键却是相同的，那就是校长要善待教职工。人与人之间的关系是相互的，你善待教职工，教职工就会善待你；你刁难教职工，教职工就会刁难你。

校长不要在教职工面前颐指气使，也不要居高临下，更不要用粗暴的态度，用随意的手段，用难听的语言去对待他们。即或是教职工有什么缺点错误，也要和风细雨，好言指出。人们常说："良药苦口利于病，忠言逆耳利于行。"如今的良药大都制成了糖衣片和糖浆，已经不再苦了，为什么"忠言"非要"逆耳"呢？"忠言顺耳"不是更好吗？有句话说得好："你把教职工当人，他自己就会把自己当牛；你把教职工当牛，他自己就会把自己当人。"

另一方面，校长必须把教职工当主人。教职工成了学校的主人，他就会把学校大家当成自己的小家，就会把教书育人的职责当成一种使命、一种事业，而不会看成是谋生的一种手段。他们对待工作就会有火一样的热情，赤子般的真情。

校长遇事应多向教职工通气，多向他们征求意见，多向他们反馈，多向他们沟通，让教职工参与学校的决策与管理。校长在平时言谈上，多用"我们"，少用"你""我"。虽仅是一个小小的称谓，但他却能使教职工感受到作为主人翁的一种地位、一种尊严、一种责任、一种神圣。同时，经常使用"我们"的校长所领导的学校往往比使用"我"或者"你"的校长所领导的学校，更具有团结力，更具有合作精神。

同时，校长必须对老教职工加以善待和尊重。每个人都会变老，老教职工的今天，就是我们的明天。我们今天对老教职工的尊重和善待，其实就是对明天的我们的尊重和善待。

一群鸬鹚跟着渔民辛辛苦苦干了十几年，立下了汗马功劳。随着年龄的增长，它们的眼睛不好使了，腿脚也不灵活了，捕鱼的数量也越来越少了。慢慢的，主人也就不待见它们了，几只老鸬鹚后来瘦成皮包骨，奄奄一息，非常可怜。

而主人买来的几只年轻鸬鹚，却深得主人喜欢，享受着优越的待遇。一天，这几只年轻的鸬鹚突然罢工，任凭主人怎么驱赶，都不肯下海捕鱼。主人百思不得其解：我这么对你们好，你们怎么这样没有良心呀？

一直年轻的鸬鹚发话了："现在我们身强力壮，倒是有吃有喝，有一天我们老了，还不算落得和它们一样的下场？"

如果校长不尊重和善待老教职工，年轻的教职工全都看在眼里，他们会觉得，你对他们的尊重，不算发自内心的，是带有功利色彩的，只有其他意图可图的。有一天，他们变老了，或许你早已老去了，但是你积淀的团队文化，会让他们对未来感到失望，也会对现在的你产生一些看法，让你的影响力大打折扣。

从人文上信任

在马斯洛的需求层次理论中，把人的自我价值的需求列为最高层次。人在受到信任的时候，一般都会产生出一种快乐和满足感。

试想一下，一个人成天生活、工作在一种不放心的环境里，面对的都是来自领导对他的怀疑眼光，他工作会有情绪吗？会有动力吗？自我价值的需求能实现吗？

所以，信任是很好的激励，很具有智慧光芒的激励。校长对教职工给予充分的信任，教职工就会充分认识自我，挖掘个人潜能，增强必胜的信心，他们会更加努力地工作以报答校长对他的知遇之恩，信任之情。

校长对教职工的信任，可从这几个方面去体现：

一是对教职工不能管得过死、过严，控制得越多，不信任感就越强。要给他们适度的自由和空间，要让他们有一定的自主权，如果做不到这一点，就会束缚他们的手脚，他们就会很难做到主动工作、主动创新，他们对工作就只会停留于应付，反正说不上什么责任承担。

二是让教职工处于平等地位来参与决策重大问题，并尽可能多地听取和采纳他们的意见和建议，这样就可以让他们感受到你对他们的信任，从而让他们体验到与学校发展密切相关而产生的强烈责任感。

三是在听到一些人对教职工不客观、不公正的非议时，能够力排众议，给予充分的支持与信任。

四是对一些有难度、比较艰巨的工作，有意制造一种气氛，在大家的关注下，把它交给某个教职工，使他觉得这是校长对他的最大信任，是对他"看得起"，他更会竭尽全力把它完成。

第八章

推动发展的校长执行力

越来越多的企业家有一个共识，一个企业永远只做两件事：一是战略，二是执行。所谓"三分战略定天下，七分执行决输赢"，就是这个道理。

日本经营之神松下幸之助更是认为："一个企业的成功，20%在战略，80%在执行。"可见，没有执行力就没有竞争力。

企业管理要靠执行力，学校管理同样要靠执行力。

校长的执行力，实际上是一个实践和实干的问题，一个工作作风与工作态度的问题，一个是否更有效地去做正确的事的问题。

一些校长总是喜欢定思路、做计划、提目标，却忽视了工作的具体落实，这就涉及校长的执行力问题。

还有一些校长以为执行是教师的事，与自己无关，因而对执行上级决策不力，对执行相关任务走样，对执行教育方针含糊，久而久之，教职工上行下效，这更影响到校长的执行力。

校长的执行力，一方面要努力使自己成为自觉的执行者，另一方面要努力营造优秀的执行文化，同时要尽可能选择合适的人，坚决而高效地去执行。

学校的核心竞争力不在于先进的办学思想，不在于优越的办学条件，不在于优质的生源，而在于校长的执行力。

具备出色的执行力，是成为校长的主要通行证，也是办好一所学校的重要条件。

执行力统治着发展

大家都知道"老鼠开会"的故事：

老鼠吃尽了猫的苦头，便召开会议研究对付猫的万全之策，老鼠纷纷提出建议，有的建议给猫送鱼去收买它，有的建议改变猫的饮食习惯，有的建议加紧研制毒猫药。最后一只资历很深的老鼠想了一个办法，得到了全票通过，这个办法就是给猫挂上铃铛，只要猫一动，就发出响声，大家听到响声就可以及时躲起来。

可谁去给猫脖子上挂铃铛呢？尽管鼠王采用了很多激励措施，比如奖房子、奖美女、奖汽车，可仍然无法把这一决策执行下去。时至今日，老鼠们还在开会研究。

可见，对于任何一个组织，包括学校，再好的决定，再好的发展策略，只有成功执行后才能够有其价值。否则，便是水中月，镜中花，空中之楼阁，或者是一个美好的愿望而已。

歌德曾说过一句很有名的话："仅仅知道是不够的，还必须去运用；仅仅有志愿是不够的，还必须有行动。那些只说不做的人，就像只打雷不下雨一样，是不可能会成功的。"

现代管理学认为，一个成功的组织，30%靠正确的战略，70%靠正确的执行。

美国管理学家 H. 格瑞斯特曾指出："杰出的策略必须加上杰出的执行才能生效。"

IBM 总裁鲁·郭士纳曾说过："一个成功的企业和管理者应该具备三个基本特征，即明确的业务核心、卓越的执行力及优秀的领导力。"

执行力，就是把要做的事做成功的能力，它是一个组织的核心竞争力，执行力包括基础智能、心理性格能力、技术技能。校长的执行力就是校长把学校的办学理念、工作目标、决策计划落到实处，变成现实的能力。

作为一校之长，既是党和国家教育方针的全面贯彻者，又是各级党政、各级教育行政主管部门重大决策的忠实执行者，还是学校发展战略和目标的具体实施者。

执行力的高低对一个校长来说，就显得特别重要，它不仅决定着校长的办事水平，而且决定着学校发展的水平；不仅决定着各级领导对校长工作的认可度，而且决定着广大教职工对校长的支持度、跟随度。

一些学校工作不起不立，发展严重滞后，往往不是规划不到位，策略没用上，外部支持不足，也不是校长自身能力不行，教师素质跟不上，而是校长的执行力不强。

校长执行力不强，大体表现在以下几个方面：

一是降低标准。在具体执行上级教育行政部门、业务部门及学校的政策、决定时，随意地改变要求，降低标准，搞变通，有的还我行我素，推三阻四，完全走样。

二是时间滞后。推进工作应该不等不靠，不拖不延，雷厉风行。有的校长却反应迟钝，行动迟缓，让机会稍纵即逝；还有的校长遇事慢半拍，凡事拖着走，导致一些工作不能及时完成，有的工作在拖沓中不了了之。

三是缺乏力度。工作的推进，必须要有相应的人力、物力和工作措施作保证，如果执行没有力度，一些中心工作特别是攻坚破难的工作，肯定收效甚微。

一所学校，校长的执行力强，教职工的执行力就强，团队的执行力就强。

作为校长，应该潜心修炼自己的执行力。中国有句古话："善为人者能自为，善治人者能自治。"

一个校长再有思想，再有教育情怀，绝对不能坐而论道，而应该深深地扎根于课堂，扎根于教学第一线，扎根于实践中。一个优秀校长的根本功夫不是光在那儿思考，而是看你会不会干，会不会执行，会不会领导大家干，会不会带领大家高效地执行。

　　置身于激烈变革与发展中的校长，面临着学校发展的大好机遇，也面临着很多困难与挑战，如何增强自己的执行力，这是大家必须思考的一个重要课题！

执行要竭力而为，而不是尽力而为

现实中常有这样的情况：上级了解校长的工作，当追问到某项工作完成得为什么不理想时，校长总会说："有什么办法呢？我已经尽力而为了。"

如果我是校长的上级，我就会问："你尽力而为了，你做到竭力而为了吗？"

读了下面一则故事，你就会明白"尽力而为"与"竭力而为"的差异。

一只小兔被猎人打伤后腿，受伤的小兔拼命地逃生，猎狗在后面一个劲地紧追不舍。猎狗追了一阵子，眼看兔子跑得越来越远，便放弃追撵，悻悻地回到猎人身边。猎人见到猎狗，便大声骂道："你这没有用的东西，连一只受伤的兔子都追不到！"猎狗辩解说："我已经尽力而为了。"

这时，受伤的小兔连奔带喘地回到兔子家族里，兔妈妈吃惊地问："你带着伤怎么甩掉了那只猎狗呢？"小兔子说："猎狗是尽力而为，而我是竭力而为，它没追上我，最多挨一顿骂，而我不竭尽全力，可就没命了。"

这就是不同执行态度的差别！

在执行的时候，能够尽力而为已经是难能可贵了，这比那些不做事、不出力、不想办法的人强多了；但尽力而为的人，总是有所保留，还没有开足马力，还没有充分挖掘出自身潜力。那保留下来的，没有全部挖掘出的那部分，有可能是很小、很少的那么一点，却是很重要、很关键的，就像烧窑一样，往往就是缺那关键的一把火，使整窑砖瓦全部报废。

事实上，一个校长面对一项工作任务时，如果他说"尽力而为"，实际上在执行中他已经开始打折扣了，已经不可能指望他会有什么出色的表现了，更不要奢望他会出色地完成工作，或者创造什么奇迹。

而竭力而为则意味着一个人将不惜一切代价去执行任务，意味着他将不达目的不罢休，意味着他将要付出比别人多几倍、几十倍的努力。

竭力而为折射出的是一个人对事业的无限忠诚，对完成任务的坚定决心，对克服困难的顽强毅力。

一个校长有了竭力而为的执行态度，就有了强大的执行力，就会焕发出高昂的工作激情，就会想尽一切办法完成任务，就会穷尽一切智慧追求执行的效率和完美。

在世界的 NBA 赛上，曾诞生了神奇的"麦迪时刻"，那是休斯敦火箭队对阵圣安东尼奥马刺队时，比赛还剩最后 35.13 秒，火箭队还落后马刺队 10分，就在这关键时候，火箭队的麦迪运球到前场直接出手投一个 3 分球，接着又投中一个 3 分球，并引诱马刺队的邓肯对他犯规，打 4 分成功。时间只剩最后 16 秒，麦迪接住难度极大的传球，再次 3 分命中，这时火箭队仅比马刺队落后 2 分。最后，麦迪在左侧三分线附近再次投出 3 分，并再次命中。

在仅剩的 35.13 秒时间里，火箭队的麦迪竭力而为的拼搏精神，赢得了一场看似不可能取得胜利的伟大胜利，创造了一个伟大的奇迹！

所以，有了尽力而为，就有了避重就轻，就有了浅尝辄止；有了竭力而为，就有了赴汤蹈火，就有了全力以赴，就有了在所不惜。

作为校长的你，当挑起沉甸甸的学校发展重任后，你是选择尽力而为，还是选择竭力而为呢？

执行不需要借口

"没有任何借口"是美国西点军校一直以来奉行的最重要的行为准则，是西点军校的精神之魂，它体现的是一种负责、敬业的精神，一种主动、自发的思想，一种彻底、完美的执行能力。

然而，在校长队伍中，一些校长在接受某项工作后，常常找这样或那样的借口，诸如"没有时间，太忙了""现在条件还不成熟""以前从没有经历过""等以后再说""决定时怎么没征求我意见""困难和矛盾很多""我们与别的学校差一大截，完成难度太大"等。

有的校长找借口竟有板有眼，眼不眨，心不跳，一条又一条，一套又一套。他们事前要找借口，事中要找借口，事后也要找借口。事前找借口，想偷懒，想推卸责任，或者想表明自己没有能力做这件事；事中找借口，是想半途而废，想敷衍塞责，想蒙混过关；事后找借口，是想为自己开脱，不想深刻反思，拒绝汲取教训。

这些校长工作的过程其实就是制造借口的过程，执行的过程其实就是寻找借口的过程。有了这种执行的作风和态度，就不要指望学校有什么发展了。

在执行的时候，要做到"不找任何借口"，最重要的是要有服从精神。

服从是军人的天职，服从就是不找任何借口，服从就是无条件地执行。

把信送给加西亚的罗文中尉就是一位将"服从精神和执行"完美结合的典范。罗文从美国总统手中接过写给加西亚的信后，并没有问："他在什么地方？"也没有问："我该如何找到他？"更没有提出一些对等条件："这次任务完成后，给我什么报酬？"而是带着任务，立即上路，迅速行动，自己寻找解决问题的办法，自己克服一切困难，最后全力以赴地完成了任务，把信送给了加西亚。

大家看过美国电影《拯救大兵瑞恩》，影片讲述的是第二次世界大战时期，当百万盟军登陆诺曼底海滩时，一个由约翰·米勒中尉率领的美军士兵小分队深入敌区，冒着生命危险拯救一名叫瑞恩的士兵。瑞恩在家里四兄弟中排名老幺，他的三个哥哥都在这次战役中阵亡。

美军作战总指挥为了不让他母亲承受丧失最后一个儿子之痛，便派小分队去战区救出小儿子。小分队的士兵陷入战区，面临各种危险时，便开始怀疑这项任务的合理性：为了救一个士兵，就值得让八名士兵去冒生命危险吗？瑞恩的一条命就比他们八条命还值钱吗？尽管他们困惑不解，但还是坚决执行上级命令。最后，瑞恩被成功救出，而八名士兵却壮烈牺牲。

校长虽然不是军人，但校长担负着教书育人、发展学校的历史重任，使命神圣，职责崇高。特别是校长面对当今改革的蓬勃浪潮，要使造福子孙、功在当代的事业有所建树，有所发展，就必须具有强烈的服从精神。

校长的服从精神是什么？我的理解是，这绝不仅仅是"听话"，也不只是凡事唯命是从，更不仅是机械地执行上级的指令、决定。

我认为，校长的服从精神就是国家的教育方针要不折不扣地贯彻；就是上级下达的指令和任务要不打折扣地落实；就是无论遇到什么困难，承受多大阻力，都要想尽一切办法达成目标；就是接到任务，有条件要执行，没有条件也要创造条件执行。

校长的服从，是校长认真负责精神和高度的事业心、责任心的体现。一个不懂得服从的校长，就不可能给老师们树立一个服从的榜样，当然也不可能让教职工做到一切行动听指挥。

很多时候，摆在我们面前的，往往是不会很容易完成的任务，但不能因为完成难度大，困难多，条件不具备，就找借口去推诿，就找理由去搪塞，就马马虎虎去应对，就弃之一隅而不闻不问。

如果遇到的都是很容易的事，任何人都可以解决，还要我们校长干啥？在挑选校长的时候为啥还要动这么多脑筋？越是在这个时候，我们的校长越需要服从，越需要不找借口，越需要迎难而上。坚决服从，不找借口，这既是对校长执行力的挑战，也是对校长素质的检验。

　　校长在服从上级的指令，执行上级的任务时，有可能指令、决定或任务与现实有差错，要么不符合实际情况，要么不好操作，要么就是错误的决策，这种情况怎么办？是错误地执行，错上加错，还是拒不执行，坚持抵制？

　　我认为，对上级的决策和决定，作为下属必须绝对服从，而且要义无反顾地执行，就像执行自己的决定那样。我还认为，良好的执行可以弥补决策的不完美，可以修正决定的不完善。相反，蹩脚的执行反而会使一个完美的决策，一个完美的决定变得更糟。

　　美国通用公司总裁杰克·韦尔奇给了我们正确的回答："即使是错误的决策，我们也可以通过执行来把它做对，而不是再回来讨论。"

　　我们强调错的也要执行，这并不是说有的决策明知错得很远也硬要执行，而是着重强调执行的决心和魄力，强调执行的无条件性和彻底性，强调执行力。

　　这就相当于在战场上，指挥一声令下，你就必须冲上去。在那种复杂的环境下，指挥员的判断有可能出现失误，下达的命令有可能是错误的，但他要求你冲上去，这绝对是没错的，这与命令本身的正确与错误没关系，而是战场指挥的基本原则。

　　当然，对于上级有违背教育规律、有违学生身心发展规律的一些决策、决定和要求，作为校长在选择执行与服从上，更要反问自己的良知，就正如可以选择开枪，但你不一定打得那么准，校长一定要有"把枪口抬高一厘米"的勇气和能力。

落实才是硬道理

在酒席桌上，我常常关注这样的细节。

热闹的饭局，觥筹交错。敬酒者把杯子端起，毕恭毕敬地站着，说了一番理由，发表了很动人的祝酒词，让大家干杯。大家纷纷举杯相碰，齐声应和，仰脖畅饮，大有一饮而尽之豪情。但最后喝的结果却不同，有的抿了一下，有的喝了一小口，有的看似喝个杯底朝天，但倒过来一看，杯子依然是满满的。这个时候，敬酒者逐个检查，不依不饶，特别较真，最后才使每个人的酒杯真正的底朝天，一滴不剩。

我不大喜欢喝酒，也不赞成强人所难，但从这个过程中却悟出了一个道理，不管是喝酒，还是抓工作，重在落实。

落实就是效率，落实就是效益，落实就是竞争力，落实就是生产力，落实高于一切。

有了工作的不落实，许多完美的决策出台后，众多周密的工作计划出炉后，偏偏实现不了，这其中关键的问题就在于工作不落实。工作不落实是所有管理出现问题的根源。

落实是校长做好一切工作的先决条件，是校长履行职责的重要基础，是政令畅通的有效体现，是上下和谐的重要因素，是整个系统具有凝聚力和战斗力的关键所在。

落实体现执行力，一个在工作中善抓落实的校长，一定是一个很有执行力的校长；一个有执行力的校长，就一定会是一个十分出色的校长。

我一向认为，人与人在通常情况下看不出有什么差别，只有在关键的时候能分出高下。校长与校长在通常情况下也辨不出优劣，而在工作的落实上就能知其差异。

评价一个校长，不在于他有多少雄心壮志，有多少豪言壮语，有多少新思路和好点子，而在于他的工作落实了多少。

"光说不练假把式"，工作的推动在于落实，落实，再落实，只要校长行动起来，工作落实下去，学校就会发生变化，就会得到发展。

不管是校长的战略决策，还是教职工的工作作风，都要以工作落实为指向。如果离开了落实，一切工作都会大打折扣。

落实工作，校长不是只开个会议，发个文件，做几点指示，提几条要求，把任务简单地抛给老师，而是要躬下身子，沉得下去，静得下来；要心里想事，眼里盯事，手里干事，全力成事；要力求事事有回音，件件有着落；要让每一件事情在我这里都有结果。

落实工作，校长最重要的一个职责，那就是抓好检查和督促，检查督促是一堵"防火墙"。检查督促的过程，就是执行的过程，就是落实的过程，就是发现问题和修正错误的过程。不检查不督促，就难以保证工作有效地落实，及时的检查和督促应成为校长抓工作落实的一个重要抓手。

任何事情，没有了检查与监督，都会不了了之，都会流于形式，这是人的惰性使然；有了检查、督促，再辅之奖惩措施，工作就不愁不能落实。

卓越的校长并不需要做得很多，但只需要比别人多落实；失败的校长也不见得比别人少做多少，最终差的是落实。

校长追求卓越，都会尽全力抓落实，因为他们明白：说上天，说上地，能够落实工作，才是最大的能力。

当然，校长落实工作，一方面对工作要有一种依恋，要有一种责任和情感，要能够做到全身心地投入，并力求在这样的一个过程中，对自己要不断改进和提高。另一方面在落实的时候，也不能事无巨细，还必须分清楚轻重缓急，对重要的事情重点抓好落实。不然没有一个主次，眉毛胡子一起抓，不仅自己受累，而且会让老师遭受折腾。

工作必须落实，怎样落实，也是一门艺术和学问。

拖延，执行的天敌

校长在执行上有两大障碍，一是遇事找借口，二是凡事便拖延。

拖延，顾名思义，就是拖累、拖沓、拖拉、推托和延迟，也就是以推迟的方式逃避的执行任务或做决定的一种特质和行为倾向。

校长在工作中，有时觉得客观条件尚不成熟，或者解决问题的办法还没找到，故意将手头的事"放一放""拖一拖""冷一冷"，待条件具备了，方法找到了，再水到渠成，一气呵成。这种拖，倒是一种工作方法，一种领导艺术。

如果将该自己解决的问题推给别人，将本应立即解决的问题拖拉到遥遥无期，将今天应完成的工作推延到明天、后天乃至更长时间，这就是一种执行不力，就是一种积习难改，就是一种拖沓散漫的工作作风。

这种"拖"风一旦滋长，成为"拖延症"就会瓦解人的斗志，消磨人的精神，就会有损校长的形象，就会失去教师的信任，就会贻误学校事业的发展。

小时候，我们常听老师讲寒号鸟的故事：

在悬崖峭壁上，住着一只寒号鸟，它好吃懒做，生性贪玩。夏去秋来，其他的鸟类都忙着筑巢，只有寒号鸟沉湎于享受，筑巢一事一拖再拖。转眼，冬天到了，寒号鸟的窝里四壁空空，它冻得直打哆嗦，不停地叫道："哆嗦嗦，哆嗦嗦，寒风冻死我，明天就筑窝！"第二天阳光明媚，它只顾晒太阳，把筑窝的事又忘得一干二净；晚上寒风四起，寒号鸟冻得缩成一团，又一个劲地叫："哆嗦嗦，哆嗦嗦，寒风冻死我，明天就筑窝！"很多天过去了，它的窝仍是空空如也。直到一个风雪交加的夜晚，它被冻成了冰块。

这正是某些拖延校长的真实写照。

有拖延就有借口，借口是拖延的温床，习惯性的拖延者通常也是制造借口的专家。

拖延和懒惰往往是分不开的，懒惰是一种可怕的腐蚀剂，它可以让人无精打采，消极颓废，甚至使人性低落到不如其他动物的程度。

祛除校长的拖延之弊。首先要养成雷厉风行，立说立行的工作作风。讲究效率，严密作风，雷厉风行应成为校长工作的准则。校长要增强工作紧迫感，要有时不我待，只争朝夕的精神，各项工作都要超前思考，说办就办，不敷衍推脱，不办事拖沓，今天要办的事绝不拖到明天，当月该了结的工作绝不拖到下月。

其次要努力提高自身素质。以自身素质的提高克服拖延的习气，以自身素质的提高保证工作效率的提高，以自身素质的提高带动执行力的增强。

同时，校长还要给自己挑战"不可能完成的工作"的勇气。恐惧导致拖延，而拖延又会加剧恐惧。一些校长习惯拖延，常常被工作的复杂性、艰难性所吓倒，他们担心完不成任务，结果让工作一拖再拖。勇于向"不可能完成的工作"挑战，这是克服工作拖延症的一个"撒手锏"。

在这样一个讲究效率，追求速度的时代，不拖延就意味着抢占了先机，赢得了时间。从这个意义上讲，不拖延，就是第一执行力；拖延，就是执行的天敌。只有雷厉风行，不拖不延，才能保证执行的效果，校长也才能带领大家创造出非凡的业绩来。

最可怕的是，拖延一直持续下去，就会患上一种"症"。对于校长而言，拖延症是一种慢性病，校长如果不引起重视，它不仅关乎校长的工作作风，也影响着学校各项工作的推进，更为重要的是，它会使教职工像吃了鸦片一样，浑浑噩噩，丧失斗志，失去一种凝聚力和战斗力。

校长一定要增强执行力，努力克服拖延的毛病！

方法比努力重要

有人曾经问一位高尔夫运动员："我是不是要多做练习？"

高尔夫球运动员却回答："不，首先要把挥杆的方法掌握好。"

我们强调校长执行力，并不是说校长遇到事情只埋头去做就了事，更重要的是要找对做事的方法。

人们常说"抬头拉车，低头看路"，"抬头拉车"就是执行的问题，"低头看路"就是寻找方法的问题，方法胜于一切，方法比努力重要。校长不应该为应付瞎忙碌，而应该为尽责找方法。

有效的执行加上正确的方法，是我们通常所说的高效执行。

坚持"要事第一"

校长对待手头的工作，一定要分出轻、重、缓、急，集中力量做重要的事情，而不是在执行的时候，事无巨细，把主要精力消耗在一大堆既不重要又不紧急的事情上。

人的精力毕竟是有限的，集中力量在重要的事情上是真正重要的工作方法，就像培植花木一样，与其让养分平均分配，不如剪去其中杂枝，让所有的养分集中在剩下的几朵花蕾上，才会孕育出奇珍异葩。也就像在广口瓶里装石块一样，我们只有先把大石块装入瓶子里，才可以往缝隙里填装鹅卵石、沙子和水。如果先把鹅卵石、沙子、水装进瓶子里，大石块最后就放不进去了。

这就是"要事第一"的原则和精髓。

要学会抓关键点

校长在执行的时候除了抓重点，还得抓关键点。一个问题的解决总会有突破口，找准了突破口，就找准了关键点；找准了关键点，问题就会迎刃而解，执行就会准确到位。

打蛇打七寸，七寸之处，就是要害所在。

画龙点睛，妙就妙在两只眼睛，不过，要注意，只能点两只，如果点一身眼睛，那就不是龙，是筛子，是满天星。

解决问题，抓不住关键点，把握不住要害，不会点"睛"之术，就会劳而无功，就是费力不讨好。

袋鼠从笼子里逃出，管理员将笼子加高了1米。第二天，袋鼠又逃了出来，管理员又将笼子加高了5米。第三天，袋鼠从笼子里仍然逃出，管理员不惜成本，把笼子足足加高了10米。袋鼠看到不断加高的笼子，自言自语道："要是不把笼子门关上，再加高都无济于事。"

在完成任务的过程中，教职工主要是负责具体实施，而校长却要了解全局，把握关键。如果做事不能抓住关键，只注意加高笼子，而忘记把笼门关上，则既没有效果，还会贻笑大方。

曾读到一篇关于勺子的文章，说的是在单位食堂里用餐，人们用勺子在汤桶里盛汤，盛完汤之后，应该把勺子小心地挂在桶边，但总有那么一些人，习惯性地将勺子往桶内一放，勺子就会滑到汤里面去。后面的人便只好用筷子把勺子捞起，这样既不卫生，又给后来的人带来不方便。管理食堂的同志常常在汤桶旁边放一些诸如"不要乱放勺子"的提示语，但效果却不理想。后来，食堂师傅将勺子全换成了长柄，长度大于桶高，就再也没有出现汤勺滑到汤桶里面的现象。

要学会时间管理

校长在执行的时候，还必须注意效率问题。很多校长试图利用延长工作时间，以完成更多的工作，这其实是很糟糕的事。长此以往，就会容易染上拖拉的习气，养成时间观念不强的习惯，还会影响健康，大大降低工作效率。

恪守时间是高效工作，有效执行的灵魂和精髓所在。卓有成效的校长知道该把时间花在什么地方，他们不会成为"救火队员"，一天四处救火，弄得身心疲惫；他们具有自我矫正的能力，具有统筹安排时间的艺术，因而会把时间用在刀刃上。

有一位校长曾深有体会地说："高效地执行，不是无头绪、盲目地工作，而是要正确地组织安排自己的活动，准确地计算和支配自己的时间。"

在工作中，我们常常看到不少校长，两眼一睁，忙到熄灯。他们工作很累，却不知道自己到底在忙些什么，这是让人感到悲哀的。这种校长就应该好好做一些反思：自己是否科学地利用了时间？是不是缺乏计划性？是不是做了自己不该做的事？自己的权力是不是过于集中？是否出现了目标不明、职责不清的现象？

要智慧地应对形式主义

来自方方面面的、诸多莫名其妙的学校和老师的负担，对教育的一些形形色色的干扰和影响，校长不能来者不拒，照单全收。

校长要敢于说"不"，敢于拒绝，并善于通过过滤和做减法，再给老师下达任务，当然更不能变本加厉去折腾老师，自己要有选择性地去应对和处理。

从某种程度上讲，这既是校长解脱自己、善待老师的一种重要工作方法，也是对抗形式主义的一种勇气和底气。

"工欲善其事，必先利其器"。同样的执行，使用的方法不一样，效果也就有很大的不同。

因此，校长在执行前不妨考虑：有没有更多的方法？有没有更好的方法？有没有更合适的方法？

执行贵在借力

俗话说："一个篱笆三个桩，一个好汉三个帮。"

有语云："好风凭借力，送我上青云。"

再能干的校长，同样需要他人的支持；再优秀的校长，也需要外部的援助。

凡成大事者，都是借力的高手。谁敢说，他的成功不需要借力；谁敢说，他的成功中没有借力。

刘邦论才干不如张良，论管理不如萧何，论打仗不如韩信，但他善借他们之力，成就了千秋霸业，这是向他人借能力。

诸葛亮在赤壁之战中，借东风、借船、借箭，正是由于他善借，才辅佐刘备打下了江山。这是向外界借资源。

李世民在痛悼魏徵时曾深情地说："以铜为镜，可以正衣冠；以古为镜，可以知兴替；以人为镜，可以明得失。朕尝宝此三镜，用防己过，今魏徵殂逝，遂亡一镜矣。"这是向臣子借忠言。

懂得借力之道，既能帮助我们创业，又能帮助我们发展事业；既能帮助我们提升竞争力，又能帮助我们增强执行力；既能帮助我们提高工作效率，又能帮助我们获得幸福。

"众人拾柴火焰高"，一个优秀的校长不会孤军奋战，他会顺水推舟，借力而行。

校长借力的途径很多，包括借形势、借资源、借渠道、借人力。

借形势，这种形势就是趋势、态势、位势。台湾有句名言"形势比人强"。形势不好，形势不利，有可能让执行陷入被动。当下诸如国家重视教育的大好形势，社会各界支持教育的喜人形势，系统上下齐心协力的干事形势，这便是所借之势。

势是一个奇妙的概念。一块方形木头，放在平地上没有任何力量，但是把方木变成圆木放在高山之上，就会有万钧之力，这就是势的力量。所以，借势还要学会造势。

借资源，包括借教师资源——从高校挑选优大生，选招新教师，从全国范围内选聘优秀教师补充教师队伍；借学生资源，巩固生源，培育优生；还有借鉴他人的研究成果，外地的教学、备考经验，这些都是所借之资源。

借渠道，也就是借别人成熟的渠道，利用合作的机会，使自己和学校尽快成长和壮大起来。在借渠道与他人合作上，要会借、善借，不然，有时可能不但没借来，相反还会落得鸡飞蛋打，赔了夫人又折兵的结局。

母鸡为了做大企业，去找小猪合作，准备生产鸡蛋火腿肠。在母鸡的劝说下，小猪欣然同意，爽快地签了字，并进行了法律公证。这样一来，母鸡只管回去下蛋就是了，而小猪却要付出生命的代价。

这种借力显然是不足取的。

借人力，这是一种最重要的借力方法。

一是借上级之力。校长所面对的一些上级部门，掌握着大量资源，他们可以提供人、财、物、政策等方方面面的支持。校长如果只会闷着头干活，不向上级汇报，不争取上级的支持，不向上级借力，尽管通过自力更生，能够解决一些问题，但学校要在较短的时间内取得大发展肯定是比较困难的，做校长应有胆量和勇气敢于向上级借力。

二是借同伴之力。向同伴学习，可以取长补短，可以优势互补，特别是同伴中能够成为竞争对手的，善于向他们借力，可以增添活力，可以激励斗志，可以形成积极向上，奋发进取的氛围，从而不断提高自己。

三是借下属之力。校长能够把教职工的作用发挥出来，能够把教职工的积极性调动起来，能够把教职工的潜能全部迸发出来，便是学校发展取之不竭用之不尽的巨大力量。

如何达到这样的目的呢？

校长一方面要理解老师的需求，要坚持以人为本，要体现人性化关怀，要运用南风法则，让老师心悦诚服地跟随你，死心塌地地为你卖命。

另一方面校长要善于示弱。示弱不代表校长能力弱，而是借下属之力的一种重要方式。小孩子在妈妈面前示弱："妈妈，我走不动了。"妈妈就会背起孩子走，如果小孩逞强："我走得动，你甭管。"妈妈还会背吗？女孩与男朋友在一起，女孩说："哎呀，我冷！"男孩就会把衣服脱下来给她披上。刘备三顾茅庐，对诸葛亮说："诸葛亮啊，我可是什么都不懂啊，咱刘家有没有江山全靠你了啊！"刘备一番示弱，诸葛亮能不忠心辅佐吗？

有经验的校长，对学校的骨干教师说："今年这个班能不能出成绩，学校高考能不能升位，就靠你了，我只能给你们做一些服务性工作。"老师一听此言，就是把命豁出去也要把工作搞好。

四是借对手之力。许多校长把对手视为心腹大患，眼中钉肉中刺，恨不得一除而后快。殊不知，一个校长、一所学校拥有一个对手，不是坏事，我认为，反倒是一种福分，一种造化。

因为有了对手，才会有危机感，有竞争力，才能激励我们奋发图强，革故鼎新，锐意进取，甚至可以监督我们，让我们如履薄冰，不敢掉以轻心。

校长向对手借力，首先要找到对手，了解对手，其次是要善于借鉴对手长处，汲取对手教训。再者要欣赏对手，善待对手，从某种意义上说，这也是在成就自己、发展自己。当然，能够化对手为队友，化敌人为朋友，在发展路上互帮互助，携手前进，共同提高，这便是借对手之力的最高境界了。

五是借团队之力。作为一名校长，如果既能得到上级的支持，又能接到同伴乃至对手的力量，还能受到众多教职员工的拥戴，成功完成团队目标，最终借助团队的力，也就是顺理成章、意料之中的事了。

"给我一个支点，我可以撬动地球"，校长能不能动点脑筋找到这个支点呢？

"站在巨人的肩膀上做事"，校长能不能有这个智慧？

"如果自己是个小蚂蚁，谁都能把蚂蚁踩死，最好的办法是站在大象的背上，看谁敢踩"，校长能不能有这个勇气？

所以，借要讲头脑，讲智慧，讲勇气，只要我们敢借、能借、善借、会借，就一定能借出一片新天地。

制度执行，执行的关键

人管人是管不住的，有效的管理必须靠制度。

有一个观点叫，制度第一，自觉第二。

我始终认为，校长用制度说话，用制度治理学校，永远比把自己当一个报时钟更有意义和价值，永远比依靠个人的管理和发号施令更有力度和效率。

学校发展到今天，制度管理这一理念在我们校长的头脑中应该是根深蒂固。大家都知道制度管理的重要，不少学校都制定了比较完善的制度，有的学校各种制度一个不少，样样俱全，简直就是一个制度大百科。

然而，一些学校，制度只是说在嘴上，写在纸上，挂在墙上，却没有真正落实到执行中去，制度成了摆设，制度形同虚设。

制度执行的缺位是目前管理中最大的症结，也是校长丧失威信的一个重要原因。

制度不能有效执行，究其原因：一方面是制度本身有缺陷。要么制定的制度不切合实际，生搬硬套，不好操作，缺乏可行性；要么制度的内容与法律法规相抵触，内在条款自相矛盾，不能落到实处。

另一方面是校长本身有问题。或者自己不能以身作则，不能带头遵守制度；或者缺乏制度管理意识，把制度当作一种应付检查、评估的形式，视制度为可有可无，仍然习惯于凭经验管理，凭人治治校。

有了好的制度，只是管理的基础。制度再好，如果执行不力或在执行中走了样，制度都将变得毫无意义。

高明的管理者会明白，制度管理就好比拧螺丝，虽然拧紧需要费很大的力气，但只要咬紧牙关坚持住，拧紧它，从一开始就严格执行，不苟且，不含糊，之后，团队就会形成按照制度自动运作的机制；如果开始拧得不够紧，就会出现慢慢松动、松动、再松动，制度之墙有一天就会突然坍塌。有制度却得不到执行，团队失去规则约束，风气便会越来越糟。

所以，有了制度，还必须尽全力落实到执行层面中去。要把制度执行好，校长必须把握以下几个策略。

"决"而不"绝"

有一句话说的是，制度是绝情的，管理是无情的，执行是合情的，也就说，在执行制度时，态度要坚决，要铁面无私，刚正不阿；要使制度成为铁的制度，铁的纪律，铁的法则，铁的条例；要让校长的管理成为铁的管理，校长对制度的执行成为铁的执行。

有的学校，一把手可以"理所当然"地不执行制度，中层干部违反了制度后，也以"情有可原"来开脱，对有的教职工，也因人情关系等原因而"网开一面""下不为例"，口子越开越大，结果导致制度执行"大面积塌方"，这还有"决"吗？

执行制度要"决"，但又不能太绝情，要有人情味，要及时进行思想沟通，要做到有理有情有法有度。特别是在执行制度后，有可能带来一些消极情绪和对抗心理，这个时候不能置之不理，漠然视之，要善于察言观色，见微知著，及时进行交谈和思想沟通，以获得大家的理解和支持。

"宽"而不"松"

学校管理不能没有制度，但时时、处处、事事都要对教职工用制度施以约束，让教职工工作、生活在制度堆里，没有一点身心的自由，没有适度的放松，这样就会给教职工带来压抑感，又会使他们产生逆反心理。

我了解到一些学校对教职工的出勤管理，建立了指纹识别、刷脸打卡、手机定位，甚至安装摄像头监控等严苛制度，遭到教职工的强烈反对。管人重在管新，这种只注意形式，只图把人管"死"，缺少人文和人性的制度，是没有生命力的，也是难以推进和执行的。

白岩松就曾说过，任何一个单位，只要到了开始强调考勤、打卡等纪律的时候，一定是它开始走下坡路的时候。

人需要"冷热适度"，才会和谐相生，温润健康。管理需要"冷热适度"，才会生机勃勃，充满活力。

因此，无论是制定制度，还是执行制度，都不能过紧过松，要把握适度，要努力达到"宽"而不"松"、"紧"而不"懈"、"严"而不"苛"的效果。

"细"而不"碎"

细节决定成败。工作中的一些细小问题，如果睁只眼闭只眼，小问题也可能发展为大问题，更重要的是，还会影响到制度的权威性。

但如果一切都要照章而行，一切都要依规而办，一切都非要有一个结果不可，就会弄得零碎杂乱，校长既会十分辛苦，又会费力不讨好，教职工还不能理解和接受，到头来会影响到关系的和谐，工作的推动。

这就要求制定制度不能鸡毛蒜皮，不分轻重，闭门造车，弄个一大堆。制度过多过滥，往往都会适得其反。

在执行制度时也有个方法与艺术的问题，水至清则无鱼，人至察则无徒。意思是水太清了，鱼就无法生存。要求别人太严格了，也就没有伙伴。对人需要包容，制度执行同样需要包容。

嘉奖大德，赦免小过，不要苛求一个人完美无缺、完美无瑕。

对教职工的小缺点、小差错要宽容以待，难得糊涂，不要动不动就拿制度的大棒，肆意挥舞。教职工没有尊严了，校长的日子也不会好过到哪里去。

"变"而不"僵"

一套再完美的制度在执行的过程中都会出现一些漏洞，难免与客观现实脱节。加之制度所约束的对象——我们的教职员工，都是有知识、有头脑的活生生的人。他们会动脑筋，千方百计找制度的疏漏，甚至找很多理由钻制度的空子，这一切又在合理的范围内，你拿他也没办法，这就是所谓的"上有政策，下有对策"。

校长面对这样的情况，就要"魔高一尺，道高一丈"，就要畅通反馈意见的渠道，就要针对变化了的时空条件，对缺陷的制度进行修补。

人不能两次踏入同一条河。时间不变、条件不变、环境不变、人员不变，加上，上有政策，下有对策，制度不能一成不变，再好的制度也需要不断完善，不断改进，不断创新，制度的创新是永无止境的。

制度一味传承，僵化死守，没有创新，不能以"变"应"变"，这样的制度是没有生命力的，也是不能有效执行的。

"怕"而不"违"

在管理中，我们所制定的制度要让大家有所害怕，有所畏惧，人有敬畏心，也就是说能够达到让制度人见人怕、人人都惧、人人都不敢违背的效果，那当然是很好的事。

人都有趋利避害的本性，当他们的行为违背了制度，其成本很低，不能让其付出相应的代价，他就不会惧怕制度，制度对他也就没有约束力，他也不会去选择遵守制度。

甚至我们制定的制度，不但不能给他带来惩罚，相反还会带来好处和利益，他就会肆无忌惮地违反制度。

"正"而不"邪"

制度能否有效执行的关键不在教职工，而在校长能否带头执行。"公生明，廉生威""律人先律己""其身正，不令而行；其身不正，有令而不止"。最好的教育莫过于示范，最好的管理莫过于以身作则。一个人不可能把没有的给对方，也不可能把自己做不到的而强加于人。

村看村，户看户，群众看干部。校长作为教职工心目中的"干部"，只好身先士卒，率先垂范，带头执行制度，才能成为他们执行制度的榜样和标杆，成为他们执行制度的样板和楷模。

只有如此，一方面，教职工才会心服口服，执行制度才不会观望，更不会含糊。另一方面，作为校长在强硬兑现、执行制度时才会底气十足，才能挺直腰板，说硬话，才不会在还未执行制度时，自己便担心对方戳背脊骨而失去勇气和信心。

所谓"身正不怕影子斜""打铁需要自身硬"说的就是这个道理。"自己的屁股都在沙坝里，怎能去给别人看痔疮"同样言及的是这个意思。

"公"而不"偏"

公正是最大的功劳。校长的公正，不仅仅是用人的公正，处事的公正，还是制度执行上的公正。很多学校制度执行不下去，最为关键的一点，就是校长在制度的执行上不公正。

同样是迟到早退，同样是补课，同样是师德师风的问题，与校长亲近的关系好的，平安无事，万事大吉。而对于另一些老师，可能兢兢业业，勤勤恳恳，却没有时间去接触校长，有的校长会把这些老师作为"另类"，于是经常拿制度去找他们"说事"。

其实，作为一个教师，他可以接受学校条件差一些，待遇低一些，甚至可以接受循规蹈矩，不轻举妄动，但是他们最不能容忍的是校长对他们的不公正，特别是制度执行上的不公。

"化"而不"强"

正如不为而为一样，制度执行的最高境界是不执行而执行，而不是强制执行。这就要使全体职工能够把学校的制度内外于心，外化于行，从而自觉地去执行和遵守。

要达到这一点，校长一方面要善于为教职工赋权，让教职工学会自我管理，使他们在充分体现信任和被信任的过程中更加自觉、自律和自控。

另一方面要增强教职工的主人翁意识，要让教职工站在学校的中央，让他们在平凡的职业中收获尊严感，在激活生命的状态中收获成就感，在事业的共同发展中收获价值感，在学校共同愿景的实现中收获使命感，在温馨而温暖的团队中收获幸福感，从而自动自发，成为学校和校长的坚定支持者。

同时，必须注重加强文化建设，注重文化氛围的营造，因为文化是最高境界的管理，是"不需约束的自觉"，是"内心对规则和秩序的遵守，对违背这种规则与秩序的抵抗。"

校园有了浓厚的文化，教职工置身其中，在这种浓厚文化的影响、浸润和熏陶下，耳濡目染，潜移默化，他们的行为就有了改变，素养就有了提升，他们就会把遵守和执行制度作为自己的行为准则。

　　当然，这对校长的自身素质和文化修养，还有对文化的理解和表达能力，提出了更高的要求。

用细节提升执行力

　　一说到细节，很多校长认为这应该是教职工关注的，自己作为一校之长，应该关注大的方向，应该进行"宏观调控"，那些鸡毛蒜皮的细节，不足挂齿，用不着亲自过问，因而，对细节执行欠缺力度，要么视而不见，麻木不仁，要么敷衍了事，得过且过。

　　大家都知道关于细节的不等式：$100-1=99$，$100-1=0$。这些不等式告诫我们，1%的错误可能导致100%的失败，任何微小的闪失都可能带来前功尽弃，功亏一篑的后果。

　　"青蛙原理"我们最熟悉不过，把一只青蛙扔到开水里，青蛙就会马上跳出来；但如果把一只青蛙放到冷水里加热，青蛙就会在不知不觉中失去跳跃能力，直至死亡。

　　它告诉我们，当学校的一切管理步入正常，一切工作趋于平静的时候，就容易忽视内部的一些小问题；而这些小问题，积少成多，就会形成顽疾，使学校逐步失去被治愈的机会，像青蛙那样在不知不觉中死亡。

　　"蝴蝶效应"威力是不容忽视的，一只蝴蝶在巴西雨林中扇动翅膀，将导致美国德克萨斯州的一场飓风。

　　魔鬼总喜欢在细节中下手。很多时候，灾难和事故都源于被我们忽视的细节。成功和失败，就取决于我们校长对细节的执行力度。

　　就拿发生在校园内外的安全事故来说，不管哪方面事故，不管事故的大小，不管有多少不可控制的偶然因素，可以肯定的一点是，每一个事故的背后，总有工作的疏忽，管理的失控，细节执行的缺位。

　　这么大的一场灾难，就因为电工对一盏灯的随便，结果引起了大火；就因为工作人员对几扇安全门的随便，结果堵死了人们逃生的路；就因为消防人员对所带工具的随便，结果延误了最宝贵的救援时间。

就是因为忽视对细节的关注，让小问题演化成了大问题，最终酿成了恶性事件。

我们的校长应从中认真汲取教训，在工作的执行中，应留意细节，关注细节。

要有细节意识

老子说："天下大事、必做于细；天下难事、必做于易。"校长要明白"细节无小事""细节关乎命运""细节决定成败""细微之处显精神"的内涵；要懂得"让时针走得准，必须控制好秒针的运行"的含义；要深知忽略细节就不会有工作的落实，甚至会把工作搞得面目全非的道理；要在脑海中烙下"执行到位，必须细节到位"的印记。

校长具有细节意识，并不是叫校长事无巨细，所有事情都要亲力亲为，而是要求校长对待工作不能粗心马虎，1%的疏忽可能导致100%的失败，而是要具有严谨的工作态度和一丝不苟的精神，无论对待什么工作都是要有责任感，都要有100%的工作热情，追求工作的尽善尽美。把每一件简单的事情都做好，就是不简单，把每一件平凡的事都做对，就是不平凡。

重视对细节的执行

一位精细化管理专家曾说，中国决不缺少雄韬伟略的战略家，缺少的是精益求精的执行者。这种精益求精的执行者指的是对细节的执行。学校的发展，管理上的成效取决于最薄弱的环节，也就是木桶理论中的"短板"，而细节就是这块"短板"。只有在短板的弥补上想尽办法，在细节的打磨上下足功夫，才能使学校健康发展，使我们的事业在激烈的竞争中立于不败之地。

约翰·麦克唐纳曾说："竞争优势归根到底是管理的优势，而管理的优势则是通过细节来体现的。"

因此，校长的执行，既要能抓"大"，又要能不忽视"小"；既要能从大处着眼，又要能从小处着手；既要能"鸟瞰"，又要能"俯视"；既要能够统领宏观，又要能够把握微观；既要能够面对"一万"，又要能够面对"万一"。

要让细致促进细节的执行

校长的执行，往往就在于细节，而细节则体现在校长对工作的细致上。如果说细节是执行的关注点，那么，细致就是促成细节执行到位的保证。我们校长工作越细致，出现差错和失误的概率就会越小，执行就会越到位。

要想使魔鬼在细节中无机可乘，就要用校长的细致，用校长的严谨，用校长的认真做保障。要做到这一点；校长在工作的思考和安排上，就要比别人多想一点，比别人多做一点，比别人多努力一点，就要加强对细节的检查、指导和落实。

于细微处见不凡，于细致处见风范。一个成功的校长从某种程度来讲，其卓有成效的管理就是在细节中体现出来的，在细致中做出来的。如果没有"举轻若重"地用细致周密的工作作风处理好每一个细节的精神，就永远达不到"举重若轻"的境界。

目标越明确，执行越到位

在一次管理课上，管理大师给大家绘声绘色地讲了一个故事。

三只猎狗追一只土拨鼠，土拨鼠在惶恐中钻进了一个树洞，树洞只有一个出口，不一会儿，从树洞中居然钻出了一只兔子。兔子飞快地向前跑了一阵子，爬上了一棵大树，兔子在树上一慌张，掉下来了砸晕了仰头看的三只猎狗，最后兔子终于逃脱了。

讲完故事后，管理大师问听课者："这个故事有什么问题吗？"有人提出："兔子怎么会爬树？"也有人质疑："一只兔子怎么可能同时砸晕三只猎狗呢？"直到大家再也没人挑出毛病了，管理大师才说："你们想过没有，土拨鼠到哪儿去了？"

无独有偶，在另一堂管理课上，有一位老教授做了这样一个测试。

老教授问："如果你们上山砍柴，恰好前面有一粗一细两棵树，你会砍哪棵？"话音一落，有人抢着回答："当然要砍那棵粗的了。"老教授又说："假设粗的是棵杨树，细的是棵红松，你又会砍哪一棵呢？"大家觉得红松珍贵，便说："当然要砍红松了！"老教授继续追问："如果杨树是笔直的，红松是弯曲的，你们会砍哪一棵？"在片刻思考后，学员都用拿不准的口气回答："若是这样我们还是选择砍杨树，七歪八扭的红松有什么用！"

在老教授不停地附加条件中，有一学员沉不住气了："尊敬的教授，你到底想告诉我们什么呢？"

老教授不紧不慢地说道："你们怎么不问问自己，到底为什么砍树呢，虽然我的条件不断变化，可是你们的行动取决于你们的目标。如果你要砍柴，你就砍杨树；如果你要做工艺品，你就砍红松。你们肯定不会没有任何目的而抱着斧子上山砍树!"

一个人只要有了明确的目标,在做事的时候就不会心中无数,也就不会被外在的条件和各种无形的干扰迷惑方向。

一个优秀的校长,只有胸怀目标,并把注意力凝聚在目标上,才能把事情做好,也才不会被半路上杀出的"兔子"遮挡了视线,扰乱了阵脚,最终偏离了目标。

我们身边总有一些校长,他们做工作没有明确的目标,没有执行的方向,他们不知道自己该何去何从,学校的发展该如何定位,如何努力。别人怎么说,他就怎么做,别人怎么做,他就跟着做。上级指挥棒怎样挥,他们就跟着舞,上级脸色一改变,自己就变得六神无主,一会儿向东,一会儿向西,今天试试这个办法,明天用用那个办法,这样一来学校工作就成了跷跷板,忽高忽低,摇摆不定。

对于没有航向的船,任何方向的风都是逆风;对于没有目标的校长,任何执行的努力都是白费劲。

做任何事情都要有明确的目标,校长有了明确而具体的目标,就能够形成一个共同愿景,既能够使教职工明确努力的方向,又能够对他们产生巨大的激励作用。在实现目标的过程中,即或是遇到突发性情况,或者是不可调控的因素,只要有了明确而具体的目标,学校也能针对目标调整步伐,采取应对性措施,保证学校工作朝着既定的方向不断发展。

校长仅有了明确具体的治校目标还不行,还必须做到以下几个方面:首先,既要设定目标,又要明确目标达成的"原因"。"原因"主导一切,这个"原因"才是让教职工朝目标奋进的原动力。其次,校长要像庖丁解牛一样将目标分解。目标分解的过程,实际上就是一个与教职工充分沟通的过程,一个与教职工达成共识,形成共同愿景的过程。

对于长远的目标,校长可以将其分成若干段。先找一个大家比较容易接受的共同目标作为第一阶段目标,待实现后再考虑下一阶段,这样能有效提升执行效率。比如,学校要办成一所有影响的特色学校,目标较为宏观远大,实现这个目标有一个过程,校长可以将它分解成几个阶段,从校舍建设、文化点缀、内涵拓展、质量提升等方面,一步步去逐步实现。

《三国演义》中孙权与刘备联盟，孙权问："刘皇叔，如果咱们把曹操打败了，你说天下姓孙还是姓刘？"刘备说："咱们现在共同努力，先把曹操打败，至于将来天下形势如何，咱俩再商量商量。"大家想一想，如果当时刘备说："天下当然姓刘嘛！"孙权也当仁不让："我实力比你强，当然姓孙嘛！"他们会打败曹操吗？第一个阶段的目标实现不了，还会有以后的事吗？

再次，校长要充分发挥目标的激励作用。有这样一则寓言，一只小猴想进城，可没有人拉车，它便想出了一个主意。

它在车上系了三个绳套，一个长，一个短，一个不长也不短。它叫来小老鼠，让它闭上眼睛，拉长套；又叫来小狗，让他闭上眼，拉短套；他再叫来小猫，在小猫背上系上一块骨头，然后让它闭上眼，拉不长也不短的套。

小猴坐上车，叫大家一齐睁眼。小老鼠见到身后有猫，吓得拼命往前跑；小猫看见前面的老鼠，死劲地往前追；小狗看见猫背上系着骨头，馋得直往前撵。小猴快快活活地在车里，不一会儿，就进城了。

你看，小猴根据大家的不同需求，设定了看得见的目标，在目标的激励下，让小老鼠、小猫、小狗都有了奔头，有了动力，他们都为了目标，拼死拼活地拉车。

目标能让人看清使命，产生动力；目标能够使人集中精力，把握现在；目标能够让人自我完善，永不停步；目标能够让人增添信心，鼓舞斗志；目标能够让人充满激情，发挥潜能。目标还能够有助于人们分清工作缓急，把握工作重点。

柳传志说："目标是最大的激励，给员工一个值得为之努力的宏伟目标，比任何物质激励都来得实在，也比任何精神激励都来得坚挺。"因此，校长要运用和发挥好目标的这些激励作用，重视和加强目标管理。

关于目标管理，彼得·德鲁克曾说过："并不是有了工作才有目标，而是相反，有了目标才能确定每个人的工作。"

要发挥目标的激励作用，目标的设置就要适时、合理、可行，并且与教职工的切身利益紧密联系，这样教职工就会从灵魂深处产生一种共鸣，他们就会努力去做你想做的事情，你的管理，你的执行将会变得更有成效。

执行必须把握好过程

在影视中常看到这样一个镜头,部队首长板着面孔向连队发出最后命令:"在中午两点前,必须给我拿下山头,我只要山头,完不成任务,提头来见我。"

于是也经常见到这样的校长,他们在安排某项工作时,瞪着双眼,用手指头敲着桌子,把头一扬很牛地说:"我不管过程怎样,我只要结果。"

然而,管理一支部队和领导一所学校是有区别的。

部队主要是靠严格的等级、特别的权威、严密的指挥来运作,而学校的管理情况就比较复杂。

比如,要提升教学质量,让学生有好的学业成绩,学校有好的升学率,就必须要加强教学常规管理,也就是要抓好对教学全过程的管理,包括教师的备课、讲课、作业、辅导、考核等基本环节。作为校长,除了要建立常规管理机构,落实常规管理制度,严格常规管理外,更重要的是要深入教学第一线,全身心投入教改实践,积极参加教育教学研究,带头执行常规管理,以充分调动全体教师的积极性和主动性,最大限度地发挥他们的作用。

如果校长只偏爱结果,而不注重教学过程,教师就会死干蛮缠,就会不尊重教育规律,不注意教学方法,就会一味地教死书,打时间仗,搞题海战术,就会一切唯分数是从,以分数论英雄,教育就会沦为只有教书,没有育人,只有分数。没有立德树人,全面发展;当然就会让教育远离尝试,远离本质,让应试教育更为猖獗。

且不说忽视过程的管理,能不能有一个好的结果?就是完全实现了结果目标,这样的结果又有多少实际意义?就像体育比赛获胜的结果,不是靠实力取胜，而是靠投机取巧；一个人有钱，不是靠劳动所得，而是靠非法敛财；一个地方的 GDP 不是体现持续发展、科学发展，而是以破坏环境和牺牲可持续性发展为代价，人们肯定不但不能接受，相反还会唾弃。

在英国伦敦曾发生过这样的一件事情，一位警察给一位驾车妇女开了一张罚单，理由是违规转弯。

那位妇女不服，极力争辩，她说，那个地方根本没有禁止转弯的标识。这个时候警察才指了指在拐角处的一个很不起眼的标志牌，一般的情况下，司机是很难注意到这一块牌子的。

这位妇女很是气愤，她决定到法院去起诉。

到了听证的日子，她早早地来到法庭，迫不及待地诉说自己的冤屈。当开始听证的时候，这位妇女刚刚讲述了开头，便被法官粗暴地打断了，法官不愿听下去，便草草地判她胜诉。

看到这里，大家以为这位妇女胜诉了，胜利了，她就满意了，但是她更为不满，原因是她觉得虽然结果令人满意，但是根本不让她解释事情的来龙去脉，她更加关注的是产生这个结果的过程，而法官却忽略了这个过程。

相对于那些只关注结果，不在乎过程的人，这应该能够带去很多启迪。

"一分耕耘，一分收获"，"栽什么树结什么果，撒什么种子开什么花"。校长提出一个激动人心的目标很容易，下定对结果志在必夺的决心也能够做到，然而真正决定结果的，不是目标也不是决心，而是执行的过程，没有过程就没有理想的结果，有什么样的过程就有什么样的结果。

校长在管理中，如果只重结果而忽视过程，则无异于舍本逐末，有时候连末也可能得不到；如果只在乎结果而不关心过程，那么很多时候，当你发现结果出了问题，已经是木已成舟、铁钉钉木的事，你再去采取措施加以弥补，就已经来不及了；如果你只强调结果而不要过程，逼迫教职工去干一些损人利己、杀鸡取卵、竭泽而渔、拔苗助长的事情，自酿的苦酒，你就只有慢慢独享吧！

因此，校长在执行时，一定要增强过程意识，强调过程管理，向过程要质量，向过程要效益。要始终记住：只要结果的管理一定是失败的管理。

没有结果的执行，就是白执行

执行在于对过程的把握，但执行也要注重结果。你的过程再努力，你的执行再到位，如果任何事情只满足于"做了"而没有"做好"，只停留于"做事"，而没有致力于"做成事"，只体现过程，而没有一个结果，这样的努力，这样的付出，这样的执行，便是徒劳无功。

结果是检验一切的法宝，结果是判断工作优劣的重要标准，结果是提升个人能力的前提，结果是完成工作的动力，结果是团队追求的目标和努力的方向。

执行的本质就在于抓住结果，实现预期效果，追求的过程目的也是获得结果。如果没有预期结果，那么所有的付出都没有价值。

是不是完成任务就等于结果呢？回答是否定的，完成任务并不等于结果。同样的一项任务，有应付差事、马马虎虎完成的，有按部就班、机械死板完成的，也有用尽心思、全力完成的，还有发挥创造、完成特别出色的。

台湾作家刘墉教育女儿的故事，对人很有启发。

一天，刘墉和女儿一道浇花，女儿很快把花浇完了，正准备去玩，刘墉叫住了她，并提醒女儿："看看爸爸浇的花与你浇的花有什么不同？"女儿看了看，觉得没有什么不一样。这时，刘墉将女儿浇的花和自己浇的花都连根拔起，女儿一看，脸全红了，原来爸爸浇的花水都浸到了根上，而自己浇的花只是把土的表面淋湿了。刘墉于是教导女儿："做事一定要彻底，要做到'根'上，才有好的结果。"

刘墉和女儿都把浇花的任务完成了，但结果却大不一样。

校长加强过程管理，抓住教学常规管理不放松，其目的是提高学生的学业成绩，提升教学质量，如果看似在抓过程，在抓管理，而学业成绩和教学质量却始终上不去，对学生的素质教育也没有什么成果，这样的过程管理就要打问号了，要么过程管理流于形式，走了过场，要么过程没有为结果服务，过程本身存在着严重缺陷。

下面这则故事更能说明问题：

> 一位旅行家，见到两个人，前面一个人在挖坑，后面一个人在填土。旅行家觉得奇怪，便上前问他们在干什么？挖坑的人回答说："我们在种树。"看到旅行家不解的目光，他又补充说："我们公司有规定，我挖一个坑，可以得到30卢布，他填满一个坑可以得到20卢布。本来还有一位朋友，他负责栽树，每栽一棵可以得到10卢布，可是他今天生病没有来，所以就只有我们俩在这里挖坑和填土了。"

过程和任务不等于结果，完成过程和任务不一定就有好结果。挖坑的人和填土的人不是也在整个过程中付出了艰辛的努力，他们最后有结果吗？

校长出色的工作业绩是许多富有效果的"结果"的汇聚。因此，在做每件事情时，都要锁定"结果"目标，都要有"结果"思维，都要对"结果"负责。

要懂得，对结果负责是对我们工作的价值负责，是对完成工作目标负责，是对学校的长足发展负责。要明白，完美的结果，是执行到位的结果，是长期努力的结果，是抓住过程不放的结果。

> 一个得道高人吩咐众弟子去终南山挑一担水回来，弟子们匆匆行至山脚下，见满山荆棘，无路可走，更有湍急石流，从山上奔泻而下，令人毛骨悚然。弟子们没有收获，个个沮丧，只好望山兴叹。其中一个小弟子镇定自若，拿出一个山梨对师傅说："翻不了山，挑不了水，见山脚下有棵山梨树，便把树上唯一的一个山梨摘回来了。"后来这个小弟子成了师父的衣钵传人。

故事看似简单，却告诉我们，结果是我们执行的最终目标，即使受各种因素的制约，一个相对不好的结果也肯定比没有任何结果强。

事实上，校长在考核教师，在衡定各方面工作时，更多地看的是结果。这并不是说我们忽视过程管理，只片面追求结果。我们强调结果的重要性，是要求校长要站在结果的一面思考问题，谋划工作时要以结果为突破口，干任何事情要体现结果、追求结果，对结果要志在必得，在为结果而努力的过程中，要不找任何理由和借口，要不为困难所惑，要不为压力所扰。

要坚信，在客观困难面前，我们可以有一千个理由，一万个原因，十万个无能为力，百万个尽心尽力，而在结果面前，则只有一个最简单的结果，那就是成功或者失败。

思维决定出路，执行决定结果。校长在追求结果中要努力做到：

第一，执行任何一项工作，必须清楚要达到的目的和效果。

第二，要达到相应的目的和效果，必须分析清楚客观条件，并采取相应的措施和办法。

第三，行动先于梦想，行动才能出成果，要立即行动，不等不靠，不拖不怠。

第四，责任成就一切，锁定责任才能锁定结果，肩负责任才能创造结果。

第五，不管遇到多大困难和阻力，要树立"结果第一""一切皆有结果""再努力一次就会有结果"的心态，并以专注于结果，以坚忍不拔的毅力坚守结果。

任何事情都要以结果为导向，去寻求不断的改变，去不断地追求卓越，去无限接近完善与完美。

第六，要调动所有人的积极性，发挥大家的聪明才智，带领全体教职工一起去获得结果。

用"要求"推进执行

校长是教师群体中出类拔萃的人,但校长绝非是全能的人。校长即或是全能的人,纵使他有三头六臂,学校的工作他也不可能全部包揽。

学校发展中的很多事情,都要由教职工去做。校长是管理者,是决策者,是执行者,校长的管理,校长的决策,校长的执行,要通过对班子成员、中层干部、教职工提出自己的工作要求,并一级一级地落实下去,执行下去,校长的办学理念、工作思路、治校方略、发展目标才能得以有效实施。

能不能经常性、有针对性地给教职工提出要求,是检验校长是否有执行力的试金石。在执行中,校长采取放羊式,没有任何主张,没有任何要求,教职工行动就没有方向,心中就没有底数。

校长在讲明工作要求时,要尽可能直观、简单、明了、可行,做到人人听得懂,个个看得明白。

沃尔玛要求员工对顾客微笑服务,必须露出你的八颗牙,当天的事情必须在日落之前结束,做到日清日结,绝不拖延,要求明晰,易于操作;毛泽东提出的"三大纪律、八项注意",那么深入人心,最重要的一个原因就是将对一个军人非常高的要求具体到每一件小事上。

如果校长在提出要求、传达指示时,语意不明,含混不清,员工不能正确理解其意图,不但不能很好地执行,有时甚至会闹出笑话。

有这样一则故事,耐人寻味。

很久以前,一个农夫娶了一个傻媳妇。一年一度的复活节即将来临,农夫很想举办一个家宴,可他不知道怎样准备,他想起邻居家每年复活节家宴办得不错,于是派傻老婆穿戴整齐,到邻居家去探个究竟,并对她说:"你去邻居家好好观察他们在干什么，回来告诉我，我们也跟着去做。"傻老婆去后没多久就回来了，一进门，便脱下鞋子抽打自己的丈夫。"你在干什么，你是不是发疯了？"农夫对她大声呵斥。傻老婆说："你不是说邻居家做什么，我就做什么，邻居家的太太正在用鞋子抽打她的先生，就是我刚刚使用的这种抽法。"

其实，傻媳妇没有错，她只是在自己理解的范围内很负责地执行丈夫的要求，而错就错在农夫没有把要求给自己的傻媳妇表达清楚。

校长在提要求时，应该少一些"你应该……""你必须……"等生硬的强求性的语言。这些用语不仅起不到积极作用，相反会让人们产生逆反心理。校长应该多一点"为什么""怎么办"。凡事讲明原因，大家就会心领神会，执行不误。交代清楚方法，操作性强，可以让工作变得更有效率，避免产生矛盾和歧义，执行起来会更到位。

校长提出的要求，只是宏观层面，侧重于战略的指引，关注的是整体工作的执行和推进。这并不束缚教职工的手脚，影响他们的工作积极性和主观能动性的发挥，相反教职工可以本着"条条道路通罗马""膏药一张，各有炼法"的原则，自由而灵动地寻找他们认为合适的、切实可行的、属于他们自己的方法与方式。

有了要求还不够，校长依靠教职工对自己所布置的任务、所提出的工作要求有效地执行，以实现既定战略，但并不是每个教职工都能够按要求办事，这就需要校长对教职工执行情况进行有效监控。有效的监控是各项制度、计划、政策及战略得以顺利执行的关键因素。

追求卓越，执行的最高境界

有一位上尉在训练场上曾对新兵说了一段很让人玩味的话："在战场上，只有最优秀的士兵，才有活着回来的可能。那些勉强合格的士兵，从走向战场的第一步开始，他的生命就已经以分钟为单位来倒计时了。"

的确，在战场上，你的枪法如果比敌人稍逊一筹，你打中敌人肺部的同时，敌人可能打中你的心脏。上尉的一席话，是告诉人们：要永远追求卓越。

战争很残酷，学校的竞争当然没有战场激烈，就是做得差一点也不可能遭遇死亡，因此，就有了一些校长工作马马虎虎，得过且过，做任何事情只求过得去，带得过，差不多，没有用心用力去追求卓越，实现最好。

殊不知，一个优秀的校长会主动追求卓越，一个主动追求卓越的校长才能带出一支事事追求卓越的优秀教职工队伍，也才能办出一所品位高、有内涵、有影响力的学校。这样的校长，这样的教职工，这样的学校会在激烈的竞争中永远立于不败之地。

校长要成为追求卓越的典范，一方面永远不要当"差不多"先生。著名学者胡适先生的《差不多先生》里描写了一个十分可笑的人物，他凡事都爱说"差不多"，做伙计的时候，"十"写成了"千"，给店铺造成了巨大的损失，他说："差不多。"把陕西当作山西，先生指出来，他认为陕西同山西，也是"差不多"；搭火车去上海，迟了 2 分钟，火车走了，只好明天再走，他觉得今天走明天走，仍然是"差不多"……

"差不多"先生虽然是文学作品里塑造出来的人物，但这种形象在我们校长队伍中同样找得到。有些较长甚至犯和他一样的错误，做任何事情只求"大概""差不多""过得去"。

这种凡事"差不多""过得去"的校长，既缺乏一种追求卓越的精神，又缺乏一种负责任的工作态度，还缺乏一种严谨、细致、周到、周全的工作作风，更缺乏一种执行到位的品质和境界。

另一方面，校长要追求好的工作效果。前面我们说到执行要体现结果，没有结果的执行，等于白执行。这里所说的效果与结果是不完全相同的两个概念。

效果反映的是外部因素作用于前后事物状态的差异，而结果只是一定阶段事物发展变化的最后状态。

效果不仅是包括结果本身，而且还包括实现并达成结果的过程。校长要追求好的效果，就要既关注过程，又关注结果。完美的过程造就完美的结果，完美的过程加上完美的结果就会有完美的效果。

管理就是追求效果，无效的管理，无论多么严谨、规范、先进，无论付出多少努力和代价，都是无用的，甚至是有害的。

同时校长要不断地超越平庸。完成工作，要力求精益求精，好上加好，要努力实现尽善尽美，无懈可击，把一切事情做得无可挑剔。特别是遇到一些意外和责难，校长要头脑清醒，多点智慧，尽可能采取变通的手段，把事情做得圆满顺畅，收到变被动为主动，变平凡为优秀，变优秀为卓越，化腐朽为神奇之效。

没有最好，只有更好。人无完人，做人不可能绝对完美。做事同做人一样，也不可能做到尽善尽美。

但是不管是做人，还是做事，我们可以追求完美，有可能最终达不到完美，也做不到尽善尽美，但是在这样的一个追求的过程中，我们得到了历练，我们享受到了乐趣，最后可能再差也不会差到哪里去。

大家想一下，如果开始我们就定位很低，只求过得去，将就着，差不多，马马虎虎，得过且过，随便应付，有可能最后的结果将是一塌糊涂。

按照美国金融家斯蒂芬·吉拉德所讲的："我们要的，不是做得很不错，而是做得没有任何一点儿错。"克洛克也曾说："如果你想经营出色，就必须使每一项基本的工作都尽善尽美。"

第九章

有令必行的校长威慑力

按字面意思讲，"威慑"的"威"指的是威信，而"威慑"的"慑"指的是震慑，即因害怕而服从。

威信是一种客观存在的社会心理现象，是一种甘愿接受对方影响的心理因素，它是对领导者产生的一种发自内心的归属和服从感，这种力量主要源于非权力因素。

而一个人的威慑力量，一般都来自于权力因素，权力体现权力，权威带来权威，人们在其内心世界都有一种与生俱来的对权力、对权威的服从与崇敬，没有权力的支撑，也就没有权威的产生。

实践证明，当一个组织的管理者能够把这种权力因素与非权力因素有机地融合在一起，就能迸发出巨大的威慑力。

《战国策》里说："威立于上，民服于下。"《韩非子》中也讲："威寡者则下侵上。"意思是说领导有了威信，下属就会服服帖帖，如果领导没有威信，下属就会欺骗你、鄙视你。

《管子》中说："且怀且威，则君道备矣。"就是说一个领导既有怀柔的举措，又有立威的方法，这样的领导力的核心就有了。

这对校长威慑力的修炼与提升，应该会有一些启发。

威慑力不可缺少

　　校长要履行职责，推动工作，必须具备一种管理权威，这种权威所体现和展示的巨大力量，我们把它称之为威慑力。

　　校长的威慑力作为管好人、谋好事、办好学校的一种特殊力量，是每一位合格校长所必须具备的。

　　我们提倡校长要态度随和，平易近人，和蔼可亲，要坚持人文关怀，以人为本，但如果仅有这些，还是不行的。一个好的脾气，一张和蔼的脸，一颗菩萨的心，对教职工的管理、对工作的推动，会有很大的作用，但如果校长仅有这些，他们往往会以为你是不错的朋友，但不一定认为你是个好校长。一个好校长，在具备这些的同时，还要具备威慑力。

　　一个校长，如果没有一种威慑力，就不能让教职工对你有一种敬畏之心，教职工以为这个校长可以随随便便，工作也可以马马虎虎，应付了事。按通俗的说法，就是猫吓不了鼠。可以想象，一个学校到后来会是一个什么样的面貌和状况。

　　狮子是百兽之王，在狮群中，一般是雌狮捕猎，而雄狮却先吃，吃完后，雄狮只管睡大觉，你也许会觉得雄狮有什么用呢？如果你看过"动物世界"，就知道雄狮只要在雌狮和小狮子周围一趴，一切都没问题了，豺狼虎豹都不敢来入侵，这就是雄狮的威慑力。

　　校长有了威慑力，不仅学校的教职工敬畏你，就是学校外部周遭、社会一些层面也绝对不敢把你不当一回事儿，你的威慑力其实不光影响到学校发展，而且更重要的是关乎着一方教育的尊严，一方教育人的形象。

　　很多时候，教职工对校长不尊不敬，校长在他们心中可有可无；教职工做事情扯皮推诿，执行不能到位；学校出现上下错位、管理越位的局面，都是由于校长过分怀柔，过于婆婆妈妈，而缺乏足够的威慑力造成的。

还有外界对学校干扰太多，特别是一些形式主义的东西长驱直入，一些家长也经常冲撞校长办公室、教室，大闹校园，寻衅滋事，干扰学校正常的教学秩序，让老师不能安静，学生不能宁静，校园不能平静，还是因为校长缺乏威慑力，不敢说"不"，不敢拒绝，没有勇气和底气抵制。

"指鹿为马"的典故，大家再熟悉不过。

秦始皇死后，奸臣赵高通过阴谋手段将胡亥扶上皇位，杀了李斯，自己做了丞相。秦二世胡亥昏庸无能，赵高专权，为所欲为。后来他的野心越来越大，竟欲篡夺王位。他考虑到满朝文武大臣估计可能不会听他的，于是搞了一次试探。赵高牵了一头驴到金銮殿，献给秦二世，并对他说："这是马。"秦二世就问大臣："你们说这是什么？"大臣们迫于赵高的权势，不敢说是驴，都说是马。

真是荒唐至极！皇上的权威本来是至高无上的，然而秦二世却因昏庸而无一点权威，致使奸臣赵高淫威乱用，无法无天，这就是秦二世乃至秦朝的可悲之处。

一个校长如果没有一点威慑力可言，在学校不也有可能会出现指鹿为马的情况吗？

威慑力并不等于态度蛮横，大耍威风，也不等于板着面孔，成天训人，而是令出法随，说一不二，威中有严，刚柔并济。

威慑力是用铁腕手段让教职工服服帖帖。由于它靠一种强势管理，有时候很有可能会让教职工口服心不服，所以校长还必须学会恩威并重，软硬兼施。只有如此，威慑力才更能显示出它的巨大作用。

校长切不可过度怀柔

在学校管理中，校长要有怀柔之心，能够让教职工感受到一种人格上的尊重，人性上的关怀。

同样的原材料，同样的调料，有的人能做出美味佳肴，有的人却只能做出吃得下去的饭菜，其奥妙和诀窍其实很简单，就是没有掌握好"火候"。校长怀柔必须适度，必须掌握分寸，必须把握火候。凡事过犹不及，过度的怀柔，则会影响校长的管理权威，影响管理的效度和力度，影响学校工作推进的进度和速度。

一些校长过度怀柔，主要有以下几个方面表现：

一是一味迎合教职工，自己缺乏主见，让教职工牵着鼻子走，让自己的决策迁就于教职工的要求和意见。

二是对学校的歪风邪气不敢抵制，对教职工的错误行为不敢纠正，对需要决断的事情当断不断，最后反受其乱，对那些不正之风往往需要施展铁腕的时候，却心慈手软。

三是工作上不敢强硬，对教职工只是哄着干，诓着用，片面追求与教职工"和平相处"，属典型的"外婆"型。

有一句话说的是，人善被人欺，马善被人骑。这里的"善"不是指的善良，而是指的柔弱。一个人太过于柔弱，就会遭人任意欺负。校长如果太"柔"，是不是教职工就会觉得你也软弱可欺呢？我想，即使没有觉得软弱可欺，至少教职工打心底里就会认为你少了自控力，少了阳刚之气！

这样持续下去，只能让学校成为一摊和不起来的稀泥，让团队变成一盘散沙，只能让校长自己失却威信，少了威严，最终让教职工瞧不起，一个校长被自己的教职工瞧不起，这应该是一个校长最大的悲哀！

校长在关键时候，能够强硬起来，在非常时候，能够表现出一种强势，在不得已的时候，来一阵"狂风暴雨"，教职工不仅不会不把你当一回事，连外界都会把学校当一回事，校长和学校都有了自己的尊严，更重要的是，对推动学校工作极为有利。

特别是对那些心术不正者，调皮捣蛋者，更不能过度怀柔，过于宽仁。在判明情况，掌握事实之后，就必须打出"武"牌，施展铁腕，一定不能手软。否则，便会姑息养奸，纵虎为患。

在联合国的一次著名会议上，苏联领导人赫鲁晓夫为了表示对美国及其盟友的强烈抗议，在会议中间，竟然用皮鞋猛拍桌子，当时全世界一片哗然。后来，在会议现场所拍摄到的一张照片却显示，赫鲁晓夫的脚上明明还穿着一双皮鞋。他手中的那只很可能是"专供敲击"的第三只鞋子。

作为校长，你也应预备好"第三只鞋子"，在你怀柔之后，狠狠地敲击一下，彰显你的强硬态度。

该人文关怀时就要人文关怀，该人性化管理时就要人性化管理，该怀柔时就要怀柔，该强硬时就要强硬，该逞硬的时候坚决逞硬，该残酷无情时就要残酷无情，这是一个优秀校长必须把握拿捏的重要方面。

不要忘记谁是校长

校长要善于奖励人，更要善于运用责罚手段处理人。

有些校长从来不对教职工进行责罚，教职工犯了错误，他睁一只眼闭一只眼，假装没看见；教职工工作没做好，他宁肯让其拖学校的后腿，影响学校发展，也不愿意面对面地指出；有的教职工当面顶撞，对安排的工作拒不执行，他宁肯忍气吞声，也大气不敢出；有的教职工纪律涣散，惹是生非，弄得学校乌烟瘴气，人人自危，他却任其发展，不做任何惩戒。

这样一来，教职工的缺点和错误得不到及时纠正，小洞不补，大洞一尺五，他们会更加自以为是，有恃无恐；其他教职工对歪风邪气看不惯，有意见，憋得慌，但又无回天之力，心里极不平衡，积极性严重受挫；有缺点、错误的教职工不仅不会感激这样的校长，反而会认为这种校长软弱无力，从内心深处就没把他放在眼里，校长威信会越来越低；学校歪风邪气得不到打击，正气得不到弘扬，大家各行其是，纪律松弛，违法乱纪现象将会不断发生。

这种校长，要么缺乏能力，自己的业务不过硬，不敢理直气壮地大胆责罚；要么缺乏底气，自己放松了要求，身不正就怕影子斜，生怕责罚了人，叫别人戳脊梁骨，跟自己过不去；要么缺乏责任，不求有功，但求无过，不求学校发展，只求太平为官。

巴西足球队在世界足坛上可谓无限风光，斯科拉里在担任主教练的时候，顶住压力，坚决不用老将罗马里奥。罗马里奥是一个天才射手，是巴西人的骄傲，但他非常桀骜不驯，跟所有队员都吵过架，还经常跟教练对着干。当他决定不再用这样的队员做领军时，巴西人纷纷向他写信，说2002年世界杯就要开赛了，赛前换将是大忌，就让他当队长吧，但斯科拉里不为所动。

后来消息传到巴西总统卡多佐的耳朵里，总统是罗马里奥的支持者，他也给斯科拉里写信为罗马里奥求情，希望能让他参加这次世界杯赛，斯科拉里同样拒绝了总统。他在回信中说：如果说执意要让他当队长的话，那我这个教练就不干了。

最后，斯科拉里开掉了罗马里奥，所有巴西队员都被镇住了。

那一年，斯科拉里带领巴西队获得了世界杯冠军，后来葡萄牙把他请去做教练，2006 年，他带领葡萄牙队踢进世界杯八强。

有记者采访他取胜的秘诀，他说：别忘了谁是主教练。

正由于斯科拉里随时记住自己是主教练，在责罚人的时候态度坚决，毫不含糊，严格管理，树立绝对的权威，他带出的球队才所向披靡，无往而不胜。

很多校长却缺乏这种坚决。在责罚教职工时，一遇到他人说情、打招呼，便随即动摇。其实，动摇的不仅是对教职工的责罚，还有校长的威慑力。

美国巴顿将军曾劝告他人：对犯错误的应该立即责备。他的部下犯错误时，他会立即让他知道自己犯了错误。他曾经说过这样的话："虽然在战斗训练中我不能杀人，但是我会让那些错误的人因我发怒而情愿死去！"

肯·布维和约翰逊也在他们的畅销书《一分钟经理人》中写道："要在错误发生后立即加以责备，你要明白地指出他们错在哪里，用坚定的口气告诉他们，你觉得他们错了。"

我们的校长也别忘了自己是校长，一定要让自己具有功过分明，有功必赏，有过必究，责罚立威的意识；具有发现、纠正教职工错误使之能够积极向上的能力；具有责罚人不留情面，不姑息迁就，不当好好先生的大无畏勇气。

当然，用责罚立威，不是无过而罚，也不是随意处罚，更不是以罚泄私愤。罚必须事出有因，恰而得当，有依有据，有理有度。

校长在关键的时候，应该提醒自己：别忘了谁是校长。

不妨铁腕又柔肠

先看看下面的一则历史故事：

唐太宗李世民的姐姐长广公主，先嫁予赵慈景，生了个儿子，叫赵节。赵慈景去世后，长广公主改嫁给吏部尚书杨师道。后来，赵节帮助皇太子李承乾谋反，事情败露后被抓。杨师道、长孙无忌负责审问这起案子，因他们帮助赵节开脱，受到了太宗的惩罚。

太宗来到长广公主的居所，公主赶忙磕头，哭泣着为儿子的罪过道歉。太宗回拜，并流着泪说："赏赐不回避仇敌，惩罚不袒护亲属，这是天下的至理，我不敢违背，因此，我对不起姐姐。"

唐太宗大义灭亲，不徇私情，不因为自己是皇上就为所欲为，坏了规矩，这对满朝百官及那些心怀不轨的人是极大的震慑。然而，从情分上讲，又觉得亏欠了姐姐，他不但没有责怪姐姐，反而主动去给姐姐赔不是，态度温和，字字含情，催人泪下，让姐姐心里觉得好受些，又觉得这一切尽在法理情之中。

还有大家最熟悉不过的诸葛亮挥泪斩马谡，一"斩"，让全军肃然，让上下所有人都明白军令如山，制度无情，千万不能办错事，办错了事谁也救不了自己。一"挥泪"，让人们觉得丞相真是好人，真是有情有义，真是太关心下属了，杀了一个罪有应得的人还挥泪不止，这就叫领导艺术！

不管是唐太宗杀人赔礼，还是诸葛亮杀人掉眼泪，都是在"杀"的同时，又体现了一种关爱，他们这样做，就叫用温柔的手段做冷酷的事情，既展示了自己的强硬铁腕，又昭示了自己的百般柔肠，既强化了自己的权威，又笼络了人心，既树立了自己的形象，又警示教育了众人。

真可谓一石三鸟！

大凡有经验的校长，都把这一艺术运用得炉火纯青，有过之而无不及。

即将退休的王老师是现任李校长的恩师，一天，因家里有点事而在上课时迟到了。按制度，上课凡迟到早退一次，就要从当月绩效工资中扣发200元。管后勤的主任专门到李校长办公室为王老师求情，结果碰了一鼻子灰，200元钱照扣不误。

王老师为此很想不通，作为恩师，仅仅因为迟到了几分钟，就要非扣不可，简直太不讲人情。扣钱事小，关键是丢不起这个人。

过了三个多月，王老师退了休，李校长设家宴谢恩师，几杯酒下肚，王老师发出感慨："看来，你还没有忘记我这个老朽，你还是蛮有人情味嘛！"李校长说："在执行制度的时候，我会一视同仁，对任何人我都会不讲'人情'，但并不等于我没有'人情味'。"

李校长所讲的"人情"与"人情味"虽仅一字之差，但它所揭示的道理和领导艺术却耐人寻味。

校长在执行制度、推进工作、实施管理的时候，要不分亲疏、不论彼此、坚持原则、铁面无私，要铁石心肠，不讲人情，只有如此，才能提升自己的威信，也才能让人们对制度产生敬畏。

但这种不讲人情，并不是校长不要人情味。没有人情味的校长是赢得不了人心的，也是得不到大家的拥护与爱戴的，更是做不好管理的。

"道是无情却有情"。校长要做到"人情"与"人情味"的统一，就要学会"铁腕"与"柔肠"齐飞，"刚性"共"温和"一色；就应该既把自己纳入制度之中，又把自己置于情感之上；既让自己做到铁石心肠、刚正不阿，又让自己体现"人性化""真性情"。

能够做一个不讲人情而人情味特浓的校长，就是一个成功的校长。

来个杀猴给鸡看

面对一所学校人心涣散，运行无序，犹如一盘散沙，各项制度不起作用，提出的工作要求不能落实时，校长就可以通过抓一个典型，进行惩戒，以警告所有人。

有一句俗语叫"杀鸡给猴看"，相传猴子最怕见血，如果猴群不服驯教，驯猴的人当着猴子面杀一只鸡，雄鸡一声惨叫，血流如注，再不服驯教的猴子也会乖乖的，任由摆布。

再仔细一琢磨，如果在鸡群的面前杀一只猴子，其警示效果不是更好吗？

我们可以做这样的假设：你去给象群当首领，为了树立你的权威，你当众掐死一只蚂蚁，这样对大象肯定不会起到任何警示作用。与之相反，假如你给蚂蚁当首领，你弄只大象在蚂蚁面前把它弄死，蚂蚁还敢轻举妄动吗？

在这方面，司马穰苴给我们做了一个很好的示范。

齐景公时，晋军、燕军进攻齐国，齐军战败，晏婴向齐景公推荐田穰苴。景公面见田穰苴，和他谈论军事，对他很赏识，便封他为将军。

田穰苴想到自己的身份，估计很难让大家服众，于是对齐景公说："我的身份卑贱，你封我为将军，权位在大夫之上，恐怕士卒不拥护我，百姓不信任我，所以，我想请您选派一个亲近的，又有威信的人做我的监军。"景公觉得有道理，就派宠臣庄贾去担任监军，田穰苴与庄贾约定第二天中午在营门相会。

第二天，田穰苴先赶到营门，掐着时间等待庄贾，这个庄贾平时骄横惯了，现在做了监军，更是有恃无恐，或许打心眼里就没有瞧得起田穰苴，所以在亲朋好友举行的送别酒会上，放纵而饮，没有考虑时间，等到了营门，竟然晚了两个多时辰。

田穰苴这时慷慨陈词："现在大兵压境，国之将危，作为监军，遵时守纪，这是天经地义，而你却放纵饮酒，延误军事。"于是将其推出斩首示众，全军将士大为惊惧。

过了一会儿，齐景公派来使者救庄贾。军马奔驰进入军中，田穰苴又以在军中跑马为由，杀了使者的随从。

田穰苴本想杀猴儆鸡，无奈军中无猴可杀，便用计向齐景公借了一只"猴"，并顺势杀猴给鸡看。这样一来，全军肃然，军威大震，不但军中没有人敢瞧不起这位新将军，后来晋军、燕军得知这个消息，也都纷纷撤兵，取消了攻齐的计划。

所以，在学校管理中，运用"杀猴儆鸡"策略，对树立校长威严，提升校长威慑力，增强教职工的服从力效果十分明显。

校长在运用这一策略时，一方面要选准"猴"。这个"猴"，要么是以身试法者，明明知道有制度在先，却置若罔闻，带头违犯。这类人胆子大，影响坏，若不及时处理，便会有若干效仿者紧随其后。

要么是情节严重者。如果有若干违规违纪的教职工，不好一一惩处——打击面过宽，大家会持无所谓的态度，达不到警示的目的，同时，树敌太多，容易影响校长的威信——这时就惩处那个情节较重，性质恶劣，影响最坏的人。

要么是有资格、有后台或有能力的人。如果能抓住一个资深、有后台的人或者一个有能力的人进行惩处，效果会更好，更能对普通教职工起到警示作用。大家都会想，这些人有闪失，都会照惩不误，更何况我们呢？有的校长对有资格、有后台的人或者对学校的骨干、能人不敢碰，经常拿保安、门卫、炊事员开刀，你说能提升威信吗？

另一方面要选准"机"。校长并不是不分时候，想什么时候杀猴就杀猴。当学校人心齐、秩序好，教职工干事劲头足的时候，如果校长忽然心血来潮，捕风捉影弄一只猴来杀，只能挫伤大家的积极性；而只有在前面我们说到的学校人心涣散、运行无序、工作不在状态的情况下，通过杀猴给鸡看的方式制造一点气氛，才能让教职工感受到畏惧和压力，从而激发工作热情，恢复正常的工作秩序。

留点距离，多点权威

请看下面两则案例：

小王与张校长同时迁进新居，他们一个在楼上，一个在楼下。在春节期间，小王家里来了客人，总要请上张校长，张校长考虑到他们既是同事，又是邻居，也就有请必到，推杯换盏之后，还要搓上几圈，这样一来二往，他们打得特别火热，彼此都称兄道弟。

开学第一天，小王因头天晚上应酬到深夜，一觉醒来，已是早上九点，跑步到学校，已迟到了一个多小时，张校长毫不客气地对他批评了一通，小王当着张校长的面便嘀咕："什么兄弟不兄弟，翻脸就不认人。"回到办公室，小王又在老师们中抱怨："张校长简直无情无义，前几天我们天天在一起，有说有笑，今天我迟到了一会儿，就把我训了一顿，真不够朋友。"

另一所学校的杨校长为了掌握一些真实情况，特别是想了解到教职工的表现以及对他的看法，便着手培植亲信，挑来选去，觉得有几个平时与他接触多、合得来的教师比较可靠，值得信任，于是乎杨校长便主动与他们接近，外边有什么应酬，总把他们叫上，家里有什么客人，也请他们作陪，有什么好事情，还主动为他们考虑。

这几个老师倒也心领神会，尽心尽责，哪个老师说了杨校长一句坏话，便在第一时间给杨校长汇报，甚至还添盐加醋。时间一长，其他教职工都明白了是怎么一回事，平时，他们都用异样的眼光看着校长和这几位老师，而且尽量离得远远的，就像躲避瘟疫一样。

一些校长认为，越平易近人，越和教职工亲密，越和教职工打成一片，就越能赢得教职工的尊敬，于是，有的校长便主动与教职工混在一起，无话不说，无事不做，称兄道弟，如胶似漆；有的校长与一部分教职工过于亲近，与另外一部分教职工则无形疏远，慢慢地，在教职工中便形成了"小圈子"；还有的校长一点不设防，被别有用心的教职工利用，在吃吃喝喝、小恩小惠、巧言令色中，丧失原则，失去威严。

朋友之间有远香近臭的说法，校长与教职工之间，有适度的距离才是最好的，有距离才有美，有距离才有威严。孔子说："临之以庄，则敬。"

法国前总统戴高乐说过："伟大的人物必然会与别人产生距离，因为没有距离就不能树立威信。"

刘邦建立西汉后，为什么制定若干礼制，其原因是原来跟他揭竿起义的一帮人，都是当年的一伙哥们、亲兄弟，那时可以这样称呼，如今刘邦做了皇帝，皇帝要有皇帝的威严，所以必须跟他们划清界限，就绝对不能再称兄道弟了。

有个成语叫"亲密无间"，但真正的亲密无间是不可能的。如果校长与教职工关系甚密，过于亲近，不分彼此，一些教职工就有可能觉得你与他不再是上下级关系，是哥们儿，是铁兄弟，从而失去对你应有的尊重。他们会恃宠而骄，目中无人，拖沓散漫，狐假虎威，为所欲为，还有可能瞄准你的弱点，投其所好，百般进攻，让你言听计从，最终让校长威信扫地。

其他大多数教职工则觉得你与一部分人打成一片，厚此薄彼，一碗水没有端平，从而失去工作积极性，慢慢地也就不把你当一回事儿。你作为校长，也就没有任何威严可言，最终给学校的发展带来危害。

当然，我们说校长与教职工保持适度的距离，并不是说校长就不接触教师，不亲近教师，不把教师当朋友。事实上，与教职工距离拉得太大，让教职工产生可望而不可即的感觉，让教职工敬而远之或望而生畏，那也就谈不上管理了。

孔子说："近之则不逊，远之则怨。"这其实有一个"度"的把握问题。怎样把握这个"度"，我们可以从刺猬法则中受到启迪。

在一个寒冷的冬季，两只困倦的刺猬因为冷而拥抱在了一起，但是无论如何它们都睡不舒服，由于它们各自身上都长满了刺，距离太近，紧挨在一块就会刺痛对方，反倒睡不安宁。然而两只刺猬拉开一段距离，又实在冷得难受，因此又彼此靠近。这样折腾了好几次，最后它们终于找到了一个比较合适的距离，既能够相互取暖又不会被扎。

通用电气公司的前总裁斯通在工作中就很注意身体力行刺猬理论。在工作场合和待遇问题上，斯通从不吝啬对员工们的关爱，但在工余时间，他从不要求员工到他家做客，也从不接受他们的邀请。正是这种保持适度距离的管理，使得通用的各项业务能够芝麻开花节节高。

校长与教职工保持一定的距离，既不会使你高高在上，也不会使你与教职工互相混淆身份；既避免教职工的防备和紧张，又防止与教职工称兄道弟、吃喝不分，减少教职工对你的恭维奉承。这样做既可以获得教职工的尊重，又能保证在工作中不丧失原则。

一个优秀的校长，要做到"疏者密之，密者疏之"，这才是管理的最佳状态。

玩玩深沉，毕恭毕敬

在现实生活中，人们总有这样的体验，对越是神秘的东西越感到敬畏。魔术师在变幻的灯光下的变戏法表演，让人们赞不绝口，从而对魔术师充满着敬畏之情。当你面对一条河流，感觉它深不可测，你顿时会对河流产生一种敬畏之心。

相反，那些极力张扬、暴露无遗、一眼就被人看透的东西，很容易被人轻视。

大家熟悉的寓言《黔之驴》里，驴子一出场便大鸣不已，很有声势，连老虎都被震慑了，渐渐地老虎就发现驴子"技止此尔"，它就只有这点本事，于是心中暗喜，来了一个饿虎扑食，驴便一命呜呼了。

所以，有经验的校长总会在教职工面前表现出一种深沉。这种深沉，是一种品质的修养，一种魅力的折射，一种自然的流露，而不是一种做作，一种伪装，一种掩饰。

校长要做到深沉，可从以下几方面做出努力：

不能过于情绪化

人都有情绪反应，一个人要做到在喜怒哀乐面前，没有一点情绪反应，那是不现实的。但校长作为学校的领头人，与普通教职工不同，你必须学会善于控制自己的情绪，不能让自己太情绪化，要尽力做到喜怒不形于色，悲乐不现于外。

有的校长就不大注意这一点，头天晚上与朋友在一起搓了几圈麻将，手气好，第二天早上上班前跟老婆吵了架，一到学校里，所有的教职工都知道了，因为大家都从他的情绪中看出来了。

要体现出一种庄重

和教职工在一起时，校长不要显得轻佻浮躁，随随便便，要保持适度的庄重、矜持，要让教职工至少意识到你是校长，在你面前必须表现出一种最起码的尊重，再没大没小的，也至少不会在你面前随便开玩笑，在你背后给你起绰号。这样，你才会有做校长最基本的威严，你的主张和号令，才会有人跟随和听从。

要能够含而不露

校长要希望自己有威信，要赢得人们的尊重，就不要过于张扬，过分显露；要遇事保持冷静，要注意把思想感情、性格特征、个人好恶隐藏起来，不能让人一眼就看出你的实力，让人一眼就摸清你的底细，一眼就识穿你的招数。人们对你知道的越多，服从的就越少，只有不懂你，才会对你肃然起敬，只有含而不露，才会对你毕恭毕敬；只有城府深，才会对你格外注视。

要善于藏心

台湾著名管理学家曾仕强在《中国式团队》中写道："当领导一定要保持神秘性，不要完全透明化，一旦透明化，你的干部就会反过来掌握你，把你架空，然后蒙蔽你，使你无能为力。"

藏心，其实是含而不露的最高境界。校长作为一个领导者，不仅要藏其脸色、藏其言行，还要懂得收藏内心。

一个人不善于收藏内心，让自己一览无余，暴露无遗，一切大白于天下，就像魔术，全部把把戏揭穿了，还有什么神秘性可言？相反，善于藏心，可以迷惑对方，让对方搞不清自己的真正意图，可以让管理变得有情趣、有魅力。

我们所说的藏心，不是说对人不真诚，内心一套，表面一套，而是一种管理智慧和领导艺术，很多成大事者都深谙此道。

当年刘备寄篱于曹操，在青梅煮酒论英雄之时，一个雷鸣电闪把刘备吓得双手发抖，酒杯落地。难道一个雷鸣电闪果真就吓得刘皇叔酒杯掉落吗？不，这其实是刘备的一种藏心技巧而已，倘若在雷鸣电闪之下，刘备仍镇定自若，让奸诈的曹操看出端倪：此人日后将会与我一争高低，那刘备就会大难临头，还会有后来的蜀国君主吗？

先严后宽，无限权威

有甲、乙两位新任校长。

甲校长一到新学校，就在见面会上对大家讲："同船过河都是几十年的修炼。现在，我们能够在一起共事，确实是几辈子修来的缘分，我们今后就是兄弟姊妹，就是一家人，就要相处在一起。大家有啥说啥，叫我给大家做啥就做啥，我一定要给大家营造出一种宽松自在的工作环境。"这之后，该校长对教职工从未提出过严格的要求，也从不批评人，大家你好我好，都觉得这个校长好。

可一学期下来，教育主管部门对学校工作进行评估，发现学校管理松散、质量下滑，很多工作完成都打了折扣，主管部门领导把校长狠狠地批评了一通。校长急了，到了新学期，在教职工大会上，他阴沉着脸说："从今天开始，大家就要守纪律、讲规矩，要把所有心思和精力都用在工作上。凡是作风懒散，工作拖沓，分配的任务完成不好的，到时候我眼睛一闭，就六亲不认，该处分的处分，该扣工资的扣工资。"有的教职工当时就议论开了："自己受了气，就拿我们当出气筒。""说翻脸就翻脸，这样的人还能当校长。"有的教职工已经习惯了松松垮垮，懒懒散散，校长讲了也等于白讲。随便迟到早退，上课不备课，作业乱批改。校长提出批评，他们竟当面顶撞，弄得校长没有一点形象，也没有一点权威。

乙校长走马上任另一所学校，他在见面会上首先给大家约法三章："我们在一起工作虽是缘分，我们相处在一起不是兄弟也胜似兄弟，但是感情归感情，工作归工作，亲不亲，工作上分。我先丑话说在先，今后大家在工作上不落实、完成不好，在制度遵守上稀里糊涂，不管是谁，我都会六亲不认。"

在后来的管理中，他是这样讲的，也是这样做的，该强硬的坚决强硬，该处理的坚决处理，慢慢地，他在学校里便拥有了一定威信。但是，该校长虽然对大家要求严格，需要关心的却也是关照有加、关心备至，让所有的同志都心悦诚服，都觉得他好。

学校发生明显变化后，考虑到同志们的辛苦，有些工作在不碍大局的情况下，他有意放缓节奏，有意降低要求；教职工们仍然尽心尽力去做，尽心竭力达到最佳效果。考虑到当初有些制度条款对大家有点苛刻，他又主动做了修订，让制度宽松一些；大家其实已经习惯，都按原制度遵守不误。在该校长的带领下，学校在很短的时间里，便发生了很大的变化。

把这两个校长的管理风格一比较，不难发现，要想树立权威，在管理上必须做到先严后宽。这就像穷与富一样，一个人先穷后富容易承受，如果一个人先富后穷，他肯定接受不了，十有八九就会意志消沉，精神崩溃。

做校长的，从你当校长那天起，就对教职工要求严格，措施严厉，"新官上任三把火"，先声夺人，气势先压倒一切，这样就会迅速地建立起你的权威。权威确立后，随着时间的推移，根据情况，可以把要求适度降低些，尺度放宽些，氛围缓和些；这样既不会有损你的权威，还不会影响工作的推进，更会显示出你的亲和力以及驾重若轻、宽严有度的领导风范。

当然，这"三把火"也不能乱烧，校长必须对学校的发展了如指掌，对存在的问题，洞察清晰，对每个教职工的情况，心中有数，对点燃的"火"，要能够做到收放自如，拿捏有度。

如果一当上校长后，就与教职工勾肩搭背，称兄道弟，不讲原则，不兴规矩，一团和气，有可能在短时间内会给大家留下一点好印象，但这绝对持续不了多久，绝对会给工作、事业带来影响，等你明白之后，再去上纲上线，施以严厉，责以苛刻，只会招来怨恨。

看来，"宽"与"严"的先后把握，很有学问，值得玩味。

适时"威劝"，更增威力

在学校里，总有这样一些人，他们能力强，是教学骨干，对学校发展所做的贡献大，为此自恃才高，自命不凡，傲气十足，总觉得自己了不起，是旷世之才，待人接物狂傲不羁，看不起同辈，目中无人，不尊重领导，老子天下第一。对这种人，校长必须严格管理，严格要求，不能一味忍让，任其发展，不然，他们就会忘乎所以，有恃无恐。

唐僧西天取经，所带的三个徒弟中，为什么偏偏只给孙悟空上紧箍咒？因为孙悟空最能干，也自命不凡，如果不对它上紧箍咒，它就有可能游离于组织之外，甚至胡作非为。

对学校中这类型人怎样管理呢？

除了对其充分信任，耐心疏导，施之以恩，用其所长外，更重要的是在关键时候抓住其弱点给予适当的"威劝"，这样既能提升校长的威慑力，又能对他产生威慑作用，让他有所畏惧，有所收敛。

大家不妨看看下面两则历史故事：

汉高祖刘邦打天下时有一次大宴功臣，这些功臣差不多都是过去与他南征北战、出生入死的弟兄，酒席间大家仍像以前那样与刘邦称兄道弟，弄得刘邦很是难堪。第二天早朝，刘邦说："自古以来打天下的都是草莽英雄，治理天下的都是文臣谋士，我们应该另请一些人治理天下。"刘邦这样一说，之后文武百官上朝，都趴在地上直呼万岁，刘邦尽显皇帝威严。

唐朝开国大将尉迟敬德，虽然忠正刚直，却依仗自己有功而鲁莽骄悍，放纵自己。一次太宗大宴群臣，尉迟敬德与他人发生争执，一时性起，竟然将李道宗的一只眼睛打瞎。李道宗可是皇亲国戚，换作其他皇帝，可能一怒之下，就把他拉出去斩了，可是李世民没有，他见尉迟敬德这么放肆，便说："我本想与你同享富贵，子孙世代相传，而你却居功自傲，多次触犯法律，现在竟然当着我的面把道宗的眼睛打瞎。你可知道古时的韩信、彭越如何被杀？那可不是汉高祖的罪过。我今天不杀你，希望你好自为之，不要到当我决定杀你的时候后悔莫及。"尉迟敬德听了这些话后，产生了惧怕，从此以后，收敛行为，为感慨唐太宗用"威劝"驯服悍臣尉迟敬德之事，有诗叹曰："居功悍将气凌人，明主恩威训莽臣。巧借韩彭喻今古，尉迟醒梦汗淋淋。"开始检点约束自己了。

对于学校中傲气十足的教师，如果不分青红皂白，轻易地对其处罚，有可能因为证据不足，处罚不够，没有触及内心，而让其认识不到缺点错误，他不但不服，还可能变本加厉。

如果在关键的时候，抓住其软肋，来一个"威劝"，通过"威劝"以示提醒和警告，让他们明白，自己的自命清高只会带来不好的后果，作为校长不是不知道，你是看在眼里，不满在心里，你是有权利处罚他们的，他们的错误也该得到处罚，你之所以不处罚他们，是念在他们是骨干，曾对学校的发展做出了贡献，现在是要给他们机会，让他们能够自觉改正。

当然，更让他们懂得，再不收敛，对其处理和惩罚，那是分分秒秒的事。最终就可能让其服服帖帖，俯首听命。

用"威劝"的方式提醒，不处理胜过处理；用"威劝"的方式警告，不经意的威慑更具威慑力。

第十章

吸引追随的校长影响力

影响，是由此及彼的辐射。按《现代汉语词典》的解释："对别人的思想或行动起作用。"

　　由此可以界定，影响力，它是一种无声的传递与给予，是对他人的一种催人奋进的教化与感染，是对方的一种心甘情愿的服从与接受。

　　人格魅力，乃影响力之本。校长具有了高尚的人格，便自然而然地拥有了巨大的影响力。

　　除了人格之外，校长的文化内涵、知识水准、气质风度、思想情感也决定着影响力的大小。

　　如果说，校长的人格魅力为影响力之本，那么校长的文化内涵便是影响力之根，校长的知识水准便是影响力之源，校长的气质风度便是影响力之魂，校长的思想情感便是影响力之神。

桃李不言，下自成蹊

一个叫陈阿土的农民，买彩票中了个出国旅游的机会。来到国外，一切对他而言都是新鲜的。一大早，服务生为他单住的房间送来早餐，并大声说道："Good morning，sir！"阿土想起老家与陌生人见面都会问："你贵姓？"于是他大声回答："我叫陈阿土！"接下来几天，服务生都按时送来早餐，并大声说着同样的语言，陈阿土仍然以"我叫陈阿土"作回答。

阿土非常生气，他认为服务生太呆了，天天问自己，告诉他又记不住。他后来又想，是不是自己把意思理解错了，便去问导游。导游告诉他，服务生说的是"早上好，先生"，陈阿土觉得自己很丢脸，便反复练习"Good morning，sir"，以便能体面地回答服务生。

第二天一大早，服务生照常来送早餐，一见面陈阿土就说："Good morning，sir！"话音一落，服务生赶紧答道："我叫陈阿土。"

人与人的交往是一个相互影响的过程，故事中服务生没有影响到陈阿土，而陈阿土虽然没有文化，来自农村，土里土气，却影响了服务生。领导者实施有效领导，便是一个对下属实施有效影响的过程。

现代管理科学之父德鲁克说："管理者的唯一定义是其后面有追随者，没有追随者，就不会有管理者。"如何才能有追随者？那就是要有影响力。对于学校来说，校长面对知识密集的群体，要能够吸引更多的追随者，必须更具有影响力。

影响力是校长改变他人的心理与行为的能力，是吸引人敬仰与信赖、折服与跟随的内在动力。影响力通过交往、互动、阅读等途径产生，进而改变他人的认知、现状与行为，影响力，它是校长力中最核心的能力，也是校长力中的最高境界。

有人说，校长在那个位置上，就有影响力。其实不然，校长的影响力不是从校长这个职位上产生的，也不是权力所赋予的，而是由校长个人文化知识、品质修养、思想智慧、道德习惯、人文情感、人格魅力等所构成的一种内在吸引力。

老鼠在佛塔顶上安了家，于是在佛塔里任意穿梭，幸福而悠闲地过着日子，享受着特权，心安理得地接受着善男信女的膜拜，并嘲笑着他们下跪的虔诚。有一天，一只饿极了的野猫闯进佛塔，把老鼠逮住了，老鼠抗议道："你不能吃我，赶快给我下跪，我代表着佛。""人们向你跪拜，是因为你所占的位置，不是因为你。"野猫说着，便把老鼠撕成了两半。

校长这个位置，只会带来教职工表面上的服从，而不会从内心深处萌生出一种认同感。

一位地方长官要视察精神病院，要求医院搞一个欢迎仪式，院长让所有病员夹道欢迎。地方长官如期而至，通过训练的病员倒也投入，鼓掌热烈，然而地方长官却发现院长没有鼓掌，便问："你怎么不鼓掌？"院长说："我又不是神经病，为何要鼓掌？"

是啊，你虽然是地方长官，但你没有影响力，我不认同你，为什么给你鼓掌呢？

校长凭借权力可以任意指使、随意驱遣，教职工也可能迫不得已服从，但是这一切只能是让人口服而不会让人心服，有时哪怕是形式上的服从也许都难以做到。

有一位教职工在讲到他的校长时说："他没有给我工作特别的待遇，学校条件也不是特别的优越，但是我们都会拼命地工作，是因为他的身上有一股强大的力量深深地吸引着我。"

校长的影响力胜过校长的权力，也胜过前面我们所提的校长的威慑力，它是一种魅力，更是一种魔力。一个有影响力的校长，就会像磁石一样牢牢捕获教职工的心，教职工就会死心塌地地追随，就会心甘情愿地为你差遣，就会心悦诚服地为你工作。

影响力源自人格魅力

决定校长影响力的因素很多，但最重要的要数校长的人格魅力。

所谓人格魅力，它作为一种非权力因素，就是通过人格的显现而产生的对外界的吸引力、凝聚力和辐射力，是一个人的人品、才能、德行凝结而成的巨大力量。

大凡研究领导学的学者以及一些管理大家都认为，一个称职的领导者所具有的人格魅力，是其取得成功的不二法则。

戴高乐说："那些具有品格的人会放射出磁石般的力量，对于追随他们的人来说，他们是最终的目标的象征，是希望的象征。"

美国成功心理学大师希尔说："真正的领导能力来自让人钦佩的人格。"

校长的人格魅力是校长作风、品格、道德、能力的综合，是校长发挥个人能动性和创造性的精神力量，是校长积极影响学校每一个成员使其自愿接受领导的一种积极情感。

有人曾对校长的人格魅力作了这样的比喻，他把校长的人格魅力比作投入平静湖面的石子，其影响就像石子投入湖面后立即会扩散开去产生水波一样，校长人格魅力越大，产生的水波面就越宽广。

校长的人格魅力是一个好校长必具的素质，是赢得社会承认和教职工尊重的重要因素，是不断激发教职工对学校忠诚及使命感的动力。

一个有人格魅力的校长，会让校园时时处处都洋溢着校长的气质特质，弥漫着校长浓浓的人格力量；它会给人无形的教育，莫大的鞭策，巨大的鼓舞，良好的示范，有效的引导；它还会让教职工心甘情愿地聚集其麾下，追随其左右，随着这种力量的加强，追随者越来越多，最终形成势不可挡的洪流。试想，除了校长的人格魅力，还会有什么力量能达到这样的境界？

有这样的一件事：

西南联大中文系教授刘文典是著名的《庄子》研究专家。这个人学问大，脾气也大，他上课的第一句话常常是："《庄子》，嘿嘿，我不懂，就没有人懂了。"抗战时期，为了躲避日军飞机轰炸，大家争着跑防空洞。有一次刘文典看见作家沈从文也在跑防空洞，他很是生气，大声吼道："我跑防空洞，是为《庄子》跑，我死了就没有人讲《庄子》了，你凭什么跑防空洞呢？"

沈从文凭什么跑防空洞呀？当然凭的是著名小说《边城》，凭的是畅销一时的《湘行散记》，凭的是精深的文学造诣，凭的是在读者中的巨大影响。

校长们应该常常问自己："我凭什么当校长？"

土耳其作家奥尔罕·帕慕克获得 2006 年度诺贝尔文学奖时，面对记者的提问："你凭什么获得诺贝尔文学奖？"奥尔罕·帕慕克激昂陈辞："凭我是人格的感染者。"

期待有更多的校长能够理直气壮、掷地有声："凭我是人格的感染者。"

究其校长人格魅力特征，我认为主要表现为以下几个方面：

乐观自信：不管遇到什么困难，遭受什么挫折，都能坦然豁达、镇定自若，对自己的判断和学校的发展持乐观态度，充满信心。

富有远见：能够洞察未来，见微知著，管中窥豹，具有远见卓识。

谦和平易：谈吐高雅，彬彬有礼，举止谦恭，语言得体，态度随和，不卑不亢。

善良厚道：有一颗仁慈博爱之心，有一种行善积德之举，有一份厚德载物之情。

宽容大度：心胸宽广，性格开朗，极尽包容，海纳百川。

高风亮节：光明磊落，言行一致，品德高尚，实事求是，不计名利得失，勇于承担责任。

坦率真诚：以诚相待，以信相守，不欺瞒，不伪装。

当然，一个校长的人格魅力远不止这些，随着校长人格不断自我完善，人格魅力不断提升，校长的影响力将会越来越深远。

精神状态成就影响力

一个人什么都可以没有，但不能没有精神。精神是一个人的信念，是一个人的支撑。

精神它不是财富，但它有时不但会给你带来财富，也许还会给你带来更多的成功机会。

1959年，已是美国副总统的尼克松与肯尼迪展开竞选。尼克松在艾森豪威尔手下做了多年副手，有深厚的政治背景；而肯尼迪作为一个政治新手，只有四十三岁，在影响上根本无法与尼克松比。

这本来是一场没有悬念的竞选，尼克松应该稳操胜券，然而大选首次采用电视直播，他们两人都通过电视发表了竞选演说。尼克松给美国民众留下的印象是：身体欠佳，身心疲惫，不修边幅，让人觉得没有一点精神。而肯尼迪，一头黄色的头发，健康的小麦色皮肤，炯炯有神的眼睛，给民众留下的印象是：有朝气、有领导能力，特别有精神。

因此，不少选民在关键的时候，把选票投向了肯尼迪，肯尼迪赢得了大选。

好的精神状态，既能让自己情绪高昂，引爆潜能，增添活力，又能够振奋人心，鼓舞士气，激发他人的激情，让人们觉得可亲可敬，可依可靠。而一种不好的精神状态，不但会让自己偃旗息鼓，萎靡不振，无精打采，还会像传染病一样感染下属，让他们心情黯淡，失去信心，缺乏动力。

校长是学校师生的主心骨，校长对学校的引领，对师生的引领，不仅需要一种思想的引领、梦想的引领、目标的引领，更需要一种精神的引领。

校长的精神状态会感染自己，影响师生。校长有了一种高亢振作的精神，就会给人一种神圣的使命感，就会将工作的压力变为追求成功的不竭动力，就会用自己的激情去点燃每一位师生心中的火炬，就会让每一个师生心中时刻有一种为实现共同愿望而愿意全身心投入的冲动和为之奋斗的努力，每一个老师和学生有了这种冲动和努力，就必将转化成卓越的工作业绩和优异的学业成绩。

很难想象，一个校长如果整天提不起精神，这所学校的老师和学生又会是一个什么样的状态？

在我所接触的校长中，大凡那些精神状态好，精神振作，两眼炯炯有神，给人的感觉，浑身上下都充满着激情，都弥漫着一种强大的力量，给周围传递的都是正能量。似乎对于他来说，简直就没有什么克服不了的困难，没有干不好的事情，站在他身边的人，也似乎都被他的精神所感染，一个个也都精气神十足。

事实上，这样的校长的背后，绝对有一所好学校，绝对有一支朝气蓬勃、精神饱满的教职工队伍，在校园内活跃的绝对是一群群阳光明媚、天真烂漫、快乐幸福的学生。

再来仔细研究这些校长，你会发现，他的这种精神，不是自个儿强打起来的，而是源于校长对社会、对民族的责任与担当；源于对人生观、价值观的理解与把握；源于对教育发展、学校发展的渴望与期盼；源于对教育理想、教育信念的坚守与追求；当然也源于自己的信心与信仰、自己的乐观与豁达。

而且这些校长一旦拥有这种精神状态，就拥有了终身相伴的一种品质与信念，就不会受到外界的干扰与影响，就会时时刻刻以一种饱满的精神去迎接任何挑战。

我始终认为，一个有影响力的校长，肯定是一个精神振作、充满信心的校长；一个精神振作、充满信心的校长，必将拥有无穷的影响力。

影响力在胸怀

有一句话叫：心有多大，舞台就有多大；胸怀有多宽，影响力就有多广。还有一句话：比陆地更宽阔的是海洋，比海洋更宽阔的是天空，比天空更宽阔的是人的胸怀。

凡古今成大事者，都有博大的胸怀。

集诗、书、画和文物鉴定成就于一身的启功先生，对治学特别认真，而对个人作品从不看重。有一个书画铺子陈放有启功先生的作品，标价不高。一次他刚来到铺子，就有顾客凑上来问："启老，这是你写的吗？"启老明知道这是赝品，但他仍微微一笑说："比我写得好。"在场的人都笑了，过了一会儿，他又改口了："这是我写的。"铺子老板肯定知道启功先生的眼力，他这样回答，老板感到很费解，便问其道理。启功先生解释说："人家用我的名字写，这是看得起我，再者，他一定是生活困难缺钱，他要是找我来借钱，我不是也得借给他？"

启功先生宽广的胸怀，与人为善的人生大格局，由此可见一斑。

心胸宽则能容，能容则众归，众归则才集，才集则事业兴。

校长有了宽广的胸怀，就会以一颗博爱仁慈之心去面对师生，就会以一份豁达超然之情去看待一切，就会以一种强大的影响力去吸引追随者。

如果校长心胸狭窄、鸡肠小肚、满腹猜疑，只会让自己郁郁寡欢、眉头紧锁、失去人心，更别说对教职工会产生影响力了。

校长要有一个宽广的胸怀，必须做到"五容"。

容　智

包容和接纳更丰富的知识，更多的经验与智慧。要做到这一点，最主要的是校长要广开言路,能够接纳不同意见,特别是要有勇气听取与自己相左的意见和建议,甚至硬着头皮去倾听反对意见。只有如此,才能从中汲取正确的东西,开阔自己的视野,也才能使自己克服自以为是、目中无人、唯我独尊的毛病。

有一位青年教师,工作特别出色,但有个毛病,就是性格过于直率,经常对学校的工作提一些意见。这引起了校长对他的不满,便想方设法给他穿小鞋,评先进,无机会;评职称,没有门。高三教师实行双向选择,本来这位教师是没有问题的,然而校长给班主任打招呼,要求不聘任这位教师,结果,校长如愿以偿,青年教师名落孙山。

试想,这样的校长会有什么样的影响力?

容 人

作为一名出色的校长,必须学会与不同性格、不同脾气的人相处共事。浩浩长江,不拒细流;茫茫大海,接纳百川。对有才能的人,哪怕才能高于自己,都应该把他团结在自己周围,形成合力,共铸成功;对有明显过错和明显缺点的人,应该坦诚相待,让真情去呼唤真情,用真诚去赢得真诚,容忍过错本身便是一种强大的激励。

某中学一位语文高级教师,不仅教学效果显著,而且利用业余时间,勤于笔耕,先后在国家级刊物发表数十篇教学论文,并有专著问世,然而这样的能人却得不到校长的重用。其原因是校长对他非常妒忌,认为他能力强过自己,挣的钱多过自己,影响可能会慢慢超过自己。学校中层干部几次空缺,这个教师总想为学校发展多承担一点责任,多做一点贡献,校长却把他排斥在外,中层岗位被没有多少能力,而与校长关系甚好的人把持着。后来学校政教主任被调离,按照主管部门的安排,这一职位被拿出来公推公选,该教师被推了出来,没想到,校长慌了,于是召开紧急会议,宣布公推公选无效,又把另一亲信扶为政教主任。

校长不但不容才惜才,还百般妒才忌才,这样的校长怎么能赢得教职工的尊敬?

容　物

随着社会的发展，人们的价值取向逐渐多元化，校长不可能生活在真空中，也会面临许许多多的诱惑。这就要求校长要抛却私心，严于律己，守得住寂寞，耐得住清贫；要不计较眼前的蝇头小利，经得住"糖衣炮弹"的考验；要把自己的欲望降到最低限度，把自己的人生境界提到最高层次，把眼光投向更为广阔的人生舞台和事业空间。

容　事

校长要拿得起、放得下，不要在不足挂齿的小事上分散过多精力，不要让鸡毛蒜皮的杂事扰乱了我们的心态，影响了我们的情绪。

有师徒两个和尚下山化斋，途经一条小河，看见有一个漂亮姑娘正在发愣，原来她也要过河，但她不知河的深浅。师父觉得姑娘挺可怜，便把姑娘背过了河。过了河后，师徒继续前行，小和尚似乎有什么要说，但又不好启齿，便一直藏在心里。这样，他们一直走出了二十多千米，小和尚终于忍不住了，便对师父说："作为出家人，师父您怎能背姑娘过河呢？"师父说："我将姑娘背过河，就放下了，可你怎么一直放不下呢？"

校长要做到拿得起、放得下，就必须把很多东西、很多事情想得开、看得淡、识得透。特别是要懂得取舍，不能把一切都紧紧攥住不放，这样只能让自己活得累。

容　错

人都有缺点失误，在工作中也容易犯错。甚至做得越多，出错的概率会越大。要想不出错，除非不做事。而且工作越开拓，越创新，也更容易出错。那些因循守旧、亦步亦趋、按部就班、生怕出错的人，便不容易出错。

然而，因为害怕出错，而都不做事，都不去创新，学校能够发展吗？这个社会能够进步吗？历史的车轮能够滚滚向前吗？

马斯洛的"约拿情结"，"约拿"是《圣经》里的一个人物，他是一个虔诚的基督徒，一直渴望得到神的派遣。终于，神给了他一个光荣的任务，去宣布赦免一座本来要被毁灭的城市——尼尼微城。约拿拒绝了这个任务，逃跑了。他不断躲避着神，神到处寻找他，唤醒他。最后约拿几经反复和犹豫，克服了怕失败的心理，完成了使命。

约拿渴望成功，但又怕失败，让他为此逃避。现实的生活和工作中，有这种"约拿情结"的人，不在少数。所以，我们的管理者，在激励大家敢于成功的同时，一定要容错，一定要建立容错机制，去接纳失败，去拥抱失败，而不是"不准失败"。

校长对教职工一定要有容错念功的雅量，否则，校长就会犯下一个使自己永远后悔的大错误——有可能你劈头盖脸严厉批评的正是一个积极做事、大胆工作、勇于创新、富有开拓精神的教职工，有可能你暴跳如雷大声呵斥的正是一个任劳任怨、兢兢业业、勤勤恳恳，且对学校忠心耿耿的人。

容　挫

校长在工作上不可能一帆风顺，事事顺心，就像天气不会永远是风和日丽一样，总会有一些波波折折、坡坡坎坎，总会遭遇一些挫折，出现一些失误，受到一些委屈，承受一些打击。

在这样的情况下，埋怨无济于事，推脱有失风范，退缩更显无能，校长就应该有"三十功名尘与土，三千里路云和月"的壮志，应该有"谈笑间，樯橹灰飞烟灭"的豪情，镇静自若，岿然不动，以强壮的肩膀顶住压力，带领全校师生走出挫折的阴影、失败的泥潭，去迎接希望的曙光，奔向学校美好的未来。

仔细观察茶壶，你会发现茶壶具有以下三大特征，第一，容量大。相对于茶杯来说，茶壶的储量要大得多。第二，茶壶乐于奉献。一般情况下，我们只见到茶壶往茶杯里倒水，几乎见不到茶杯往茶壶里倒水。第三，茶壶就算屁股被烧得滚烫也要轻松地吹着口哨！

校长就应该具有茶壶的精神，向茶壶学习。肚量要大，要容得下一切；甘于平淡，乐于奉献；最重要的一点，就是校长要拥有积极乐观的态度，即使身处逆境，也要坚定信念，不能气馁。要明白世上万物，福祸相依，风水轮流。月有阴晴圆缺，人有悲欢离合，这都是正常的轮回规律。

校长有了这种容挫的品质，有了茶壶的精神，校长的影响力便会呈几何级递增。

关公才可以耍大刀

　　校长在行使职权时，除了人格、品质、道德可以提升影响力外，校长的专业水平、能力、学识也会自然形成一种影响力。

　　学校是传道、授业、解惑的地方，要想让教职工对你心服口服，你必须精通业务，必须是业务领域的专家，必须是内行领导。俗话说："外行看热闹，内行看门道。"校长如果是一个"外行"的话，在学校的教育教学管理中，你就只能隔门而望，对教师的教育教学业务，你既不能做出榜样，又不能进行有效指导，遇到一些教师耍滑头，弄虚作假来糊弄你、欺骗你，你就只有受着的份。到了这种程度，那还谈什么影响力？

　　如果校长在业务方面比教师强，教师就会信服你，尊重你，他绝对不敢在你面前班门弄斧。因此，你才有足够的资本拿起大刀在他们面前尽情潇洒地挥舞。

　　对于校长这一职业群体来说，做一个合格校长，仅是最低层次的要求，比较容易；做一个优秀校长，付出的努力会更多些，它不仅要求校长要具备德、才、学、识，还要求校长形成自己的办学思想和办学特色；而做一个专家型校长，则是校长的最高追求，它不仅要求校长要具备优秀校长的一切，还要求校长要确立专业领导、专业管理的思想，不仅要求校长能够走进课堂、听课、评课，给老师上公开课、示范课，而且还要有课题、有文章、有教改科研能力。

　　只有成为专家型校长，才能成为"教师的教师"，才能培养出更多的优秀教师，才能办出有特色、有内涵的学校。

　　让自己拥有过硬的专业知识，并能够用专业引领教师的发展，这不仅是新时代校长应具备的素质，更是校长赢得教师信服、树立自身尊严、提升自己影响力的"王牌"。

对校长来说，并不是有了专业水平就可以把校长当好。美国著名的电子专家肖克利，曾获得诺贝尔奖，在电子技术方面可以说算是行家了，但他所领导的公司，在两年时间就倒闭了。不少教育教学水平高、业绩突出的教师，有的还是特级教师，被推上校长岗位，没干多久，就干不下去了，最后只好灰溜溜地下台。

看来，真正要成为一名像关公一样耍大刀的校长，不仅要有过硬的专业知识，还要具备领导者的能力。

领导能力是驾驭一切机会和权力的基础，一个有影响力的校长，专业水平要达到一定程度，自己的领导能力也要达到一定的水准。

美国初级中学校长协会在研究中，归纳出一个成功的校长必须具备的六种领导能力，即：

计划和组织工作的能力；
合作及领导他人的能力；
分析问题和决策的能力；
口头和书面交流的能力；
了解他人需要的能力；
在压力下有效工作的能力。

校长有了深厚的专业水平、高超的领导能力，还须具有渊博的学识。渊博的学识会赋予校长一双明澈的眼睛，使他们能更深刻、更全面地洞察一切；会赋予校长一个丰富的内心世界，丰富的教育智慧与卓越的领导艺术皆会从中生发出来；会赋予校长一个全新的思想观念和思维方式，提升校长应对不断变化的能力；会赋予校长一个超凡的魅力，以吸引大批追随者为其工作。渊博的学识是校长的宝贵财富，它不但是征服困难的力量，也是征服人心的力量。

校长要具有渊博的学识，除了过去的积淀，更为重要的是，校长要身先士卒，做一个师生心目中的"学者"，在学习中工作，在工作中学习，在书中汲取营养，让书香不仅在校园荡漾，也在自己的身上弥漫和飘逸。

当然，最理想的校长不能只有一把大刀，每天都在月光下耍大刀，似乎有点单一；也不能只有一把锤，每天都在那里砸钉子、拔钉子，也显得有点单调，而要做到刀锤锯钻、锛凿斧镰，样样俱全，做到长可锯，短能接，凸能锛，凹能凿，因人而异，朽木都能雕新成器也！

用以身作则影响人

　　"身教胜于言教""喊破嗓子不如做出样子""大家冲,不如跟我冲",最好的教育莫过于示范,一个人不可能把没有的给对方。

　　领导的力量,不是出自于语言,而是从自己的带头作用中体现出来的。

　　有一个校长在全校师生大会上情绪激昂、慷慨陈词,他说:"节约是本,节约是效益,节约是传统美德,这一点大家应该比我还清楚,但大家做得怎么样呢?比如节约用电,仅这个问题我已讲了若干遍,但没有人听得进去,今天我一上班,就看到学校有两处电灯未关,100W 的灯泡亮着,大有与太阳比光辉的气势。整整一上午、一中午就这样亮着,我去过三次,可电灯就是没有人关,这样下去,怎么能行呢?"

　　校长在台上讲得头头是道,有师生便在下面窃窃私语:"校长去过三次,校长为什么就不动手关一下电灯呢?"

　　是呀!如果校长能够先"身教",再"言教",效果该有多好啊!作为校长要求教师和学生做到的,自己就应该以身作则,先带头做到。

　　张伯苓是我国著名的教育家,1919 年之后,他陆续创办了南开大学、南开女中、南开小学。张伯苓先生对学生的教育常常以身作则,言传身教,身体力行。

　　有一次,张伯苓遇到一个学生,无意中发现学生的手指被烟熏黄了,这必定抽了很久的烟手指才会变成这样。于是张伯苓先生很严肃地劝告那个学生:"抽烟对身体有害,需要戒掉它。"

　　没想到那个学生不服气,反问张伯苓说:"那您也吸烟,就对身体没有害处吗?"张伯苓似乎明白了什么,带着歉意对这位学生笑了笑,马上叫来工友，把自己所有的吕宋烟全都取来，当众销毁，还折断了自己用了多年的烟袋杆，很诚恳地对学生说："从此以后，我与诸同学共同戒烟。"打那以后，张伯苓就再没吸过烟了。

曾国藩说："唯正己可以化人，唯尽己可以服人。"意思是，唯有自己行为端正，才可能去感化影响别人。唯有全力以赴，尽心竭力，才能使他人折服。

然而，一些校长定的制度、提出的要求，只针对师生而不针对自己，只要求师生做到，自己却我行我素。制度成了摆设，要求成了耳边风，这会有好的教育吗？

作为校长，只有自己愿意去做的事，你才能要求别人去做，只有自己能够做到的事，才能要求别人去做到，你自己做不到的事，就不要要求师生去做，自己改不掉的坏毛病，也不要寄希望师生会彻头彻尾地改掉。

约翰·哈维·琼斯曾说："如果你当上了头头儿，可千万不要说我就待在家里通过电话来处理事情。我坚信，领导者应该以身作则。如果你想一个团队那样做，你必须首先那样做。让别人做你做不到的事情是没用的。"

表率的作用是一种巨大的影响力，它通过校长的言传身教，通过校长的以身作则，师生就会把你视作最贴近的榜样，就会觉得你是靠得住、信得过的带头人，你的影响力就会自然而然地产生。

有一则寓言故事说的是，一位牧师目睹一艘轮船在海上遇难，船上所有人全掉进海里淹死了，牧师对上帝责怪道："上帝啊，你太不仁慈，为什么只因为这艘船上有一个不孝之子，就要让这么多人受害。"

正在牧师喋喋不休时，一只蚂蚁爬到了牧师的身上，并把牧师叮了一下，原来他站在了一个蚂蚁穴旁边，牧师很生气，便把所有蚂蚁踩死了。

此时，上帝发话了："你不是也用同样的方式去对待蚂蚁吗？那你有什么资格来指责我呢？"

的确，"打铁需要自身硬"，如果自身都不硬，你有什么资格指责和要求大家呢？

校长不是简单意义上的领导者，他还是祖国下一代的教育者，因此，校长的以身作则，这不仅是校长影响力的问题，也是教师内心折服的问题，更是教育管理好学生的问题。

大反省，才有大影响

　　每个人都会说错话，做错事。说错话，做错事不要紧，要紧的是要知道自己说错了什么话，做错了什么事，这就涉及反省。

　　反省是对自我言行的一种客观的评价，一种及时的检讨，一种适时的修正。反省是认识自我、发展自我、完善自我和实现自我价值的最佳方法。成功学家罗宾说："我们不妨在每天结束时好好问问自己下面的问题：今天我到底学到些什么？我有什么样的改进？我是否对所做的一切感到满意？"

　　有位女士养了一只珍贵的鹦鹉，这只鹦鹉给人的感觉很可爱，但它却有一个坏毛病，时常咳嗽，声音浑浊难听，喉咙里像塞了什么东西似的，女主人便带着鹦鹉去看兽医。一番 X 光、CT 下来，结论是鹦鹉完全健康，没有毛病。后来在医生的提示下，才找出问题的症结，鹦鹉咳嗽，是因为主人爱抽烟，经常咳嗽，这只鹦鹉只是把女主人的声音逼真地模仿出来了。

　　女主人没有及时反思自己的问题，却一味地责怪鹦鹉。

　　反省的目的是建立一种畅通的内在的反馈机制，通过机制，每天进行"心灵盘点"，及时知晓自己的不足，思考改进策略并切实加以改正，有人把这一机制称为"自动清洁系统"或"自动纠偏系统"。

　　没有反省就没有进步。《论语》中有句话叫"吾日三省吾身"。古希腊哲学家柏拉图说："没有经过反省的人生是没有意义的。"这些都道出了反省的可贵。

　　一个有影响力的校长，是否也应该"三省吾身"呢？

　　反省一：我凭什么当校长？

　　不同的人当校长有不同的当法，不同的追求，有的人是凭德才当校长，有的人是凭经验当校长，有的人是凭关系当校长，有的人是凭实干当校长，有的人当校长是为了体现自身价值，有的人当校长是为了实现教育理想，有的人当校长是为了过一把瘾，当然，也难免排除有的人当校长还有其他的一些意图，诸如追逐名利、找感觉等。校长就应该随时摸着胸口反思：我究竟凭什么当校长？我当校长追求的是什么？我当校长称职吗？

特别是作为一校之长，教育的发展，孩子当下的学习，未来人生的幸福，成百上千家庭命运的改变，全部攥在我们校长手中，全维系在我们校长身上。陶行知先生说："我们作为校长除了反思我凭什么当校长，还要精心深思，不断反思，我尽到了校长的责任了吗？我有没有一个校长应有的担当，应有的坚守，应有的良知，应有的使命呢？"

反省二：我比前任强多少？

前任校长和后任校长的关系是一种传承和发展的关系，后任离不开前任所奠定的基础，前任未完的事业还需后任去努力完成。作为后任校长，要敢于与前任校长比思想、比作风、比能力、比干劲、比成绩、比发展，并通过反思看我应该向前任学习什么，看我与前任相比，还需要改进什么，完善什么，提升什么，看现在的学校与前任的学校相比，是发展了，还是倒退了，是差距缩小了，还是拉大了。

反省三：我给后任留点啥？

在一所学校当校长，不可能永远当下去，总有谢幕的那一天。为校长一任，总要做点事情，总要让学校有所改变，总要给后任留点什么。

如果昙花一现，雁去无声，到时候什么都没留下，不管是有形的还是无形的，不管是硬件还是软件的，不管是物质的还是精神的。随时对这个问题作些反思，就不会虚度时光，碌碌无为，无所作为，就会不断追寻工作的意义，探寻人生的意义。

一个有影响力的校长，是否应该善于反省呢？

从自己的得失中反省

一个人工作上的进步，取得的成绩，出现的失误，不好的意念，错误的决定，不当的行为，这些可以一时瞒过其他人，但绝对骗不了自己，校长就应该通过反省，不断发现，找出得失，审视校正，弥补改进。

从别人的得失中反省

以铜为镜，可以正衣冠；以史为镜，可以知兴替；以人为镜，可以明得失。校长要善于向他人学习，反思自己，取长补短，把他人当作一面镜子，从这面镜子里看看自己在生活舞台上的表现，看看自己在工作上的得失成败，这样可以少走很多弯路。"知心者智，自知者名"。不少人往往总是把精力用在怎么揣摩别人、算计别人上，却不善于通过别人来反思自己。

抽出固定时间反省

睡觉之前，一觉醒来之后，这是反思的黄金时间，校长应该有效地利用这些时段，对一天下来的工作进行系统梳理，看说错了什么话，做错了什么事，有哪些工作没完成，有哪些工作存在疏漏，有哪些方面还可以做得更好。

这些年来，我一直坚持睡前，用放电影的方式，对当天的言行和工作，回放一遍，过滤一次，重点找出一些疏漏和不当之处，或及时补救，或引以为戒，或吸取教训，或随时警醒。这对做人和做事，都大有裨益。

进行探究式反思

反思是探究的起点，对那些视而不见，习以为常的东西要进行批判性的审视，凡事多问几个为什么。这种反思不仅停留于工作的得失，更多的是立足于工作的创新与创造。

比如，对于工作情绪，校长可以做出探究式反思，在工作中我的情绪状态是怎么样的？是否出现过情绪失控的情况？如果有又是什么引发的？我应该怎样调整自己的情绪？这期间我使用了哪些情绪调节方法？是否需要改进？

再比如，针对工作的缺憾，校长同样可以进行探究式反思，在工作的过程中，存在的遗憾有哪些？最大的遗憾是什么？是什么原因造成了这个遗憾？在这个过程中，暴露了哪些缺点？其中哪些缺点是必须改正的？对于这些遗憾和缺点，别人对我有什么批评和评价？他们的批评有哪些可取之处？

任何一个校长，只要坚持反思，不断反思，系统反思，并不断改进，有一天你不想优秀，那都不可能了。

担当也是力量

四川宜宾流杯池公园的石刻上，有这样一段话：大事难事看担当，顺境逆境看襟度，临喜临怒看涵养，群行群止看识见。

担当，是一个校长的重要品质，也是提升影响力的重要方面。一个校长勇于担当，才会凡事敢于承担，不讲任何借口，才会临危而上，大胆面对，才会实事求是，不粉饰太平，才会敢作敢为，不推卸责任。这样的校长，肯定会以独特的魅力和卓越的影响力，而深受大家的尊敬。

校长学会担当，主要体现在以下几方面：

以学校发展为己任

随着社会的发展，各级党政对教育越来越重视，办人民满意的教育的要求越来越高，学校发展面临的问题与矛盾越来越突出，作为校长身上所肩负的责任也越来越大，校长是勇于承担，还是极力逃避？是助推发展，还是安于现状？是不辱使命，还是得过且过？这考量着校长的智慧与人格魅力。

作为一个有责任感、有担当的校长，就应该不畏艰难，勇挑重担，知难而进，以一个教育人的良知、责任和使命，团结带领一班人，坚守教育的本真和常识，用心用情用智，谋划学校发展，办出孩子们喜欢的学校，做出孩子们向往的教育，为孩子们未来幸福人生奠定坚实的基础。这既是校长自身价值的一种实现，又是校长对事业的一种责任和担当。

敢于向反教育说"不"

当下我们的中小学教育无奈地被"应试教育"这只"无形的手"牵着鼻

子走，它使我们的基础教育乱象丛生，越来越背离人的初衷，甚至在反教育的路上越走越远。

一个有担当的校长，就不应该随波逐流，一味盲从，就不应该急功近利，被教育的功利、社会的浮躁所捆绑，就不应该只盯着分数，死整蛮干，忽视立德树人，就不应该把学校办成工厂，把孩子当成应试的机器，把师生捆绑在应试教育的战车上，无情地拼守。

一个有担当的校长，就应该有拨乱反正、正本清源的勇气，就应当有敢于冲破应试教育的藩篱，做真教育的底气，就应当有敢于顶住各种错误教育观念的压力，不做考分奴隶的锐气，就应当有坚守教育的良知，遵循教育规律和孩子身心发展规律，竭力让师生过一种快乐而幸福的教育生活的志气。

善于面对自己的错误

工作中，没有任何人能避免犯错误，校长是人，不是神，犯这样或那样的错误也在所难免，聪明的人不是他不犯错误，而是在犯了错误之后，能够敢于承认，勇于面对，而且能够汲取教训，及时改正。并有勇气说："这是我第一次犯这个错误，也是最后一次。"

校长在自己的错误面前，不必躲躲闪闪，也不应该刻意掩饰，既然错误已经发生，别人迟早会知道，隐藏掩饰不外乎是将责任推开，这是过错之后再犯错。

相反，校长大胆承认自己的错误，坦然地说出自己的失误，教职工不仅不会埋怨你，还会对你表示出原谅，更会对你敬重有加。此外，校长本人能从承认错误中获得力量，因为从错误中学到的东西远比从成功中学到的多。

校长要学会说"我错了"，说出"我错了"，并不证明你有问题，相反会更提升你的影响力。

勇于承担责任

工作中出现了差错，不论是校长直接造成的还是教职工造成的，校长都应该勇于承担责任。

有的校长为了树立自己的威信，在教职工面前极力包装成完人，不让教职工看到自己的一点缺点和错误。对于教职工的错误，不仅不会去主动承担，相反明明是自己的错误，还要逞强好面子，死不认错，将责任全部推给教职工，这样的校长，谁敢信任你，谁敢跟你合作，谁愿意给你卖力？

史蒂文·布朗认为："管理者如果想发挥管理效能，就得勇于承担责任。"

"现代管理之父"的彼得·德鲁克反复强调："当自己分管的部门出现问题时，管理者不应推卸、指责和埋怨，而应主动承担责任，从自身的管理中寻找原因。"

一些高明的校长，对于自己的失误要承担，对不是自己的失误，也会主动地承担。虽仅是一承担，却体现了校长宽广的胸怀，消除了同志间的猜忌隔阂，带动了勇于承担的良好风气的形成，还能鼓励教职工积极主动大胆地干事，更能奇迹般地提升校长的影响力。

在诺曼底战役的时候，盟军总司令艾森豪威尔任命了一个军官到巴顿任司令的集团军当军长，巴顿认为这个人没有能力，坚决反对，而艾森豪威尔却坚持自己的任命决定。

在随后的一场战争中，这位军官因指挥不力，全军惨遭失败，艾森豪威尔觉得没有把人识准，便下令让他辞职，而巴顿将军却坚决不让他辞职。其他人都感到不解：反对这位军官任职的是巴顿，不允许他辞职的也是巴顿。面对大家的质疑，巴顿将军解释说："虽然他能力不行，但那时是你们多余的军官，而现在他是我的部下，无论他怎样，我都要承担他的一切，我会尽全力使他成为合格的将军。"

正是由于有了巴顿的担保，这位军官非常感激，从此发愤努力，终于成了一名合格的将军。

学会与他人分享

贞观之治，举国一片盛世，上下官员都齐称李世民"最英明""最有能力"，而李世民却说："天下太平，四夷皆服是魏徵的功劳，是魏徵的力量。"

校长也应有这种品质和风范，常常把这些句式挂在嘴上："这次任务完成得好，是大家的功劳！""这次高考能取得佳绩，是因为高三教师的努力！""这次艺术节能拿大奖，多亏了×老师！"

一个优秀的校长，在面对荣誉和功劳时，一般都不会独占，他会拿出所有的荣誉和功劳，与大家一起分享，与大家一起分享荣誉和功劳，并不代表你没有荣誉和功劳。其实，教职工的荣誉再多、功劳再大，这一切不都是你的吗？在分享中，你不但不会有什么损失，相反还会因为你对他们的看重，因为你的魅力，而感激你，而更加勤奋地工作，而为你鞍前马后。

一个会把荣誉和功劳分享给别人的人，才会不断地取得更大的荣誉和功劳。

没有诚信，怎能服人

人无信不立，诚信是校长立身处世的准则，是校长人格魅力的体现，是决定校长有无影响力的一种重要品质。

纵观古今，上至帝王将相，下至平民百姓，凡诚信者，都会受到人们的认可和尊重，而不诚信者，即使拥有显赫地位、万贯家财，最终将成为孤家寡人，落得身败名裂的下场。

在校长群体中，凡是教职工推崇、信赖的校长，都是坚守诚信的楷模，都能把诚信作为立身之本、为人之基。很多校长威信低，教职工不信任，工作推动难度大，究其原因，不在校长的能力，而在于校长缺乏诚信。

因此，要做一个有影响力的校长，必须从诚信上做起。

以诚相待

中国有句古语叫"心诚则灵"，唯有诚实的言谈、诚恳的态度、诚挚的行为才能够打动对方，赢得人心。

《领导力》的作者库泽斯和波斯纳曾用 20 年时间，对 7500 人进行了调查，发现领导者对下属的"以诚相待"的品质，是得票率最高的一项。

对于一个校长来说，以诚相待是成为一个好校长的最基本原则，也是赢得教职工尊重的最基本的道德底线和领导能力。

教职工感情很朴素，他为校长发奋工作的理由很简单，那就是希望校长能真心实意地对待他们，能真诚地与他们相处，他们最忌讳最讨厌的是校长对他们言不由衷、虚情假意。

现实中，有的校长对教职工不是出于真心、出于真情、出于真诚，而是把他们作为任意忽悠、任意欺骗的对象。作为教职工，他们一旦发现自己被你忽悠，被你欺骗了，他们就会以同样的态度对待你，对待工作，你就不要指望还有什么影响力和威信，学校也就不要指望会有所发展了。

坦诚相见

校长与教职工之间的疏远，校长与教职工之间误会的产生，究其原因，是由于彼此间缺乏坦诚，心与心之间，就像隔了一扇蒙着厚厚一层纸的窗户一样，始终不能敞开心扉，始终不能打开心窗说亮话。

在工作中遇到一些问题，校长应该将其真相讲明，将想法和盘托出，并采取积极措施加以解决。与教职工有了误会，校长应该主动交流，坦率地说出自己的真实想法，让双方真正了解对方的意图和思想，如果犹抱琵琶，遮遮掩掩，只能使彼此关系更僵，误会更深，事情弄得更糟。

校长心怀坦荡、光明磊落、开诚布公、敢讲真话，这样的校长是很受欢迎的。

笔者曾做过一些调查，问教师最喜欢什么样的校长，他们都说，他们喜欢坦坦荡荡、真真切切、实实在在、自自然然的"性情校长"。

践行承诺

体现校长诚信的一个重要方面，那就是校长的信誉，良好的信誉是校长职场上的通行证，而反映校长信誉的一个重要内容，那就是校长要践行承诺。

承诺是什么？承诺是一种坚守约束，一言既出、驷马难追的信义，它的基本要义就是要对自己说出的话负责。

汉朝的季布，对答应人家的事说到做到，于是有了"一诺千金"的美名。

有的校长却没有遵从"一诺千金"的价值，他们最大的爱好就是随便许诺，诺言如同兴奋剂，最能激发人们的热情，如果你当众宣布：今年完成了升学任务，学校组织高三教师到日本考察教育，这是怎样的一则好消息啊，精神振奋的教师已顾不上它的真实性了，他们的想象力已经穿越时空隧道到了日本。如果最后果真完成了任务，你又无力或不愿意兑现诺言，教师的心就会像从火炉掉进冰窖似的，你的信誉就会从天上掉到地下，教师以后还会给你出力吗？你以后说的话还有谁会相信呢？

华盛顿曾说过："自己不能胜任的事情，切忌轻易答应别人，一旦答应别人，就必须实践自己的诺言。"

记得有这样一则故事，一个校长为了让孩子们勤奋学习，很有创意地对学生们承诺：如果孩子们能达到她设定的阅读课程成绩，她就会亲吻青蛙。

也许这个承诺太有吸引力了，孩子们更加努力学习，他们的成绩最终都比预期的要好得多。校长没有"轻诺"，于是选择了某一天，她装扮成童话故事中公主模样，为学生们表演了"亲吻青蛙"。

在中国，其实也有这样的校长"守诺"的事例。前几年，湖北省咸宁市实验小学洪耀明副校长公开承诺：如果学生们不再乱扔垃圾、校门口路段卫生状况改善，他就亲吻一头小猪。后来，洪校长在几千人的公开场合，兑现了他的承诺。

校长不能轻易承诺，一旦承诺，就应该有这种践诺的决心和勇气。

其实，聪明的校长是不会随便向人许诺的，他们一般会做到，有几分把握，就实事求是地说几分，他们绝不会今天给教职工种下希望，明天让教职工收获失望。他们深深懂得，难以兑现的诺言比谎言更可怕，因为谎言总会有被识破的一天，而难以兑现的诺言骗取的是人们真心的付出。

公正生"威"

如果要问，决定校长有无影响力，最大的一个因素是什么？我认为，那便是校长的公正。

我们先来看看名家的论述：

古希腊著名哲学家亚里士多德说："公正不是德行的一个部分，而是整个德行；相反，不公正也不是邪恶的一个部分，而是整个邪恶。"

美国经济学家詹姆斯也指出："遵循公正的基本原则，可以充分激发各个阶层成员的潜能，最大限度地释放个人和组织的能量。"

再来看看学校管理中活生生的案例：

有一校长，任职于某薄弱学校，学校条件尽管差，办学水平与其他学校相比，有很大差距，但由于校长工作上大胆创新，对一班人的作用善于发挥，对教职工的积极性充分调动，更重要的是，工作上力求公正，对教职工出以公心，通过两三年努力，使学校终于摘掉了薄弱学校的帽子，进入了先进行列。

后来，校长的爱人没有工作，在学校附近租房子开了一个麻将馆，节假日，学校的教职工便去捧场，有的教职工平时喜好打麻将，现在校长家里开了麻将馆，他们便经常去光顾，一来认为这样能够接近校长、讨校长喜欢，二来认为校长不会提出批评，耍起来更放心。

久而久之，校长公正的天平失衡了，那些经常往麻将馆里跑的，校长认为这些人对自己最贴心，对工作最支持，他们也最懂得自己的心，于是对他们特别关心，只有表扬，没有批评，工作总拣轻的分，有什么好处尽给他们倾斜。而那些把心思和精力全放在工作上的教职工，这当中有的本来就不会搓麻将，有的虽然会搓，觉得经常去搓麻将，肯定会影响工作，便不愿意去，校长却认为这部分人对他工作不支持，于是划为另类，作为异己，大加排斥，给他们尽是冷面冷孔和"小鞋子"，到最后，这部分老师寒心了、泄气了，思想开始消极了，学校教学质量下滑，学校一片混乱。一些能干的教师都纷纷向组织写申请，要求离开这所学校，他们说哪怕到条件更差更偏远的学校，只要校长能公正地对待他们就行。

就是条件差一点，待遇低一些，老师们都能接受，这说明他们最担心、最关注的是校长对他们公不公正，他们最大的期待就是享受到校长对他们的公正。很多学校管理出问题，不是因为校长能力问题，而是因为校长对人对事不公。

公正是最大的动能，公正是校长管理和处世的原则，是校长必须遵循的职业准则。校长只有做到公正，学校每一个成员的心情才舒畅，他们的主动性、创造性才能充分发挥。离开了公正，校长的影响力便会消损殆尽，学校的风清气正便无法体现。

校长要做到公正，必须做到：

坚持原则

很多东西都可以变，但原则绝不能变，原则一定要捍卫，原则一定要坚持，校长如果没有原则，在原则问题上稀里糊涂，在原则面前"和稀泥"，当"和事佬"，一味调和平衡，校长就绝对不可能从公正出发，也绝对体现不了公正，因为在某一原则上的苟且与让步，肯定会让一部分人利益得到非正常的维护，而让绝大部分教职工的利益受到损害，积极性受到打击。

一视同仁

校长对待教职工要不偏不倚，要一碗水端平，这一点说起来容易，但做起来很难，因为每个人都有自己的喜好，都有自己的审美观念和价值标准，都会有自己的主观偏好，在工作上难免不出现偏心。有了偏心，就容易导致不公正。

校长做到一视同仁，就要在对教职工的评价上一视同仁，在对教职工的考核上一视同仁，在对教职工的任用上一视同仁，在对教职工的制度执行上一视同仁，在对教职工的奖惩上一视同仁，在对教职工的态度上一视同仁，在对教职工的待遇分配上一视同仁。

郑立平校长在他的一篇文章中曾讲到这样一位老校长的故事。

有一位农村中心校的老校长，他用人的时候喜欢用关系好、听话的人。他在日常工作中就频繁使用一位青年才俊，几乎大大小小的事情都让他去做。有一天，这位校长又安排这个小伙子去做一件事情，这个小伙子反问一句："校长为什么总安排我？"校长笑着回了一句话："不是能者多劳吗？"没想到这位青年教师勃然大怒："为什么能者多劳？难道能者就要被累死吗？"说完之后，把门一甩，转身而去。

这位校长感到非常不理解、非常痛心，没想到自己非常信任、对其寄予厚望并想重点培养的这位青年教师却对他这样的态度。

其实，这位校长有可能还没想到的是，学校其他教师，尽管闲着，更会因为校长的不信任，不给机会锻炼，而对他更不满。

在一个学校里，校长应该公平公正地对待每一个人，一视同仁地用好每个人。这个老校长的做法，明显地造成一种不公平，这样的管理是非常危险的。

公私分明

"心底无私天地宽"，"无私才能无畏"。《韩非子》也说："私义行则乱，公义行则治。"校长要做到公正，还必须做到心底无私，公私分明。

无私是公正的核心，一个人具备了心底无私、公私分明的品德，在处理问题时，就不会被个人情感所左右，才能够抵挡住一切干扰，做到光明磊落，主持正义，体现公正。

一个校长如果私心太重，任何事情先替自己考虑，就会被私欲蒙住眼睛，丧失清醒的头脑，干出一些有违公正的事情来。上行则下效，教职工不但会效仿，还会对你失去信任，让你丧失威信，失去影响力。

人非圣贤，孰能无私。人最难消除的是私心，但既然担负了校长的使命，境界就应该高一些，格局也应该大一些，如果一味"私"字当头，就有负众望了。

影响力，蕴藏在善良中

曾读过两则关于禅的心灵小故事。

一则说的是，古代有位老禅师，一日晚在禅院里散步，看见院墙边有一张椅子，他立即明白了有出家人违反寺规翻墙出去了。

老禅师没有声张，他静静地走到墙边，移开椅子，就地蹲下。不到半个时辰，果真听到墙外一阵响动。少顷，一位小和尚翻墙而入，黑暗中踩着老禅师的背脊跳进了院子。

当他双脚着地时，才发觉刚才自己踏上的不是椅子，而是自己的师父。小和尚顿时惊慌失措，张口结舌，只得站在原地，等待师父的责备和处罚。

出乎小和尚意料的是，师父并没有责备他，只是以很平静的语调说："夜深天凉，快去添一件衣服。"

另一则说的是，一禅师在寺院门外的山坡上种了几亩甜瓜。瓜熟蒂落的季节，除了寺里的众僧受用外，他还把大量的甜瓜，分给前来上香拜佛的施主和信众们。

然而在夜深人静的时候，常常有山下村里的人前来偷瓜。禅师不但没有在意偷瓜者，相反还担心这些人在夜里偷瓜时在田地里遭遇毒蛇。禅师出于安全考虑，便在日落西山时，把瓜提前摘下来放在地头上。就这样这些偷瓜人每次高高兴兴地将禅师摘下的瓜拿走了。几次三番之后，山下的偷瓜人竟然不再来偷瓜了。

再后来，让禅师感到惊喜的是，他常常在寺院门口，看到放有红枣、黄梨的篮子，这显然是那些偷瓜人在省悟之后对他的回报。

世间最宝贵的是什么？雨果说得好：善良。

　　记得一位哲人说过：对众人而言，唯一的权力是法律；对个人而言，唯一的权力是善良。

　　一个人最基本、最优秀的品质就是善良。一个人有了善良的品质，就有了同理心、同情心、感恩心、悲天悯人之心，就能够善待他人，善待苍生，善待周遭的所有，就绝对干不出对不起他人，对不起天地良心的事，就一定有好的人缘、好的人生。

　　《周易》上说："积善之家，必有余庆。"从善恶相报的角度讲，善良的人更会带来好的回报。

　　《红楼梦》中，刘姥姥一进荣国府时，王熙凤便给了刘姥姥二十两银子。恰恰就是这个"偶然"的善良之举，在家道败落之后，刘姥姥才费尽心力帮助巧姐儿脱离苦海。王熙凤一生机关算尽，唯独在刘姥姥这件事上，偶然攒下了福气。

　　一个人做的善事，发的善心，有可能不会立刻见效，但实际上，在惠泽他人的同时，终究一天会惠泽我们自己。

　　闪耀校长熠熠生辉的人格有很多东西，我以为最重要的是善良。校长有了善良的品格，就不会有害人之心，也不会去随意整人，就更能赢得人心，让教职工放心。用善良同教职工相处，以善良建立起来的情感，更能够天长地久，深入人心。

　　更重要的是，校长靠善良去定位自己，去驾驭团队，去引领教职工，能收到奇效，这绝对比强迫命令更有力量。

　　人心都是肉长的。在校长"善"的潜移默化和无声胜有声的浸润下，可以感化一切，可以救赎一切，可以生发出一种强大的回天之力。那些曾经让你头疼的带刺的比较另类的教职工，有一天完全可能痛彻心扉，幡然醒悟。

　　人世间最美好、最温馨的情感，莫过于心存善念，彰显善举，以善示人。我以为，校长哪怕能力弱一点，脾气坏一点，其他陋习多一点，但是绝不能丢失的是自己的善良。

　　你怎样对待世界，世界就怎样对待你；你如何对待教职工，教职工便如何对待你。

　　你选择的善良里，藏着你的福气，藏着人们对你的崇敬，藏着大家打心底儿对你的拥护，也藏着学校发展的广阔前景。

甚至你的影响力、你的口碑，你给师生带去的财富，乃至若干年后，你给这所学校烙下的印记，你给这个世界留下的美好，都蕴藏在你的善良之中。

让善良永驻心田，也让校长的善良留香于校园！